·未名译库·
·经济伦理学译丛·经济伦理学译丛编委会主编

信息技术与企业伦理

The Ethics of Information Technology and Business

〔美〕理查德·T.德·乔治 著

李 布 译

北京大学出版社
·北京·

著作权合同登记：01-2003-3324
图书在版编目(CIP)数据

信息技术与企业伦理/(美)乔治著；李布译．—北京：北京大学出版社，2005.3

(未名译库·经济伦理学译丛·6)
ISBN 7-301-06942-1

Ⅰ．信… Ⅱ．①乔… ②李… Ⅲ．①企业-伦理学-研究②信息技术-应用-企业管理-研究 Ⅳ．F270-05

中国版本图书馆 CIP 数据核字(2004)第 140778 号

Translation copyright 2002 by Peking University Press
The Ethics of Information Technology and Business
Copyright © 2003 by Richard T. De George
Published by arrangement with the original publisher, The Blackwell Publishing.
未经许可，不得以任何方式复制或抄袭本书之部分或全部内容。
版权所有，翻版必究

书　　　名：信息技术与企业伦理
作　　　者：〔美〕理查德·T.德·乔治　著
译　　　者：李　布
中文版责任者：罗世范
责　任　编　辑：张文定　张晓蕾　李　燕
标　准　书　号：ISBN 7-301-06942-1/F·0777
出　版　发　行：北京大学出版社
地　　　址：北京市海淀区成府路 205 号　100871
网　　　址：http://cbs.pku.edu.cn
电　　　话：邮购部 62752015　发行部 62750672　编辑部 62753154
排　　版　者：北京华伦图文制作中心
印　　刷　者：北京大学印刷厂
经　　销　者：新华书店
　　　　　　890 毫米×1240 毫米　A5　9.25 印张　257 千字
　　　　　　2005 年 3 月第 1 版　2006 年 4 月第 2 次印刷
定　　　价：18.00 元

《未名译库》出版前言

百年来，被誉为最高学府的北京大学与中国的科学教育和学术文化的发展紧密地联系在一起。北大深厚的文化积淀、严谨的学术传统、宽松的治学环境、广泛的国际交往，造就了一代又一代蜚声中外的知名学者、教授。他们坚守学术文化阵地，在各自从事的领域里，写下了一批在中国学术文化史上产生深远影响的著作。同样，北大的学者们在翻译外国学术文化方面也做出了不可估量的贡献。

1898年6月，早在京师大学堂筹办时，总理衙门奏拟的《京师大学堂章程》第五节中就明确提出"开设编译局，……局中集中中西通才，专司纂译"。1902年1月，光绪发出上谕，将成立于1862年，原隶属于外务部的同文馆归并入大学堂。同年4月，京师大学堂管学大臣张百熙奏请光绪，"推荐精通西文，中学尤有根底"的直隶候补道严复，充任译书局总办，同时又委任林纾为译书局笔述。也在这一年，京师大学堂成立了编书处，任命李希圣为编书处总纂。译书局、编书处的成立和同文馆的并入，是北京大学全面翻译外国图书和从事出版活动的开始，也是中国大学出版活动的开始。1902年，是北京大学出版社的创设之年。

辛亥革命以前，京师大学堂就翻译和出版过不少外国的教科书和西学方面的图书。这批图书成为当时中国人睁眼看世界的重要参考书。从严复到蔡元培、蒋梦麟、胡适等校长执掌北大期间，北大更是以空前的热忱翻译了大量的外国作品。二三十年代，当年商务印书馆出版的汉译世界名著丛书及万有文库中的许多译者来自北大。百年来，在北大任教过的严复、林纾、蔡元培、鲁迅、周作人、杨昌济、林语堂、梁实秋、梁宗岱、朱光潜、冯至、曹靖华、金克木、马坚、贺麟、洪谦、宗白华、周一良、齐思和、唐钺、刘振瀛、赵萝蕤、杨周翰、郭麟阁、闻家驷、罗大冈、田德望、吴达元、高名凯、王力、袁家骅、岑麒祥等老一辈学者,以及仍在北大任教的季羡林、杨业治、魏荒弩、周辅成、许渊冲、颜保、张世英、蔡鸿滨、厉以宁、朱龙华、张玉书、范大灿、王式仁、陶洁、顾蕴璞、罗芃、赵振江、赵德明、杜小真、申丹等老中青三代学者,在文学、哲学、历史、语言、心理学、经济学、法学、社会学、政治学等社会科学与人文科学领域里,以扎实的外语功力、丰厚的学识、精彩的文笔译介出了一部又一部外国学术文化名著,许多译作已成为传世经典。在他们的译作中体现了中国知识分子对振兴中华民族的责任和对科学文化的关怀,为我们的民族不断地了解和吸收外国的先进文化架起了一座又一座的桥梁。

值此北大出版社建立100周年之际,我社决定推出大型丛书"未名译库"(Weiming Translation Library)。"译库"为大型的综合性文库。文库以学科门类系列及译丛两种形式出版。学科门类系列包括:哲学与宗教系列、文学与艺术系列、语言与文字系列、历史与考古系列、社会学与人类学系列、传播与文化系列、政治学与国际关系系列、经济与管理系列等;译丛为主题性质的译作,较为灵活,我社即将推出的有"经济伦理学译丛"、"新叙事学理论译丛"、"心理学译丛"等等。"未名译库"为开放性文库。未名湖是北大秀丽风光的一个象征,同时也代表了北大"包容百川"的宽广胸襟。本丛书取名为"未名译库",旨在继承北大五四以来"兼容并包"的学术文化传统。我们将在译库书目的选择(从古典到当下)和译者的遴选上(不分校内校外)体现这样一种传统。我们确信,只有将人类创造的全部知识财富来丰富我们的头脑,才能够建设一个现代化的社会。我们将长期坚持引进外国先进的文化成果,组织翻译出版,为广大人民服务,为我国现代化的建设服务。

由于我们缺乏经验,在图书的选目与翻译上存在不少疏漏,希望海内外读书界、翻译界提出批评建议,把"未名译库"真正建成一座新世纪的"学术文化图书馆"。

《未名译库》编委会
2002年3月

"经济伦理学译丛"导言

"经济伦理学译丛"为中国读者提供一种新的视野,让他们了解将商务、经济、金融界同伦理学联系在一起的一个富有吸引力的领域。经济伦理学中国已经越来越成为一个流行的话题,这并不是一个纯粹的巧合。在过去20年间,中国经历了空前的经济增长,也刺激企业获取更多利润的胃口。

但是,最近亚洲金融市场的风波戏剧性地动摇了对经济增长天真而又排他的信念。整个亚洲逐渐形成了一种新的看法,认为迅速增长的经济如果同腐败的政府行为和不诚实的企业实践有关,那么这种经济是很容易崩溃的。在许多亚洲国家,人们越来越相信,对于腐败,决不能再把它作为"游戏的一部分"来容忍了。由于不诚实的交易,一些公司和政府部门不仅丧失了大量钱财,而且也丧失了他们的企业合作者的必要信任。腐败和经济违法行为是一对孪生兄弟。

因此,这套新的"经济伦理学译丛"满足了一种迫切的需要,为金融、经济、企业、文化领域里的研究者和业务人员同伦理学家之间的必要对话提供最新的信息。它旨在为中国的学术界和企业界提供一个观点框架,唤醒共同的价值意识,这对成功的企业经营非常必要。

经济伦理学最初创立于20世纪70年代的美国,并确立了在美国和欧洲的商学院管理教育课程中的地位。但是在中国,还有待于将这个综合了经济学、心理学、法律学、哲学的交叉学科变成每一个管理学学生的必修课。我们的第一本书是经济伦理学领域的开拓者理查德·德·乔治的著作,涉及广泛的重要问题,反映了多年来所做的全面工作中取得的成果。

这套丛书的目标是给人以有益的启发,裨益于那些在中国工作的人,使他们在不得不做出困难的决策但又经常感到孤立无援时得到一些启示。为了分析个案研究,我们首先必须依靠一套共同的价值标准,使不同(家庭、信仰、文化等)背景的人们能够一起合作。如何才能使诚实、可靠、笃信、责任心等基本的人类价值观发挥作用呢?考虑到腐败的广泛反文化倾向,这个问题肯定不容易得到回答。但是,有鼓舞人心的迹象表明,中国政府现在正致力于进行的反腐败斗争将越来越被作为一种绝对必要的事情来接受。如果中华人民共和国建国以来最大的走私案——非法的厦门远华集体走私活动——被作为"游戏的一部分"来接受,那么中国所受的损失将不仅是在经济领域。经济伦理学必须提出令人信服的理由,说明回扣和贿赂是再坏不过的投资,有一天会给你带来严重后果。经济伦理学这门新学科以西方和中国伦理学家(亚里士多德、康德、孔子、孟子、庄子)的重要观点为基础,同样是要证明,自古以来就有破坏人类尊严的非法买卖,如毒品交易,仅仅为了增加利润这个惟一的理由而使无辜的男女老少身心受到摧残。

经济伦理学的影响主要依靠不同领域——政府部门,企业,大学——之间人们的对话与合作。没有不得不在新的竞争氛围一方面造就一批赢家,另一方面增加大批失败者的"淘金热资本主义"氛围中寻求出路的人的不断反馈,一般的指导原则就决不会有意义。

从经济伦理学的角度来看问题,在一个法律体制还不够健全的环境中就显得格外迫切。

无疑,现在有越来越高的呼声,要求运用伦理标准。这套新的丛书反对某些悲观主义的观点,认为在中国改善道德标准是可以实现的:中国仍然有着巨大的伦理潜力,需要被更大规模地调动起来。人们期待着将世界不同智慧传统与中国对真理的追求结合起来的对话。那时候,经济伦理学将成为一种最终的挑战,使这种对一种恰当的伦理学的共同探索不仅仅停留在理论层面,而且得出具体结论,提出改善中国生活与工作条件的决定性实施方案。

此外,在中国,若干年以来关于如何将英语术语"Business Ethics"翻译成中文有过一场争论。许多研讨会及各种讨论与开会的结果是,最恰当的中文翻译应该是"经济伦理学"。"经济伦理学"是"经济发展"在它同道德哲学有关的重要方面,如必须被运用到企业管理、金融、行政管理、生态政策、信息技术、劳动权利等领域里去的责任、公正、诚实等概念在一切经济领域里的伦理反映。同时，最近在上海刚出版的《经济伦理学大词典》中关于这个词的界定和翻译，也可以作为本系列丛书之所以使用"经济伦理学"来表示"Business Ethics"这一英语术语的理由的佐证。

罗世范（Stephan Rothlin）
杨恒达
2001年12月于北京

经济伦理学译丛编委会

主任：杨恒达(Yang Hengda) 中国人民大学
　　　罗世范(Stephan Rothlin) 北京理工大学
编委：刘曼红(Liu Manhong) 中国人民大学
　　　盖霍尔德·贝克(Gerhold Becker) 香港浸会大学
　　　多米尼克·梯尔(Dominique Tyl) 台湾辅仁大学
　　　乔治·恩德勒(George Enderle) 上海中欧管理学院
　　　张文定(Zhang Wending) 北京大学
　　　陆晓禾(Lu Xiaohe) 上海社会科学院
　　　金黛如(Daryl Koehn) 美国圣托马斯大学

目 录

前言 …………………………………………………………… (1)

第一章 伦理与信息革命 …………………………………… (1)
第一节 信息革命 …………………………………………… (3)
第二节 "计算机和信息技术的非道德神话" ……………… (5)
    一、无知症 ……………………………………………… (8)
    二、复杂症 ……………………………………………… (8)
    三、虚拟现实症 ………………………………………… (8)
第三节 计算机和信息技术的非道德神话与千年问题 …… (9)
第四节 信息、伦理和法律 ………………………………… (16)
第五节 信息化时代的美德与伦理 ………………………… (21)
第六节 责任与义务 ………………………………………… (28)
第七节 黑客、计算机病毒与蠕虫病毒 …………………… (30)

第二章 行销、隐私与个人信息保护 ……………………… (34)
第一节 信息隐私与 Lotus Marketplace：个人隐私 ……… (34)
第二节 隐私的概念 ………………………………………… (37)
第三节 隐私权的正当理由 ………………………………… (47)
第四节 公开与私下 ………………………………………… (51)
第五节 匿名、机密或知情许可权 ………………………… (58)
第六节 两难境地：消费者与商家利益之间的平衡 ……… (63)
第七节 个人信息保护 ……………………………………… (70)
第八节 法律保护机制与企业自我约束机制 ……………… (73)
第九节 机密记录和对错误和伤害承担的责任 …………… (77)

第三章　员工和交流隐私 …………………………………（83）
第一节　案例分析：西伯利科技有限公司的电子隐私 ……（83）
第二节　员工隐私和监视 ………………………………（85）
一、身体监视 …………………………………………（86）
二、电子邮件 …………………………………………（87）
三、因特网 ……………………………………………（98）
四、职工档案 …………………………………………（105）
五、雇主个人隐私 ……………………………………（108）

第四章　新颖财产、知识财产及其他财产 ………………（111）
第一节　财产 ……………………………………………（114）
第二节　知识产权保护 …………………………………（117）
第三节　版权和软件 ……………………………………（123）
第四节　未被授权的软件复制 …………………………（128）
一、发达国家的盗版 …………………………………（128）
二、发展中国家的盗版 ………………………………（129）
三、复制的数量超出了许可的数量 …………………（130）
四、使得商业软件可以在因特网上免费获得 ………（130）
五、复制程序个人使用 ………………………………（131）
第五节　受版权保护的物品的一对一的交换 …………（135）
第六节　专利 ……………………………………………（139）

第五章　信息技术企业和网络企业中的伦理问题 ………（147）
第一节　DoubleClick案例 ………………………………（147）
第二节　信用 ……………………………………………（149）
一、信用和网络 ………………………………………（150）
二、客户、信誉和电子商务 …………………………（151）
第三节　隐私、跟踪、数据挖掘和一对一的营销 ……（155）
第四节　网络企业、隐私和风险 ………………………（162）
第五节　企业对企业 ……………………………………（165）
第六节　垄断 ……………………………………………（170）

目 录

第七节　电子商务,首次公开发行和新经济 …………… (173)
　　一、公认会计准则(GAAP)的创造性使用 ………… (174)
　　二、股票期权和 IPO 策略有争议的使用 ………… (175)
　　三、自私自利的董事会 …………………………… (175)
　　四、分析家的评论缺乏客观性 …………………… (176)
第八节　网络企业的税收 ……………………………… (177)
第九节　信息技术产业 ………………………………… (180)
　　一、责任和软件 …………………………………… (182)
　　二、许可协议 ……………………………………… (185)
　　三、法律责任 ……………………………………… (186)

第六章　因特网上的伦理问题 ……………………… (191)
第一节　DITTO 公司和视频搜索引擎 ………………… (191)
第二节　因特网 ………………………………………… (192)
第三节　因特网的管理和其中企业的功能 …………… (193)
　　一、因特网及其管理 ……………………………… (193)
　　二、域名 …………………………………………… (197)
第四节　安全和加密 …………………………………… (200)
　　一、加密、安全和企业 …………………………… (203)
　　二、匿名、机密和因特网 ………………………… (205)
　　三、兜售信息 ……………………………………… (207)
　　四、匿名、安全和责任 …………………………… (210)
第五节　因特网上的信息和资产 ……………………… (212)
　　一、数字千年版权法 ……………………………… (212)
　　二、Tasini 与《纽约时报》 ……………………… (213)
　　三、网页 …………………………………………… (216)
第六节　审查制度和色情读物 ………………………… (217)
　　一、色情读物与审查制度 ………………………… (218)
　　二、色情读物与儿童 ……………………………… (220)
　　三、儿童色情读物 ………………………………… (224)

第七章　信息技术和社会：企业、数字划分和工作性质的转变 …… （229）

第一节　我爱你 …… （229）

第二节　国际法律协调问题 …… （229）

第三节　企业和数字划分 …… （239）

第四节　信息时代工作性质的改变 …… （244）

　　一、弹性工作时间 …… （245）

　　二、远程办公 …… （246）

　　三、全球化 …… （250）

　　四、专家系统 …… （251）

第五节　做人的意义 …… （254）

第六节　网络和国际背景制度的缺乏 …… （256）

第七节　结论 …… （258）

索引 …… （263）

前　言

20世纪90年代中叶,企业伦理体系已经牢固建立,并被人们普遍接受。许多企业,尤其是大公司就已经制定了规章制度或价值宣言,这些规章制度及价值宣言规范了公司适当的行为、明确了公司对社会伦理习俗的承诺以及勾画了在伦理上值得赞扬的理想与抱负。许多公司在它们的雇员培训项目中还包括了伦理与社会责任的内容。从美国总统克林顿到联合国秘书长科菲·安南等众多知名人物都强调了企业伦理的重要性。企业伦理学已经成为商学院的日常课程。大大小小的报纸上刊登了各种各样的专业的、非专业的相关文章。人们已经认为进行这方面的学术研究是合理的,正确的。针对企业伦理相关问题召开的会议也已经变得相当普遍了。

到此时为止,人们已经挖掘、讨论并分析了企业伦理领域的许多主要议题。这些问题涉及到如何对待雇员和顾客、广告的真实性、产品的安全性能、环境保护、全球问题(如企业在全球化中的作用),以及国际问题(如贿赂、童工)。然而,经济是不断发展变化的。就在企业伦理的一般性问题被人们普遍认可,并且在某种程度上得以解决的同时,经济已从工业时代发展到信息化时代,美国已经从以产品为基础的经济过渡到以服务和信息为基础的经济。

企业伦理问题的出现经历了一个缓慢的过程,而被人们认知的过程则更慢。当然,基本的伦理规范如禁止谋杀、偷盗、撒谎等等始终适用于各种领域,当然也包括了商务领域。但是,新的实践所带来的伦理问题一般都要在这种实践进行一段时间后并在其带来的危害渐渐变得清晰时才会成为人们关注的焦点。近来,这种情况已经出现,并且还在持续着。

计算机在商务上的作用越来越重要。因特网在家庭和商务上被广泛使用,企业利益随着因特网的发展逐渐增大。其他技术进步,从全球定位系统到手提电话再到最近不断出现的计算机奇迹,正在微妙地改变着企业运作的方式。在此过程中,新的商务环境必然产生新的伦理问题。一直以来,人们对待新的伦理问题的步骤是先揭示问题,然后再加以讨论、分析,最大可能地控制该问题将会导致的危害或造成的威胁。有时,仅仅揭示出企业伦理问题就足以解决这一问题了,因为它不可能存在于光天化日之下,如果不改邪归正将无法延续。有些不合乎伦理的行为在行业内部就得以控制;其他则要通过立法或社会政策来进行制约。

多年来,学术界就是否像存在企业伦理学和医学伦理学一样,存在"计算机伦理学"一直持有争论。是否存在该研究领域(由于计算机和信息技术的使用所引发的许多问题越来越普遍)从某种角度上说与商务有着一定的联系。这个世界存在计算机产业,它不仅包括硬件的制造,而且包括软件的开发,这是毫无疑问的。尽管我们不会仅仅因为打字机曾经(现在依然是)运用于商务就谈论什么"打字机伦理",但是,计算机在商务领域的应用如此之广泛,使我们不得不面对由此带来的无数涉及伦理方面的问题。

本书集中讨论由于计算机的广泛使用和信息技术的飞速发展在企业中引起的伦理问题。本书主要关注两个方面的问题:一个是计算机和信息技术产业内企业的伦理问题;一个是由于计算机和信息技术的应用,其他产业内企业的伦理问题。新的问题还在不断出现,而且其情况并不清晰。它们是否就是伦理问题,又应该如何处理它们,是目前争论的焦点。很多时候,随着新的社会改革的出现,伦理问题往往被忽略或被掩盖,这并非有意或故意如此,实际上是因为人们往往更关注"发展"这一现实问题。但是,事实是:社会发展得如此之快以至于整个社会根本没有时间可以从容地消化伦理内容。

这一事实也使得本书的写作非常艰难。一方面,新的问题正不断出现,必然使得这一类的书不可能面面俱到,某种程度上说,即使在它印刷出来之后,新的问题还在源源不断的产生。另一方面,某些在特定时间里非常迫切的问题很快因为科技的发展变得无足轻重,从而退出了人们关注的视野范围。一个明显的例子就是所谓的"千年问题"——由于大多数程序在指定年份时都是采用后两位数的方法,而"19"默认在这两位数之前,所以人们担心在千年之交会发生意料不到的事情。企业和政府部门被迫投入数十亿美元资金更改计算机代码,以确保飞机和电梯能在千年更替之际正常运作。结果,企业和政府部门及时的行动使得2000年1月1日平安地到来,世界任何地方都不曾出现严重的灾难事件。人们从这一经历中可以得到启示,但是"千年问题"已经不再是问题了,因为现在已经过了2000年1月1日。

在写这本书的过程中,我以不同的方式阐述了以下四个相关主题。第一个主题,我称之为"计算机和信息技术的非道德神话(Myth of Amoral Computing and Information Technology)",是指业内人士和公众普遍忽略计算机和信息技术的发展和使用所引发的伦理的现象;第二个主题是"技术至上的诱惑"(Lure of the Technological Imperative)所造成的威胁,或执意追求科技发展而极少考虑由此带来的社会问题的趋势;第三个主题是"基础隐患"(Danger of the Hidden Substructure),这部分是由于下述事实造成的后果,即计算机与信息技术的发展和使用大量存在于公众视野以外,并不为用户和受其影响的人所了解,因而计算机与信息技术的发展和使用所引发的伦理问题一直得不到公开的讨论;第四个主题是"对技术惯性的认可"(Acceptance of Technology Inertia),或指普遍不愿接受这一事实,即尽管计算机和信息技术已经以某种方式发展,但是,从伦理的角度看,这并不一定是计算机和信息技术最佳的发展方式。确实如此,它们可以,也应该改变。计算机和信息技术应该帮助和服务人类与社会,我们不应该被动地接受它们。这四个主题有时明确陈述,有时又有所隐藏,需要有心的读者细细体味。希望其他人能认可和进一步阐述这些主题。本书只是将它们提出以供大家讨论,大量的工作还有待于有识之士完成。所以,我仅将这本书看做是一个开端或者说是一种初探,而不是对其中任何话题的最终定论。

读者有时可能会对书中引文和注解的网络出处感到失望,因为这些网点可能已经不存在了,或者虽然网站还在,但是已经找不到我所引用的信息了。对此,我有切身体会,这是电子资源带来的问题之一。至今我们依然还在面对这一问题,更不用说解决它了。不过,我们还是可以在网络上随时而且轻松访问到大多数书中的信息，不论是当前或是旧的信息，所以，这些信息是值得信赖的。

  在此，我特别感谢我的妻子。每当我的计算机出现故障或者某些重要问题被其他必须重新研究的问题所代替时，她总是耐心地聆听我的抱怨，把我的沮丧情绪驱逐得烟消云散。在"计算机技术的伦理问题"课堂上，我向学生们阐述过我的一些思想，从他们身上我了解到他们对待这一问题的看法和观察视角，也学到了很多新东西。同样感谢他们以及所有不知名的曾经听过我的关于信息技术的伦理问题报告和讲演的朋友们。

理查德·T.德·乔治

第一章 伦理与信息革命

2000年1月1日午夜过后的那一秒是一个象征新千年和信息革命时代的希望与问题的标志性时刻。那一刻,世界上的所有计算机记录的时间要么是2000,要么是1900,或其他默认日期。如果计算机在任何操作中,把时间计为1900或其他默认日期,其结果要么是向人类展示了一下幽默,或者微不足道的小差错,要么就是一场无与伦比的大灾难。许多人都避开乘坐1999年12月31日的夜班飞机,因为害怕自己被卷入这场灾难中。中国政府命令航空主管人员在午夜时密切关注以保证计算机系统更正操作成功,消除人们的恐惧心理。尽管在此之前有过无数的担心和预测,但飞机并没有从空中坠落,大多数的计算机网运行也很正常。潜在的灾难被化解了。但是,全世界许多人被千禧年伊始发生的这场虚惊打上了深深的烙印,并意识到我们在过度依赖计算机或嵌入于计算机的芯片,或者过度依赖已将社会俘虏的新科技。

"千年问题"在某种程度上是一种独有的计算机问题。它对企业和整个社会都具有非常的意义,它表明了信息社会将计算机融入日常生活的程度以及我们对计算机的依赖程度。[①]每天,人们都在使用计算机,但却很少有人意识到这种依赖的严重程度以及这种深度依赖的后果,也从未意识到人类放弃对该行为所应该承担责任的程度以及对这种放弃导致的后果承担责任的程度。可以这样说,"千年问题"为我们提供了一个关于个人或集体或社会的各种伦理问题的微观世界。

"千年问题"出现的原因是:在最早的时候,计算机内存非常有限和珍贵以致程序员想尽一切可能的方法节约内存。其中一个明显的方法就是用四位数中的最后两位数记录年份。如果一开始有人考虑到这一问题的话,他可能会认为随着以后内存的扩大,只需在程序中插入一段编码就可以轻松解决这一问题。但是,后来随着不同的程序设计者在他们开发的程序中编入不同的记录日期的指令,这一问题变得越来越严重起来。此外,他们使用的程序设计语言如COBOL后来都被新的程序设计语言所淘汰。新的程序版本并不完全重写,而是不断往里添加新的内容。新的程序整合了旧的程序指令乃至整个旧程序。到了20世纪90年代,各大企业(以及政府部门)使用的许多程序包括多年来程序设计者编写的数以百万行的代码。没有人确切知道每行中包含什么内容,也不知道与之相关的日期和各种命令又是如何整合进去的。所以,简单的插入一段编码或程序已经不可能更正这一现状。由于不同的程序指令和程序设计语言,我们无法预见大程序中出现的所有错误和不相容的问题。根据1996年的估计,要解决这一问题,全世界至少要投入6000亿美元的资金。尽管实际投入的资金远远少于估计,但是美国的政府和企业还是花了近340亿美元解决这一问题。

那么,谁应该对这笔花费、这份忧虑、这一看似简单的小疏忽导致的恶果负责呢?2000年并非突然降临,那么在此之前,我们做了什么呢?

股东们可能认为公司的管理者们应该为这一原本可以预测的问题所花费的额外开支负责。管理者随之可能将责任推到卖计算机的公司或个人身上。软件公司则试图把责任转嫁在个别程序设计者头上,因为是他们在许多年前为了节约内存才导致了这一问题。他们就像一群恐怖分子,扔下炸弹,而炸弹在他们离开现场之后的某个时候爆炸了。但是,可以肯定的是,这些程序设计者们当初这样做并非恶意。在那个时代在他们受到限制的情况下,这种决定是合理的解决方法——也许他们可以这样向世人解释。

"千年问题"向我们展示了计算机如何影响我们的生活,我们又如何依赖于计算机,以及因此引起的关于企业责任与义务的复杂问题。

第一节　信息革命

工业时代已经被信息化时代所代替,企业正处于适应信息革命的调整过程中。在此过程中,企业面临着新的挑战,其中一些挑战就涉及到伦理方面的问题。信息技术已经改变了商务运营模式,并且这种改变还会加快进行。"没有计算机的现代企业办公室"简直就是一种自相矛盾的说法。手工时代或电动打字机时代已经过去了。为了两个位置颠倒了的字母就要重打一页,或者因为第一页少打了一行就要重打许多页与仅需在计算机上输入正确的字母或遗漏那一行,然后就可以重新打印相比,前者效率之低是显而易见的。同现在可以利用数据库操作、电子数据表以及无数程序(这些程序正被秘书和办公室人员使用)而节省的时间和精力相比,仅仅先提高效率简直不值一提。与其投资相比,计算机是否提高了总生产力的问题依然还在争论中。但是,它们确实提高了许多领域的工作效率。

信息革命不是单一的事物,它包括大量的不同的创新。这些创新的实质就是改变我们对待被称之为"信息"这一事物的方式。这种称谓虽然使用广泛,但未必准确。比如,信息革命就包括了有时称之为"知识革命"的东西。

"知识革命"指的是过去几十年里知识以指数级增长。科学知识以一种远远超过以往任何时候的速度增长。科学知识增长如此飞快以至于没有人能够跟上任意一个领域中的所有变化,更不用说全部领域了。其结果便是学科的不断细分。不但知识的储备在日益增长,而且实践投入也在日益增长。无数发明创造与急于要将它们推入市场的新公司一样如雨后春笋般地出现。

这是知识的一个方面。然而,知识的应用是多方面的。企业已经发现虽然知识就是力量,可是知识只有在使用时才能转化成生产力。在企业中,在希望拥有关于公司及其运行的大量知识从而使自己成为力量源泉的管理者和高级执行者与需要共享知识,使该知识容易被越来越多的员工所获得,从而他们可以更好地完成工作之间存在的紧张局势。

知识的第三个方面是低层劳动者对于知识的需要也在不断提高，以便胜任他们的工作。对于更多的教育和培训的需要不仅仅是为了操作新的计算机和新的程序，还为了学习如何跟上飞快变革的步伐。如果说以前高校的教育足以满足大多数的工作要求，那么现在这一事实已经永远成为了历史。那些对于知识要求不高或者不要求知识的工作越来越多地被外包到发展中国家，那里的劳动力相当便宜。这随之引发了发展中国家和可能发生的剥削问题。

我们称为"知识"的东西一般是指对世界真实或正确的陈述。有时，我们也会用"信息"这个词表达类似的意思。比起知识来说，信息更缺乏综合性，经常表现出个别和不相连的特质。一比特一比特的信息可以构成更大的知识空间。信息可能是不重要的，也可能是重要的；可能是有用的，也可能是无用的。信息超载的问题就出在过量的信息使用者无法将有用的、重要的信息从无用的、不重要的信息中挑选出来。许多人都曾经有过这样的经历：当他们在网络上搜索某一特定信息时，获得的往往达到数千条。研究者们同样碰到过类似问题：当他们查找有关某一主题的信息时，网络给他们提供了数以千计的与其主题相关的文章和书籍，然而，却没有任何指示说明哪些是最佳原始资料。就像知识一样，信息通常被假定是真实的，尽管人们确实表达错误的信息和错误的知识，但在实际上，我们应该说他是在表达错误的信念可能更准确。

"数据"是另外一个经常用来代替"信息"的术语。但是，信息通常指向真相，或是关于世界存在方式的表述，而数据并不一定指向真相。数据可以描述正确的信息，也可以描述不准确的、不可靠的、错误的信息。问题是，这些可能是错误的或毫无意义的信息一旦进入计算机，它们就会和正确的信息看起来没有什么分别。

对于企业和受企业影响的个人来讲，信息和数据引起自身所造成的问题。由于数据经常描述个人信息，所以真实的数据多数是有用的，一旦出现不准确或者是虚假的信息，它们则会对个人造成不良的影响，例如，关于他们信用等级。

第二节 "计算机和信息技术的非道德神话"

计算机的无处不在更是被"千年问题"所凸现出来,它向我们传达出这样一个事实:社会发展已经进入后工业时代,也就是通常所说的信息时代。虽然这已经得到广泛认可并被一再提及,但其确切的含义却是模糊的、暧昧的。这一说法的部分含义是指美国社会不再主要从事于产品的生产(虽然还存在产品生产),而是从事于信息的生成、操作和转让。从事于这一过程的人远远超过生产产品的人。社会的发展依赖于知识及其运用。新的重大成就集中在计算机技术、生物技术和信息系统中。通过因特网,知识变得唾手可得。只要愿意,任何人都可以创建自己的网页。计算机以一种令人难以置信的速度处理各种信息,而那些以前靠人工需要几个月的时间才能解决的问题现在却被计算机在几分钟内就解决了。我们可以通过计算机测试新的设计方案,而无须真正将它们建造起来;通过模拟技术,我们可以在开始建造之前就设计和布置我们的家,并在里面徜徉休息;通过 E-mail 和因特网,我们几乎可以与世界任何角落的人保持时时联系。政府也因此再也无法用铁幕、竹幕或其他幕帐对公众隐瞒封锁有关本国内所发生的事情的相关新闻。

所有这些变化都正以超常的速度发生。这些变化的发生是如此之快,以至于社会根本没有时间充分调整来适应这种变化,也没有时间体验和权衡其结果,分辨什么值得发展,什么应该在它进一步发展之前中断。技术以一种远远快于我们所估计的速度发展,而社会接受和遵循着的仍然是过去几个世纪里在社会中逐渐形成的有关的农业和工业时代的伦理标准。企业忙于开发一切技术上可能被开发的事物,而在此之前社会没能估计对于这种开发可能造成的全面影响,其结果便是我称之为"计算机和信息技术的非道德神话"(Myth of Amoral Computing and Information Yechnology,下文简称为 MACIT)的出现。

就像所有的神话一样,这个神话在揭示了部分现实的同时也掩盖了部分现实。我们对于"这是计算机的毛病"或者"计算机出了问题"这样的借口非常熟悉，因为它经常用在公司代表向客户解释原因的场合中，听上去就像在说是计算机而不是人类犯了错误。这种说法实际上也是在表白自己对于发生这种不愉快事件并不承担任何责任，哪怕这种不愉快对他人造成了直接的损害。于是，计算机便成为了人类的替罪羊，被置于被谴责的位置上，当然，计算机不是道德实体，它不可能承担任何道德责任。所以，当计算机出了毛病时，不是任何人的错。总之，与计算机和信息技术有关的一切事物都有它自身的存在方式，不受道德赞扬或道德谴责所影响。

其实，终端操作者并没有错，他们正竭力控制无法控制的问题。被掩盖的事实是，在这一过程中的某个地方，有人犯了错。人们经常得出这样的结论：因为错误是属于计算机的，而计算机又不是道德实体，所以道德谴责无所指向，也就没有人要为计算机的错误承担任何的责任。计算机不是道德实体的说法是对的，但是，由此得出没有人应该对此承担道德责任的说法却是错的。

"计算机和信息技术的非道德神话"有多种表达方式。它并不认为计算技术是不道德的。相反它认为计算机技术是与道德无关的，认为将道德的语言和措辞运用到计算机本身是不适当的，是概念上的错误。这一主张是无比正确的。但是它的下述观点却是错误的，即认为将道德的语言和措辞运用到人类用计算机干什么，如何设计、开发、运用计算机以及如何处理和使用信息上面是不适当的、是概念上的错误。公司和学校为所有的员工或学生订购了计算机，任何不懂计算机的人势必落后于信息化时代。看起来这是毫无疑问的，实际上却不免想当然了。关于社会成员是否希望有这样的社会，到现在都没有这方面的争论，也没有应该如何引导社会沿着这条路发展的讨论。技术所能做的事情将会实现，可能开发的技术将被开发出来。MACIT 隐含地认可了这一观点。根据 MACIT，这些都不是具有道德含义或应该进行道德审查的问题。社会在发展、进步，任何试图阻挡、减缓这种发展或者对这种发展进行严格评估的做法和想法都是对未来的一种曲解。MACIT 的结果就是顺从接受事物的发展结果及其发展方式

因特网的发展便是一个典型的例子。在过去短短的时间里，因

特网以指数级的速度发展着,轻而易举地跨越了地理疆界。全世界许多地方都建设了网络中心。电子信息包通过多种不同途径从 A 地到达 B 地,不存在任何管制,这也许是首例如此大范围内的无政府状态。因特网的发展已经远远超过了关于此现象对所有社会是好是坏的争论。单个政府试图进行局部控制的结果很快就告诉我们这是非常困难的,而且经常是无效的。信息革命正降临在那些尚未完成工业革命的社会。MACIT 也随着每一次的降临而进入不同的社会。

MACIT 是一个神话的事实,不但未受到普通百姓和大多数企业所重视,也未引起许多计算机专业人士的注意。这些专业人士将他们的工作看做是技术性的,是推动技术进步,是提高计算机的速度、内存和计算能力,将它运用到任何人们需要的地方,以及发现别人未想到的用途。严酷的竞争驱使计算机专业人士以及与计算机相关的企业率先取得下一步创新,抢先开发新的产品或程序。在他们中间,流行这样一种信念:如果很多人都可以做的话,第一个行动者将获益,不管这种收益是财富、市场份额还是名望。其结果是,许多人对他们做的事情或开发的产品都没有尽到完全的责任,他们在未充分调试和检测的情况下便将产品推入市场,并未考虑到这些产品对人们的影响,而这恰恰是伦理考量的核心。MACIT 掩盖了需要考虑产品对人们的影响。

MACIT 的另一方面是立法已经走在伦理讨论的前面了,而不像以前那样总是先有伦理讨论然后才应立法规范。决定一种行为的典型模式是首先判断它是否是不道德的,是否危害人类或社会,然后决定是否要立法进行法律管制。但是,"计算机和信息技术的非道德神话"的结果取代了伦理的论证,既定利益在影响立法的诸多因素中占了上风。例如,涉及到财产与隐私的伦理的条规和法律大多不是被广泛接受的社会讨论的结果,而是游说、有限的立法听证会以及涉及此问题的议案的通过结果(许多投票赞同该议案的立法者们却对该议案不甚了解)。

关于 MACIT 究竟是什么的揭示过程是如此之慢;社会对于自身被卷入的变化的了解过程是如此之慢;社会成员充分感受到信息革

命的冲击并开始试图估计它的过程也是如此之慢。困难在于演进是不断变化的事物：当社会开始关注某一方面或某一问题时，它却在刚可以盖棺定论、做出道德判断之前又向前发展进化了一步。

这一神话渗透的原因很大程度上与计算机和信息技术自身的特性及其在社会生活中扮演的角色有关，我们可以把握其综合症状中的几种。

一、无知症

我们发现对于大多数普通计算机用户来说，计算机或多或少是一个黑箱。他们知道怎么使用它，知道怎么运行各种程序，但是，对于实际的程序设计和修改代码却一无所知。他们对于计算机复杂性的了解如此浅薄以至于造成对专家的深深依赖。这种因循之下的结果只能导至他们在出现问题时责任感的淡薄，再扩展开来便形成一种观念，认为出现问题是很正常的，是获取新技术所付出的代价，所以没有人要为此承担什么道德责任。

二、复杂症

我们逐渐了解并接受了某些程序与其他程序无法兼容的事实。所以，当出现毛病时，普通用户不知道谁是问题的引发者，谁应该受到谴责。没有人必须要为操作系统和程序以及各种各样的应用程序兼容负责任。如果出现问题，元件制造商往往相互推卸责任，并将问题原因归结到其他某个元件身上。用户没有办法知道他们中谁是对的——问问谁是对的应该说还是颇有意义的。

三、虚拟现实症

这也许是造成 MACIT 最普遍的原因。在计算机上进行影响他人的操作——如通过 E-mail 进行通信，进入他人的计算机，在因特网上活动等等——同样都在我们有时称之为网络空间中进行的。没有面对面的会晤,也没有一般意义上的身体侵入(因为不存在真正的物理空间)。如果一个人想看同事的邮件或通过输入密码进入到他(她)的计算机文件中,这个人只要在自己的房间或办公室等私人空间中就可以达到目的。这便产生了一种心理距离,这种心理距离似乎减轻了人们对于自己做这种事情应该有的责任感或犯错意识。没有物质损害,甚至没有留下任何蛛丝马迹,更没有人受到身体上的伤害。我们往往认为伦理规范只适用于真实的世界,而计算机空间不是真实的世界。计算机伦理适用于计算机空间的观念至今未成为大众意识的一部分——也未成为计算机和信息技术领域中的众多专业人士的意识组成部分。"计算机空间是我们所生活的现实世界的一部分,在这里所进行的一切必然影响到现实中的人们,所以计算机空间应该像人类活动的其他领域一样要受到伦理规范的管制"这一主张并未得到大众的接受,而在极大程度上被忽略或掩盖。

正是在这样的背景下,美国和世界上大多数工业发达国家的企业找到了自我。企业是社会不可或缺的组成部分。与社会其他组成部分相比,企业即不占有优势,也不处于劣势。自20世纪60年代以来,在美国,人们越来越要求企业对它们的行为以及对待员工、顾客、供应商、环境、它们所在的社区、整个社会的态度承担相应的伦理责任和伦理义务。所谓的"企业非伦理神话"或认为企业对于自身行为无须承担伦理责任的观点很大程度上已经被唾弃。但是,其中与MACIT重叠的部分却依然保留了下来。

第三节 计算机和信息技术的非道德神话与千年问题

有趣的是,"千年问题"向人们提供了一面反思"计算机和信息技术的非道德神话"镜子。虽然美国为修正这一问题花了340亿美元,但是在公众中却依然没有兴起关于道德责任的讨论,更不用说什么道德义务和道德谴责了。在这里,任何道德评价似乎都与此无关,自然就没有人要为此承担责任,更没有人要受到谴责。问题发生了就发生了,就像没有人要为大自然造成的灾害负责一样。

这一神话的应用还表现在"千年虫"上。计算机程序上的"虫"是指程序中经常有的某些缺陷,这些缺陷在程序设计过程中不为人所知,只有在使用时才会被发现。因此,将"千年问题"称为"虫"显然暗示着程序设计者并不知道 2000 年会到来,也不知道随着 2000 年的到来,日期表示中默认的"19"将带来全世界为之焦虑不安的问题。可是,我敢说他们当然知道这些!早期的计算机程序设计者们是有意识地决定用两位数表示年份以节约珍贵而又有限的内存——并且他们成功地这样做了。

在现实中,制作和印刷表格的人们并不认为这有什么问题,他们相当自信地认为其他人肯定会将"99"正确译成"1999","00"正确译成"2000"。同样地,因为这一表达方式是如此的被普遍接受和使用,将兴趣放在节约内存空间的早期程序设计者们并没有想到 30 多年后这一惯例可能引起的问题。

这一神话可以用来解释这个编写计算机代码的惯例为什么得以发展和被人们遵循。实际上,它说明程序设计者就像遵循这个惯例的其他人一样并未考虑会在 30 年乃至更长远将来产生的严重后果。他们也不可能预见到计算机的使用会以指数级增长,更没想到他们编写的程序会被无限期地使用和成为后来编写新程序的基础。从某种意义上来说,他们编写了数个世纪。

我们无法知道是谁决定使用两位数表示年份,也不知道是谁开始了这一惯例。从道义上说,很难将错误归结到那个年代的个别人身上,也很难责备他们没有预见到未来。然而,我们可以合法地提出这样一个问题:计算机设计者原本应该预见到未来吗?如果答案是否定的,那么我们是否会面临这样的处境:科技发展了,却没有人因为意识到它所带来的潜在问题负责,没有人为它承担责任,没有人为它的发展方式和造成的危害承担责任。如果是的话,那么这是比"千年问题"更严重的问题。

在这条发展之路的某个地方,当后来的程序设计者在以前的程序基础上将别人程序中的子程序合并到自己的程序中时,他们应该已经意识到他们再也不能确定某个特定程序里包含什么或不包含什么了。新的程序如先前预想的那样正常运行,但是,它已经不再是原先掌握它的某个人或某个集团的产品了。早期的程序设计者一般都会将他们设计的程序记录起来,但是这些记录往往被遗失或忽视了。

当某些程序设计者或管理人员发现他们无法确定他们的程序包含的内容或其组织方式时,问题便出现了:一个程序可能有数百万行指令,要从头开始做起将花费一笔巨资。我们从何处开始要求人们对他们程序中的内容以及他们销售或使用的程序负责已经变得完全模糊不清了。

道德责任要求三个条件:所议论事件的因果联系、对所做事情的认识以及做这件事情应得到的允诺。如果其中任意条件无法满足的话,那么道德责任便会减轻或减少。减轻责任的条件便是我们熟悉的所谓的借口,它们可以或大或小地将一个人从责任中开脱出来。

20世纪50、60、70年代里的程序设计者们的确知道2000年将会到来,也知道将日期的头两位数假定为"19"只在1999年之前才有效。IBM公司的鲍勃·本莫(Bob Bemer)在20世纪70年代就预见到这一问题,并建议用四位数代替两位数表示年份。[②] 显然,他的预见和建议被忽视了。

早期的程序设计者无法声称他们并未意识到2000年的到来,并以此作为借口为自己开脱。人们习惯于用两位数书写年份的事实也不可能成为有力的理由。我已经说过由于那些年计算机内存的昂贵,以及早期的程序设计者不可能预见到后来的内存价格会变得如此便宜或者他们的程序会作为后来人设计的基础而非被代替的事实也许可以提供一些理由,以至于他们可以部分甚至完全置身于道德谴责之外。

如果说那几十年里的程序设计者无法预见到2000年问题的话,那么90年代的程序设计者在时间的接近程度上应该足以意识并考虑到随着旧世纪的过去将会带来的问题。显然,有人开始认识到这一问题并开始着手进行更正工作。最接近这一问题的人有责任预见困难并报告对此应该做些什么。因为任何在商务领域奋斗了几十年并使用过大型计算机的公司都有这样的问题,所有的公司都应该被告之一切,所以,针对这一问题采取适当措施是计算机权威人士的责任和义务。

"计算机和信息技术的非道德神话"提出的一个很可能的设想是：那些不是程序设计员并且对计算机也并不精通的管理者可能并未意识到这一问题的严重性。在2000年到来之前的很早一段时间里，信息技术和计算机专家们已经发现存在的问题，但却未能引起企业管理层的注意，更不可能对于这一迟早要面对的问题采取应对措施——对此，企业管理者应该承担不可推卸的责任。毫无疑问，许多人都不了解这一问题及其范围，而了解的人却不愿意花费数百亿美元及早更改他们的系统，即使由于延误可能导致他们必须付出额外的一笔费用。有些管理者发现这一问题的解决可以留给他们的继任者去完成，而他们自己也不会因为未及时采取措施承担责任。他们极力避免在他们的任期内承担这笔财务支出，于是便让他们的继任者拿出这笔钱，并承受负面影响。这种极力推卸责任的风气看来非常猖獗。

信息系统(IS)和信息技术(IT)部门一般都不是企业舞台的中心，管理者一般也不精通计算机。如果信息系统部门的人早些时候提交了更改系统所需的大笔预计开支的话，那些总经理们也许就不会立即批准花费数百亿美元解决在当时还是很遥远的问题。大多数企业都有在当时看起来似乎更迫切需要处理的问题。然而，理解他们对于这一问题的反应并不表示要免除那些原本应该更早修正问题却因为某种原因延误并导致费用增长的人的责任。

对于"千年问题"的拖延解决说明了管理层在在极大程度上趋向于将信息系统和信息技术仅仅看做是服务性工具，它们在企业中并不占有显著的地位。企业领导者与技术部门的隔膜最清楚不过地说明企业并未有意识地进入到信息化时代中去。他们只是无意地撞入或被并不完全了解的科技牵入这一领域中的，即使到后来他们越来越依赖科技。然而，如果说我们真的是在开拓一个信息化时代的话，那么IS和IT就应该成为一切的中心，企业管理层必须既要了解它，又要敢于为它承担责任。

通常来说，对他人造成了危害的人应该为他们招致的危害承担责任。损害了顾客的企业在伦理或法律上有责任对他们造成的损害进行补偿。我们可以追溯其因果联系，就像许多律师习惯的那样。

举个例子,一顾客购买了一个产品,但是产品中的程序导致产品无法正常运作。该顾客求助于此产品的供应商。如果此产品中的程序存在缺陷,那么该产品生产者可能是产品开发者,也可能只是授权代理商或者外部承包者。那么,关于此程序的责任将被移交给此程序的生产者身上。受雇的程序设计者对雇主负责,但雇主将设计者设计的产品占为己有,作为雇佣他们的回报,所以雇主应该为产品投入使用负责。从道义上讲,每个企业都应该为他们的产品负责,应该为产品造成的损害承担责任。

除了"千年问题",我们还可以总结出其他东西。生产或将程序合并到产品中去的这些人应该对这些产品负责,就像应该对他们销售的其他产品负责一样。然而,在"计算机和信息技术的非道德神话"中我们注意到这样一种趋势:企业对于计算机发生的故障拒绝承担责任,商业软件生产者也通过"客户打开产品之时便是生产者脱离所有的责任之时"的声明拒绝承诺责任。大众对此表示接受并且毫无怨言实在让人迷惑不解。其结果便是导致软件生产者在未完全准备好之前便将产品推入市场。精明的软件用户都知道最好不要购买任何新上市的第一版的软件产品。用户们发现生产者不但没有在产品上市之前对产品进行全面的测试,甚至在明明知道产品还存在缺陷时却依然将其投入市场。于是,大众便做了生产者应该做的测试工作。然而,购买者并未被告之要对生产者提供这样的服务;产品价格也没有因为产品上市时并未完全消除瑕疵而有所降低。所有这些都与其他产品相关的常规政策背道而驰。

这些事实中所涉及到的有关计算机的伦理问题是伦理尺度已经被法律尺度所取代,法律往往倾向于计算机程序和服务供应商们的商业利益。

甚至到了20世纪90年代,许多企业和程序设计者们仍并没有将表示年份的两位数变更为四位数,而是继续沿用两位数表示法以及依赖某些并未深及根本的修改,如将"00"默认为"99"年之后的年份前两位数,或者将所有的日期用某些更小的数字表示,"20"并不表示20世纪,而是代表21世纪等等——也许只有2020年无比逼近的时候,一个完善的解决方案才有可能诞生。对于某些企业来说,这是一个伦理责任问题,而对于其他企业来说,却并未涉及到伦理责任。那些相关责任人只是将问题搁置到不远的将来,而到了那个时候再解决这个问题,无疑将使问题变得更加复杂,难以对付。

对于20世纪90年代后期的程序设计者来说,他们已经不可能找到任何推脱的理由了,因为他们在设计新的程序时依然使用了两位数而非四位数的表示法;然而,还是有人使用某种算法使得两个世纪在时间表示方式上的平稳过渡,甚至以后也无须再对日期的表示方法做任何更改了,因为到了下个世纪这种算法不再有效时,他们的程序也不再使用了。从"千年问题"中我们可以得出这样的教训:目前没有人知道今天编写的程序会在未来多少年的程序中再次使用;程序设计者应该具有伦理意识,避免一切可以避免的问题,即使这些问题被预见发生在遥远的将来。

"千年问题"直接指向一个更为重大的潜在问题。三四十年时间已经使得计算机和计算机程序发展到了令人惊讶的程度,"千年问题"反映出了社会、政府、企业以及个人对于我们使用和依赖的程序已经失去了绝对的控制能力。

早期的程序设计在分类和文件编制方面经常表现出的异质性导致在许多领域中的出现了"千年问题"。几乎没有什么有影响的、被普遍认可的标准。大多数程序使用的是COBOL语言,它曾经是大学校园普遍教授的一种通用语言,不过,很早就已经被更高级的程序设计语言所代替。因此,要解决"千年问题",第一步就是要找到了解COBOL语言,并能读懂程序中那些旧指令的人。熟悉COBOL语言的人数相对来说偏少,许多为解决这一问题工作的人大多是已经退休的、被聘以高薪水、具有所要求的知识的人。

不难想像从现在算起的20年后一旦发生类似问题时的情形。到那时,熟悉COBOL语言的人数必然越来越少。最终,除了计算机史学家之外,不可能再有人懂这种语言了。如果继续依赖旧的程序而不重新编写的话——就像许多企业在解决这一问题时所采取的措施一样——那么整个社会将陷入到这样一种危险的境地中:没有人可以解决这一问题,甚至没有人知道导致这一问题的根源在哪里。计算机将成为一个具有输入信号的黑箱:每个人都是如此虔诚地依赖着它,却没有一个专家能够保证里面运行的东西是值得信赖的。同样的问题一样适用于 COBOL 语言。计算机语言寿命之短令人难以置信,却已经是众所皆知的事实。随着程序设计者不断地将旧的程序代码合并到新的程序中,或者以现存程序作为基础创建新的程序,政府、私人企业和组织乃至整个社会必将依赖于没有人能读懂的嵌入式代码。

因为现在的程序经常包含数百万行的代码,所以任何个人都不可能进行独立编写或重新编写。具有特殊用途的程序也是如此,因为编写此程序的人将是惟一了解整个命令的人。

控制力的缺乏必然导致责任的推卸。一旦发生不幸,计算机便成了罪魁祸首,实际上这也说明了责任的无所依托,因为该受谴责的人类已经置身事外。无法预料的计算机事件变成不能预料的计算机事件,一切都交给了上帝。于是,上帝便成了计算机。现实生活中,人们还能针对某些特殊的伤害上保险,比如洪水或地震造成的损害,但是,上帝做事是无法预料的,一般都被排除在保险之外。保险公司可能会发行计算机损害保险,也可能会将这种损害从相应的保护性特殊险种中排除。这一设想同样针对当前的趋势:对计算机程序的失控以及随之而来的责任感的必然缺乏。这种态度无疑强化了这一理由,并且不能提供任何可以想到的办法扭转、缓解或停止这种失控状态的动机。如果没有人对这一发展道路上所做的事情负责的话,那么,同样没有人会采取行动改变目前的处境或态度。

由于新千年的到来并未带来与计算机相关的灾难,于是,许多人便持这样一种心态:"千年问题"压根不是什么问题,企业和政府以及个人只是受了一点愚弄,毫无根据地担惊受怕了一阵子。然而,实际上,正是那些负责任的人花费巨资采取有效解决措施才最终避免了这一灾难。许多令人畏惧的诉讼案最终并未成真,这又使很多人觉得没有必要探究责任的问题,或者没有必要担心应去改变能够帮助人们回避责任的程序。灾难的避免进一步强调了"计算机和信息技术的非道德神话"的存在。然而,这一神话并非解决问题的办法,却恰恰是问题的中心所在,"千年问题"使其深度和广度更加具体化了。

第四节 信息、伦理和法律

"计算机和信息技术的非道德神话"的存在方式是多样的。其一便是将计算机或信息系统中对人的要求与法律对人的要求等同起来。如果合法，则允许；不合法，则不允许。这个看法很简单，但是在现实生活中，法律与伦理之间的关系却无法确切把握。

首先，刑法通常倾向于认定非法便是不合乎伦理的。例如，谋杀、偷盗、做伪证等被裁定为犯罪的同时也被裁定为不合乎伦理的。法律的力量强化了社会已经施加于这些行为之上的伦理规范。就与计算机相关的活动来说，立法之前的部分工作就是对新的操作所引发的伦理问题达成预先判断。良好的执法可以使人们的活动自由程度最大可能地与法律允许的自由程度相一致。如果某一活动在某些方面不是有害的，法律就不会裁定它非法，同样如果它是合乎伦理的，法律也不会裁定它非法。关于某种活动是否有害及其危害程度如何，进而其是否不合乎伦理的判断并不在于法律是如何看待它，而在于法律对伦理的考量。基于此，法律一般落后于伦理。占有奴隶的行为在被认定是非法之前是不合乎伦理的，就像歧视、性骚扰和其他行为一样在最近被认定为非法之前它们只是合乎伦理。就某些行为或操作而言，我们能够在其被法律判定非法之前就做出该行为或操作是不合乎伦理的考量，并且也确实如此，这应该是我们认识与计算机和信息技术有关的伦理问题的模式。散播计算机病毒、毁坏对方文件或以其他方式破坏对方的文件或计算机的行为在被认定为非法之前也是不合乎伦理。

不应该将法律与伦理等同起来的第二个原因是我们可以从伦理的角度评价任何法律，探询它们是否公正或健全。有些法律，比如南非的种族隔离和歧视法，就是不合乎伦理的。这样的法律就应该被废除。如果法律和伦理是完全一致的，那么就毫无必要提出法律在伦理上是否正当的问题。显然，这是不现实的。因此，正是因为计算机的某些操作是法律允许的，某些操作又是法律禁止的，我们不一定能得出这样的结论：与计算机相关的法律是公正的，尽管人们普遍假设这样的结论是真的。

第三,并不是所有不合乎伦理的东西都可以或应该被认定为是非法,原因在于伦理的范畴实在太大了。不是所有的谎言都是非法的,尽管谎言一般被认为是不合乎伦理的。法律对于讲真话限定了某种范畴,比如,禁止伪证和虚假广告,但却不包括个人对于他人在私人问题上的谎言。实行禁止一切谎言的法律是不可能的,其结果只能导致人们对法律的轻视。这便是为什么不是所有不合乎伦理的行为都应该被裁定为非法的原因,即使它们是可以被裁定是非法的。执行这样的法律所付出的代价也许要超出人们从这种法律中所获取的好处;不合乎伦理行为所造成的伤害可以被忽略;这种行为不可能在很广的范围内实践以至被确定是非法;法律的措辞不可能准确无误地表达清楚法律所允许和不允许的行为,也不排除它可能将允许的行为宣布为非法。典型的例子是:要制定使孩子远离网络色情文学,同时又不能侵犯成人言论自由的权利以及自由访问他们想看的东西的权利的法律显得进退两难。除非有合适的语言,否则没有任何法律是完美的、健全的。甚至,关于引诱未成年人接触色情文学的行为是否不合乎伦理的争论至今还处于争论阶段。

尽管伦理和法律的关系使伦理优先于法律,但是也存在法律优先于伦理的关系。某些行为,如谋杀,本身是完全不合乎道德的。然而,大多数行为是道德中立的。人们极力回避某些行为,仅仅是因为法律认定它们是非法行为。一个人驾车应该在道路的右边还是左边行驶本身是一件与道德无关的事情,然而,如果一个人想要更快、更有效地到达某地,显然应该就哪边行驶达成一致意见。否则,人们按照自己的喜好随意在两边行驶,也就无所谓交通了。因为人们在道路哪边行驶本身是与伦理无关的,在哪边行驶也就没有什么伦理上的对错了。但是,一旦国家规定了必须靠左行驶,那么没有靠左行驶的行为不但妨碍了效率,也危害自身和他人。因此,一旦国家立法规定必须靠左行驶,靠左行驶便成了伦理所要求的了。这种伦理要求不仅是因为不这样做会造成危害,而且因为法律要求这样做。因此,一旦法律草案被通过,先前被许可的行为现在可能变成法律所禁止的,至少是不合乎伦理的。一般来说,遵守公正的法律是一种伦理义务。公正的法律是要求人们不做不合乎伦理的事情的法律,是以正当途径通过的法律,也被看做是符合大众利益的法律。人们普遍认为法律应该得到遵守。在一个健全的法律系统中,法律是被看做是与公众利益直接相关的,违反法律从而损害公众利益的行为必定受到法律的制裁。从这个角度来说,在一个伦理完善的法律系统中,法律不但含有人们必须遵守的法定的义务和责任,而且还包含了伦理意义上的义务和责任。以消极抵制和其他非暴力方式为特征的不合作主义拒绝服从某种公正法律以抗议某种不公正法律的行为也许是正当的,但其责任必须由违反这一法律的人承担,话又说回来,社会也应该有满足人们表达这种不合作态度的法律允许的途径。

对于信息技术而言,这具有非常特殊的意义,因为在这一领域中,许多本身上不一定是对的或错的事情仅仅因为法律规定而被认定是对的或者是错的。例如,计算机程序可能被认为应受到专利保护,也可能被认为不受版权保护。如果没有相应的管理计算机程序的法律,那么以上两种观点都是可能的。没有伦理方面的假设支持其中任何一种观点,就像没有伦理方面的假设支持应该左边行驶或是右边行驶一样。但是,一旦法律规定计算机程序是私有的,那么,除了某些程序不受版权限制外,大部分程序都有专利权。于是,就有了伦理上的要求,即除非授权,否则不准对这种受保护的作品进行任何形式的复制。有人可能会站出来说法律不应该是这样的。但是,这种主张实质上并未改变这一法律。因为保护程序的做法并不是明显不合乎伦理的,所以,在没有授权的情况下对程序进行复制的行为因为是非法的,所以也是不合乎伦理的。如果法律改变了,那么复制程序就不是不合乎伦理了,因为这样做本身并不是不合乎伦理的。

基于这一情况,在美国——更不用说全世界了——不同的洲或市之间有着不一样的司法权限。在某个地方是非法的在另一个地方可能就是合法的了。这种情况的存在还是个仍可争辩的问题,至少在某些情形是这样,例如在某个司法权限范围内被认定为法定许可的,因而是合乎伦理的东西在另一司法权限范围内却由于是非法的,因而也是不合乎伦理的。与计算机相关的一致性的法律只是一种理想,它要求的谐调和互惠性至今尚未出现。

与计算机和信息技术相关的法律与伦理之间的关系目前正处于发展变化的状态中。加大法律对软件和网站的管理力度是否能更好地服务于公众利益,制定管理它们的特殊法律是否效果更好已经成为公开讨论的话题。这些问题不应该由影响立法的特权阶级从单个方向简单地决定。伦理在这种讨论以及产生公正合理结果的过程中扮演着非常重要的角色。"计算机和信息技术的非道德神话"掩盖而不是揭露了这一事实。它通过将行为规范与法律划上等号,禁止对正在出现的操作、可能性、选择性进行讨论和适当的伦理考量。

虽然在信息技术领域中裁定什么是合乎伦理的,什么是不合乎伦理的往往取决于现成的法律,然而企业政策也经常是决定性因素。一个企业允许或不允许做什么绝大多数决定于这个企业,而非预先的伦理考量。但是,一旦决定了——例如员工不能为了私人目的使用因特网——那么违反这一规定的行为便是不合乎伦理的。

基于此,关于信息技术的伦理讨论至少应该从三个层次上进行。第一个层次是事物本身的对或错,例如偷盗。无论我们用来证明这些标准的伦理基础是什么——宗教的、哲学的、个人的——它们几乎都被普遍接受和运用。第二个层次是现成法律判定事物对或错。在法律通过之前,不同的人对于法律应该制定成什么样子的主张是不同的。他们会举出伦理或其他各种理由来支持他们的主张。但是,除非这项法律本身是错误的,否则这项立法决定必然包含了伦理的涵义在里面。第三个层次在拥有尚在讨论中的信息技术的企业上进行。每个企业都要受到伦理和法律的双重约束,但还是留下了大量的空间由企业决定员工可以或不可以做什么。如果企业对于某一政策做出了决议,并且这一政策并非不合乎伦理,那么员工必然要受其约束,这一要求不仅是企业的要求,也是伦理的要求。

一个企业制定这样一项政策,另一个企业制定那样一项政策,每个企业都管辖自己的领域。从某种意义上说,这是无可指责的。如果一个国家制定了这样一项政策,另一个国家制定了不同的,甚至是相反的一项政策,那么,只要人们呆在其中一个国家就不会遇到什么麻烦。例如,在英国开车必须靠左,而在美国则靠右行驶。但是,当信息技术跨越国界时,事情就没有这么简单了。本质上不合乎伦理的行为——例如偷盗——在所有国家都是不合乎伦理的。但是，什么才是贼赃却部分取决于一个社会对所有物即财产的定义。因此，从世界范围看，存在许多不是轻易可以解决的关于信息技术的问题，它们包含了不同国家不同的法律条款、期望值、风俗习惯、假设等等。在这种情形下，没有哪个国家可以宣称自己的立场是惟一正确的，因为每种立场在其国家范围内都是伦理上所允许的，但是放在一起综合考虑时由于无法调和而相互抵触。一旦出现这种情况，就需要谈判。在没有既定的伦理上惟一正确的立场、然而又不得不存在的情况下，就必须做出决定。一旦做出了决定，那么它便像决议一样被制定得像法律或企业管理者做出的决定一样具有约束力。

在这种情形下，公正的、也是符合伦理的事物就是各方同意为公正的并受该政策所影响的事物，这时，无论他们使用何种标准或持何种伦理立场。如果美国就知识产权有既定的法律或政策或观点，而中国却有与美国冲突的法律或政策或观点，那么应该遵循谁的呢？不同的国家对待他们自己的事务通常根据当地的法律和风俗习惯。但是，如果中国人想使用美国人开发的产品，却又不尊重美国对版权或知识产权的保护，那么这就有点困难了。在美国看来是偷盗或侵权的行为在中国人看来可能认为是合理的使用。这种情况下，什么是合理的或公正的就不能单方面地决定，因为双方存在分歧，每一方都坚持自己的立场。如果双方之间存在交流的可能，并且任何一方不轻易将自己的观点强加于对方的话，那么就要通过谈判来解决分歧。这就要求每一方都必须放弃某些立场，彼此退让一步。为了获得更大价值和利润做出让步在伦理上是允许的，并不违反伦理标准。某一方可能不会在伦理所禁止的方面做出妥协。但是，每一方都可以放弃某些他认为有权拥有的东西，而这便是谈判中的内容。如果谈判各方在拥有充分信息以及不受其他方压迫的情况下都认为谈判的结果是公正的，那么其协议必定是公正的。当然，某一方也可能事后经过重新考虑发现签订的协议并不公平，这时就需要重新进行谈判。但是，对于公正的具体概念并没有各方必须共同遵守的既定标准。

不过，社会从企业的其他方面认识到市场并不始终进行自我修正,法律有时对于克服市场失灵还是不可缺少的。我们也认识到,要使整个社会一致遵守正确的规范,就不能仅仅依赖于自我要求和自我管理。这一点在信息技术的许多方面都是显而易见的——包括个人隐私,这在随后的章节中会涉及。然而同时我们也认识到法律在某些场合是阻碍发展的。在计算机和信息技术领域,一些人具有充分的理由对那些将可能造成危害、也可能具有丰富潜在效益的某些算法和技术认定为非法的蹩脚法律表示担忧。从社会的角度来看为了阻止造成的危害却将其有效的方面同时封杀的做法是反生产的。通过限制产生对社会有危害的任何事物,但不将具体的技术性的计算机活动和各种程序裁定为非法,我们行走于立法不足与立法过度之间的狭缝之中。反计算机病毒的法律就是这样一个典型例子。它的目的是为了阻止病毒对人们的计算机、数据、和程序产生危害,而不是将编写程序的某种途径宣布为非法,或将电子邮件附件、自我繁殖或自我破坏的各种程序宣布为非法。

第五节　信息化时代的美德与伦理

基本的道德规范适用于我们生活中的各个领域和各个方面。我们不该谋杀、偷盗或其他一般意义上的伤害他人。但是,信息革命为原来的价值观带来了某些新的标准,它们是信息革命成功的关键,具有特殊的意义。当工业革命发生时,人们从农村来到城市,开始在工厂上班。基本的道德规范并没有改变,然而,工业时代要求新的、并在农业时代并不要求的价值观和美德。农民根据太阳和季节判断时间。工业根据分钟判断时间。随着工业革命的到来,准时不但成为一种伦理标准,而且成为一种美德:雇主在雇员身上寻找这种美德;家庭也开始向孩子反复灌输这种美德。时钟扮演了以前从未扮演过的重要角色。相似地,随着生产线的引进,新的伦理标准也被引进。一个人无法完成指定的任务,只能靠生产线上的几个人一同完成。相互依赖成了生产过程中的一个显著特点,要不出差错地完成任务就必须依靠大家共同的努力。随着精确度越来越成为生产机器和机器生产中所追求的目标,对于过失的容忍度也变得越来越小。于是,效率因此成为一种伦理标准。高效率的人才成为抢手的对象,高效又成为一种美德。

如果一个人设法完成任务,那么这项任务所必要的特征便成为一种伦理标准,诸如我们希望外科医生有一双不会颤抖的手,银行家有一颗诚实可信的心一样。

23　　一旦信息登上了生活的中心舞台,它必然也带来新的伦理标准。我们注意到由于信息的有用性,它必须是真实的、准确的。否则,信息就可能是破坏性的、反生产的。因此,虽然讲真话——相对于谎言——是一种传统美德,它在信息技术领域中却表现出更深远的重要性。如果我们不能合理地假设人们提供的信息都是真实可信的,那么信息革命将会慢慢地停下来。对所有信息进行检查的成本将会高得惊人,也超出了我们的能力范围。谎言是如此严重地违反了信息技术的基本标准,以至于应该受到严厉的对待。尽管各种信息自相矛盾的可能性由于信息源(如万维网)的匿名变得越来越大,但是人们对于真实性的需求却比以往任何时候都要迫切。如何传达和沟通对真实的需要以及这一美德如何得以发展和灌输是与信息革命相联系的两个问题。我们都听说了这样的一句格言"输入的是垃圾,输出的是垃圾"。计算机以一种令人眼花缭乱的速度处理数据。但是,除非数据是真实的,否则,基于这些数据所做出的决定必然无法获取预期的效果。如果管理者们不能从下属中得到真实的报告,他们的决策必定也是扭曲的,如果在每一级报告中都层层出现这种情况,那么最高决策者们就可能做出无知的举措。这样的情况并不新鲜,但是在依赖信息的时代里,它的意义扩大了。

真实性只是信息革命成功的诸多必要价值观之一。谎言是一个人对他人作了自己认为是虚假的陈述,其意图在于欺骗对方。谎言的罪恶在于说谎人的欺骗意图。然而,一个人反复陈述的在他自己看来是真实的错误信息,对于遵照这一信息行事的听者来说,它同样产生了与谎言一样的危害。因此,除了真实外,陈述的准确性和正确性同样是不可或缺,必不可少的。准确性和正确性因此成为一种伦理标准,处理信息的人需要培养这种美德,尽可能地陈述和传播真实或正确的信息。然而,信息革命的这种快速传播的特点意味着错误信息的传播可以与准确信息一样。

容易获取信息的结果是信息超载。信息量的膨胀使得人们无法将有用的信息从不太有用的、甚至一点都没用的信息中挑选出来,或者人们根本不可能有那么多的时间从中挑选有用的信息。于是,对信息进行过滤的专门技能变得重要起来。毫无疑问,信息共享对人们是有帮助的,但是,共享如此之多的信息以至于接收信息的人无法消化或有效利用它们,那么这样的共享便是反生产力的。如果依照亚里士多德的中庸伦理模式来看,那么美德就应该是介于信息传达的过度与不足之间。

与以上考察密切相关的是信任。信任具有两个相关尺度。一方面,人们应该培养信任他人的品德。这就要求人们开放地接收和接受信息。另一个尺度是人们应该值得他人信任。这就要求人们提供真实和准确的信息。信息化时代已经表现出来的勃勃生机要求社会应该同时重视信任这一美德的这两个方面,使之在广泛的范围内得以培养和宣传。一旦人们相信了某些不值得相信的人或事物,并因此受到欺骗和伤害时,信任便被轻易地破坏了。另一方面,拒绝信任他人,试图独立行事的态度削弱了交易可能获得的利益或者使交易成本高得惊人。企业之间的合作一直要求并确实建立在信任的基础上。信息化时代的降临使得这一传统美德的意义变得更加重要起来。

从传统意义上看,知识给拥有它的人以力量。在商务领域,竞争者们经常对自己拥有的信息严加保护,提防对手从自己这里获取信息。类似地,那些高层管理者们由于对某方面知识的垄断在许多场合中掌握着无上的权力。有时,他们会压迫那些需要并要求获取信息的人们,由这些拥有者决定是否允许他人共享其拥有的信息。有时,这将导致错误的信念,即拥有知识的人比那些不拥有知识的人更了解问题的答案所在。级别较高的人往往被认为对某些问题——比如关于企业效率低,运作不规范或明显的不合乎伦理行为——的看法比常人更深刻,视角也更广阔。当然,事情并不一定是这样。但是,控制信息的获取确实是控制权力的典型途径。尽管以上事实在信息化时代依然存在,然而伴随信息革命到来的还有一种认识,即信息共享对社会的发展和人们的生活是有帮助的。因此,共享而非私藏信息具有内在的价值。信息的显著特征之一是它可以共享,但不会丢失。它是一种对所接受者都有益的、可以共享的财富。不但企业知识是这样,而且从全世界范围看,无论是那些信息发达,并能够推动信息发展的国家,还是那些相对落后,一旦它们和它们的人民拥有了获取信息和知识的途径便会在许多领域取得进步的国家,这一点也同样无可争辩。慷慨的价值在于它愿意让他人共享信息的一种尺度;公共品德,或者为了某个企业的更大利益或国家、国际社会的公众利益而放弃个人对于权力的控制又是另外一种尺度。我们没有准确的语言可以描述这一品德,但是如果信息化时代要实现"自己"的诺言,那么,慷慨将是重要的、不可缺少的一种品德。

同时,信息时代已经使信息成为一种颇有价值的商品。有时,对信息进行保护是适当的、合理的。不少人试图通过非正常渠道获取其无权访问的信息,比如获取他人的个人信息用于商业目的。对信息可以轻松便利地进行复制,使得对无权访问的东西进行复制以获得利益成为一种诱惑。此外,对机密和财产权的尊重同样也是需要培养和宣传的两种伦理。公开信息和个人隐私之间的界限在许多领域和许多方面变得模糊不清,有关这方面的合适的伦理规范至今还未出现。

当我们审视与商务和信息技术使用有关的各种问题时,有效使用信息技术所必需的伦理标准可以作为极好的指南,用以判断在这一领域中什么是合乎伦理的,什么是不合乎伦理的做法。

在处理计算机技术的伦理方面,我们会使用大多数社会和发达国家普遍认同的基本道德规范;我们会使用支持企业或信息技术的价值体系和伦理规范;我们还会通过从某领域中已被人们接受的伦理或不合乎伦理行为类推到信息技术领域中并对该领域中新出现的行为和做法展开论证。我们当然不想重新发明轮子;我们已经形成了关于隐私方面的观念和看法,例如邮件。那么,我们可以用类推的方法从电子邮件的隐私问题开始讨论。我们不该简单地忽视已被我们接受的做法,而应该在以往对日常生活和企业中常见做法的判断基础上归纳出有关新出现的做法伦理对错与否的判断。然而,我们又必须以开放的心态看待类推方法并不支持的可能性;不同的类推方法适用于不同场合、不同情景或不同行为的可能性;以及不同的类推方法将导致对有疑义行为是对或错的不同判断的可能性。在对特定行为进行伦理判断或类型判断并最终形成定论的整个过程中,我们应该对各种相关看法始终保持开放的姿态。

所谓的"企业非伦理道德神话"的退出直接导致了20世纪70年代企业伦理领域的形成。这一称谓模仿医学伦理(或生物医学伦理)——该领域早在10年前就已经形成。医学伦理主要针对与医药和医疗相关的问题——医生与病人之间的秘密、病人的权利(如病人在接受一项医疗程序之前被告知并自主决定是否接受此医疗程序)以及有关医生与病人之间的关系问题等等。新技术的发展往往是促使某一特殊领域形成的原因,例如心脏移植和试管受精。然而,社会对此却没有形成相应的伦理意识。同样,促使企业伦理领域发展的原因是化学工业的发展、企业对环境和成千上万人的健康和生活的负面影响的发展、国际化的发展,以及那些社会对其没有形成伦理意识的商务运营新模式的不断显现。在未形成相应伦理意识的情况下,要对某些操作、行为和技术进行伦理判断,就必须通过伦理分析及依据社会已定型的观点对它们进行伦理评估。通过类推,有人声称计算机和信息技术的新发展需要新的伦理领域,即如计算机伦理学,在此领域,在没有形成足够的伦理意识的情况下可以讨论这些发展并做出适当的伦理判断。

然而,目前就是否存在被称为计算机伦理的领域尚在争论中。而且,即使这一领域确实存在,它所具体包含的内容是什么目前也没有统一的说法。有些人认为该领域仅涉及与计算机专业人士相关的问题;另一些人认为它所包含的内容很广,包括计算机对社会的影响以及控制计算机使用的政策的表述与公正性;还有人则将它限制在计算机技术引起的特殊问题上;当然,还有其他不同的看法和观点。在这里,我们并不解决有关如何定义这一领域的问题。我们的目的和兴趣在于企业使用计算机和信息技术所引发的伦理争议,其中便包括了计算机和信息技术的发展对社会造成的影响(企业是社会的一部分)。有些甚至多数问题放在企业伦理领域考虑可能会更好些。但是，我们没有必要如此严格地区分企业伦理和计算机伦理之间的差异。我们不应该受定义的限制，而应该根据科技发展过程中出现的事件，引发的问题和包涵的意义做出我们自己的判断。无论伦理研究的次领域被人们赋予什么样的称谓，所有的专门伦理都从属于一般的、普遍意义上的伦理范畴。所以，我们面对的不是两种不同的伦理范畴——我们日常生活中的伦理规范和企业及计算机专业人士的企业伦理规范或计算机伦理规范。在其他领域不允许做的事情在企业或科技发展中同样也是不允许做的。如果说谎、偷盗、欺骗、伤害他人在日常生活中是不合乎伦理的，那么，这些行为在企业以及发展和运用科技方面也是不合乎伦理的。相比之下，医学伦理领域的一个突出进步是它将这种道理阐明地很清楚：医生不能仅仅因为对方是病人便有权对病人说谎——即使病人进入医院后，他们也没有放弃他们的人权，就像他们在其他环境时享有人权一样。同样，即使工人被雇用从事某些特殊的工作，他们依然保留着做人的权利；律师也不允许做对他们的客户而言是不合乎伦理的事情。因此，要对某一领域中的伦理问题进行专门的讨论，诸如生物医学、企业、法律或计算机的伦理规范，就不应该暗示或被理解成为可以为某种在其他方面不合乎伦理的行为开绿灯，换句话说就是这些领域的基本伦理规范与其他领域的基本伦理规范是相通的。

我们不但了解工业时代中的企业伦理问题，而且能够追溯其之所以被称为工业时代的逻辑依据。然而，信息化时代的到来却没有明确的方向，其突出表现是科技的发展为人们的生活提供了诸多的方面。一个结果就是社会遵从着科技的统治——当前正在被开发和已经开发的事物就是可以被开发的事物。因为社会向信息时代信息的转变仍然处于进程之中，并且伦理问题也尚未明朗化，所以，几乎没有什么解决方法。然而，它们可能就是解决方法。目前任务就是至少要跟上信息时代的发展，并在问题产生严重危害成成为根深蒂固的商务操作方式之前就把问题识别出来，否则将难以改变其造成的局面。

有两种揭示伦理问题的方法。一是经验或实验的方法，二是逻辑或概念推理的方法。对于前者，我们一般是坐等问题的出现、发展和恶化,然后便诞生了伦理分析、伦理判断和最终由于其危害过于严重而制定的法律。这种方法本质上是被动的,然而却是企业伦理学和从伦理的角度考量其他大多数生活领域的主导方法。

第二种是逻辑或概念推理的方法。它有三种典型的运用方式。第一,寻找逻辑假设——逻辑上支持某种行为或体制的必需的伦理标准。第二,分析结构或组织,确定问题可能发生的关键点,从而做出预测。第三,研究如何把价值观植入机构之中。

总的来看,社会是在等待信息时代的伦理问题和不公正现象的出现,然后对其进行事后分析。其实,更有效的方法应该是事先预料到问题的危害和不公正行为,阻止它们出现,以免形成体系并发展成为伦理上无懈可击的行事准则,而不是在这些不公正的、有害的、对社会有破坏性的实践、结构形成之后再对其进行解构、改革和重组。当然,我们不可能预测到所有将出现的伦理问题,所以进行实验和掌握经验的方法也是必不可少的。但是,逻辑或概念推理的方法可以使我们看的比所能预料到的更远。信息时代到来的那一刻也是这一方法开始启动运用的时刻。我们不需要新的伦理标准,但是,我们必须运用并尽可能修正我们所拥有的伦理概念和伦理标准以适应新的环境。我们必须学会对潜在的危害进行假设分析。

我们可以从信息的简单分析开始,然后将这种信息分析运用到工业化分析上,观察这些信息是如何改变产品、交易、广告宣传以及雇佣和所有权状况的,等等。在信息时代里,所有这些都将有所改变,并要求对这些信息对人的影响给予新的考量。

问题随即便产生了:这是关于什么或谁的信息?服务于什么或为谁服务?关于世界或科学的信息是一种信息;关于社会的信息又是一种信息;关于人们和企业的信息也是一种信息。在一个信息时代里,所有这些信息最重要的是其所有权,与所有权相联系的是权力。关于个人的信息已经明确地提出了有关个人隐私的问题,而关于企业的信息则导致了与商业机密和商业间谍相关的类似问题的出现。与工业时代相比,信息时代关于所有权的问题更为复杂深刻。我们已经看到了这一方法所产生的看似正当的伦理标准。我们将看到,我们可以类似地 TEASE OUT 可采用的行动指南和规则。

第六节 责任与义务

就计算机使用而言,企业所承担的责任因企业和计算机使用的不同而不同。不过,企业与其管理者最终将对计算机所完成或无法完成的一切承担责任。计算机不是能够承担责任的实体。严格来说,没有什么计算机错误之类的说法。计算机可能瘫痪或功能失常,使用计算机的人可能因此形成出错误的报告、文档或记录,结果便是错误的账单,错误的支付额或错误的刷卡记录。但是,在以上任意情形中,出错的不是计算机,而是制造计算机或设计程序的人,或者是在计算机出现故障时输入数据的人。很难指定谁应该对此负责:计算机操作者可能会将责任推在计算机身上,认为自己是无辜的。这种认为个人无须对发生的或未发生的事情负责、不应该受到谴责的说法是浅薄的、不负责任的。

有时,计算机可以更轻易地让人们和企业承担责任和义务,有时则反之。

我们在前面略微谈到有关"千年问题"所引发的伦理责任问题。我们也可以将它展开来叙述。承担伦理责任必须满足三个条件。第一,行为者与其应承担责任的结果之间应该存在因果联系。这便是所谓的因果责任。如果我无意中打破了一盏灯,那么,我就必须对它承担因果责任。因果责任链可以很长。如果我向一个下属传达了一个命令,而他又将这一命令传达给另一个下属,依此类推直到任务完成,那么,执行这一任务的人和传达这一命令的人都是这一因果链中的一部分,而我便是这一因果链的源头。物体也可以是问题的原因,我们可以说某一物体应该对某一后果承担因果责任。例如,火山应该为摧毁的某个村庄承担责任;跑出车道的汽车应该为杀死一个孩子承担责任;计算机程序中的错误应该为错误的账单承担责任,。在火山的例子中,我们不会认为人是火山爆发的原因;在汽车和计算机错误的例子中,我们就会认为人是原因:是谁不及时换挡使汽车处于空挡状态?又是谁设计出这种带有错误的程序?但是,因果责任又不足以构成伦理责任。物体可能要对某后果承担因果责任,但它们并不一定要承担伦理责任,因为它们并非伦理行为者。除了因果联系外,伦理责任还要求行为者是有意执行某种行为的,而且是自愿的,这意味着没有压迫和强制。满足这些要求后,人们才能对他们的行为承担相应的伦理责任。不同的人以不同的方式解释企业责任。如果人们认为企业是行为的实体,那么,企业行为便可以用伦理标准进行评估。尽管有人管理企业,但是企业依然能够自主行动。对企业的谈论是否被看做是对使企业行为产生的人(个人或集体)的谈论;企业是否被看做是有着自身行为方式并因此承担伦理责任的实体(在日常谈话中,人们确实对企业做出了伦理判断,并要求它承担伦理责任);或者,是否也意味着企业内部某特定人员应该承担伦理责任。在这里,我们并不解决这些问题。

根据以上论断,我们可以得出两个结论。第一,计算机和信息系统并不承担伦理责任,尽管我们会说它们是因果行为者,并经常认定它们应该承担因果责任。那些创建、编程、运行、拥有和(或)管理计算机或信息系统的人才是惟一可以承担伦理责任的人。第二,企业和企业内部人员可以对企业行为承担伦理责任,无论此行为是计算机或信息系统完成的还是通过其他途径完成的。如何在企业内部进行责任分担是一个单独的问题。探询这一问题有时是值得的,有时又毫无意义。

伦理责任就像法律责任一样可以变小,或者通过各种理由使某人从责任中完全开脱出来。这些理由从某种程度上说是破坏了伦理责任的必要条件。如果一个人在因果链中的位置并不突出,或者他(她)能够找出各种理由说明自己并不在因果链中,那么,他(她)的责任要么变小,要么完全被解除。如果一个人能够说明自己并不知情,或者对于执行这一行为必需的知识并不具备,同样也可以解除或减小责任。此外,如果一个人能够说明自己执行这一行为时并不自由——被威胁、心理压迫或其他原因——那么,其责任也会相应减小或解除。在计算机和信息技术领域,这种理由经常被某些人利用,并且时有效果。

与责任紧密相关的概念是权利和债务。在这里,所谓的权利是指人们有权要求那些行为对其造成负面影响并应承担责任的人或者当人们为他人执行某种行为时要求对方（例如受托人）就相关事件给他们一个清楚的交代、解释或理由。债务是指承担责任的人要对其行为给他人造成的伤害或损失支付一定的赔偿额。侵权行为法中有一种"严格赔偿责任"的法律原则，即在某些场合中，某些理由不适用于企业，企业必须为它们造成的伤害承担责任，无论其是否有意为之或是否预见到结果。在伦理责任方面并不存在可供参照的学说。

这些概念不仅从一般意义上适用于个人和企业，就计算机和信息系统而言，这些也适用于个人和企业。有时，它们会以一种特殊、甚至奇特的方式在计算机和信息系统领域发挥作用；有时尽管没有明确的原因，它们却没有起作用。在后面章节中，我们将谈到有关计算机程序和信息系统可靠性责任的事例，将看到在指定许多复杂的信息系统责任时出现的困难。我们还会谈到计算机程序和信息系统的使用造成的危害的赔偿及其赔偿不到位的问题。

第七节　黑客、计算机病毒与蠕虫病毒

32　　现在已经没有必要争论关于蠕虫病毒或计算机病毒（必须通过主程序连接）私自侵入他人计算机或系统的行为是否违背伦理的问题。关于这一问题已经达成了普遍的共识，因为事实非常清楚：这种程序侵入计算机或系统必然对计算机或系统的使用者或拥有者造成危害。这种对他人工作（文件或数据）的破坏实际上就是对他人财产的破坏，是不合乎伦理的，即使并不产生危害，仅仅是在某个时候发送了一条出于他人意料之外的信息蠕虫病毒或计算机病毒的侵入也是一种不合乎伦理的侵入。这种侵入是对他人隐私、财产的侵犯，它并没有造成什么损失——没有文件或数据丢失或更改，但是需要花费时间，甚至金钱。对他人财产的侵犯很明显是不合乎伦理的——这一点无须再讨论。同样地，在计算机上或通过计算机所进行的恶意破坏也是不合乎伦理的。然而，关于仅仅进入他人计算机或系统却并非有意破坏的行为的伦理问题目前正受到计算机领域的有关人士的争议。

私自或未得到许可便进入他人计算机或系统的事件现在不是什

么稀罕事了。我经常会想那些设法进入企业、政府或大学主机的黑客有时只是想看看他们能否找到系统的弱点,他们也许会自认为自己比那些设计和试图保护系统的人更在行。但是,实际上,这种例子比较少,更多的是那些坐在办公室的人对同事计算机里的内容很好奇,于是设法猜出同事的密码,并想趁同事不在时偷看同事的计算机的内容。以上事例的道理是一样的,虽然所需要的技能可能不一样。

任何未得到许可便进入他人计算机或系统的行为都是对计算机或系统拥有者的财产权的侵犯,也是对他人隐私的侵犯,任意的擅自改动都将引起不少麻烦,甚至"埋下"可能在将来"爆炸"的"逻辑性炸弹"。

有关这些问题的讨论经常能通过推导得出某些结论。在很大程度上,这种结论是有用的,但未必都是正确的,因为推导本身就不是无懈可击的。例如,密码就像是门上的钥匙和锁。钥匙和锁本身就说明了该区域是受到保护的,是私人的,任何未得到许可的人都不能进入。但是,门上的锁只能将老实人挡在门外,对于那些意在进入的人来说是不足以拒之于门外的,他们可以钻孔、砸门,甚至直接破门而入。锁住的窗户也可以砸开。话说回来,我们也不可能将我们的房子建造成保险箱以阻止入侵者的侵入,一则因为成本高,二来不切实际,三来效果未必就好。同样的道理,我们不可能将无法破解的电子保险箱安置在所有的计算机或系统中。正如银行有保险箱保护贵重物品一样,他们可以采取强有力的保护措施保护他们自己的账户和储户的账户。以上两者都可能被破解。当保险箱窃贼和银行劫匪撬开银行保险箱或打劫一家银行时声称他们早就证实了这家银行的保险系统存在弱点,银行必须安装更好的系统才有可能保护那些贵重东西时,我们并不因此把这些窃贼看做英雄。但是,我们会将那些破解计算机网络或系统的人看做英雄,因为他们有本事证明网络或系统存在弱点。但是,推导的方法却无法发现网络或系统存在弱点。尽管身体侵入某家银行或某个家庭与通过计算机系统侵入之间存在差别,但是两者都是未经认可的擅自进入。

如果某企业或政府部门鼓励那些能破解其计算机安全系统的人以奖赏,以便发现其安全系统中可能存在的弱点,那么这种方法肯定行得通。那些成功潜入安全系统的人理所当然获得奖赏。但是除非被邀请,否则,那些试图进入系统的人是没有权利这样做的,既无法满足某种特定的目的,也于企业无益。如果未请自来,那么他们的工作就是多余的,他们这种想当然的服务并非是对方要求的,是不受欢迎的。但是,某些黑客却坚持这样一种信念:他们闯入系统并发现系统弱点的行为是一项极有价值的工作,无论他们是否会报告这些弱点以及展示他们是如何做到别人做不到的事情。我们不得不说:"这种信念放错地方了!"。其实,那些管理计算机、网络和系统的人通常都知道自己的计算机、网络和系统存在弱点,就像人们知道自己的房子并非无懈可击一样。但是,不建造坚不可摧的结构是有正当理由的,不使用坚不可摧的电子保险箱也是有理由的。其成本是其中一个考虑。另外一个原因是任何保护系统都是人设计的,它很有可能被其他人所破解。不同的安全级别应该适用于不同的目的和信息。地方银行的保护系统肯定不能跟福特·诺克斯银行相提并论。办公室计算机肯定也不能跟 FBI 的文件相比。当然,这仅仅是一个方面。不同的环境、不同的钱财,保护对象被侵入的难易程度以及其他相关因素都使安全系统的级别有所不同。

  正如所有的人都知道锁着的门意味着非正当拥有钥匙的人禁止入内一样,每个人都应该知道受密码、编密码、代码或其他装置保护的计算机、网络和系统都是禁止未许可的侵入的。

  身体进入某一物理空间与进入计算机或系统之间的区别是很明显的。但是,后者并没有改变这一行为的伦理属性。前者中,侵入者可能会被逮住,面对面遭逢对方,甚至与财产所有者或其他人(包括警察)发生暴力冲突。而这种危险在计算机侵入中就不存在——没有面对面的遭逢,也不可能有暴力冲突。被抓住的几率也比身体侵入要低——侵入者可以按键盘上的某个键就可以安全退出,并且不留下任何蛛丝马迹。从一定程度上,这可以解释为什么有人会认为计算机入侵比起身体入侵危害性质轻得多,特别是那种并非有意破坏或未产生危害的侵入,因为入侵者仅仅是想看看自己是否足够聪明能进入对方的计算机,或者出于好奇四处瞧瞧某人在哪里进行网上冲浪以及别人邮箱里都放了什么内容,这种侵入往往看上去无足

第一章 伦理与信息革命

轻重。

　　世界上肯定存在某些计算机站点——政府的、企业的或银行和金融机构的——使某些人对其系统安全性能感兴趣。如果黑客发现其中某个系统并不安全,那么他们惟一让系统拥有者愿意对其系统进行更改使之安全性更高的方法就是证明给他们看。其实,能够进入其计算机站点本身就是极有说服力的证明。我们承认并非所有系统的安全性能都能满足其自身需要;我们也承认所有这样的系统相对于其自身所需来说其安全性能是合适的。但是,要影响某一系统的安全性未必就只有闯入对方计算机站点这一途径,黑客的意图也未必就这么简单。如果是的话,那么证明不合作主义是正当的规则就可以运用在这里,也就是说愿意使这一行为公开化的人也就愿意为此接受公共责任,承担其行为产生的后果。如果安全系统的缺陷威胁到公众安全、个人安全或者责任人对于黑客所声明的系统安全性弱点未做任何表示,那么通过媒介使这一弱点公开化或将其报告给政府部门将是处理系统安全性缺陷的更佳途径,最终也能获得更令人满意的效果。

　　MACIT 至少影响了这样一些人的观念,他们认为这样的侵入并不太要紧或者甚至认为丝毫没有不妥之处,不存在违背伦理问题。但是这一神话并未提供证明这些观念是正确的理由,为这种行为辩护的结论并不能作为理由。

　　在随后的章节中,我们将更详细地考察在本章中略微谈到的问题及其他。揭示"计算机和信息技术的非道德神话"的主旨与含义将是我们贯穿全文的主题。

【注释】
1. 有关"千年问题"及其千年交替前人们对它的关注的详细信息,请参阅俄勒冈州州立大学推广服务部的《千年问题》论坛,其网址是 http://www.orst.edu/extension/y2k/。
2. 琳达·雷多塞维克(Lynda Radosevich),《千年问题已经向我们逼近》(*Millennium Bug Already Taking its Toll*),《信息世界》(*Info World*),1998 年 1 月 12 日,第 20 卷,第 2 章,第 19 页。

第二章 行销、隐私与个人信息保护

第一节 信息隐私与 Lotus Marketplace：个人隐私

1990 年 4 月，Lotus 发展公司宣布它已经与 Equifax 公司（一家客户信息公司）合并，计划开发一种名叫"Lotus Marketplace：Household"（Lotus 家庭市场）的新产品。Equifax 公司收集和销售贷款信息和其他客户信息，是定期为申请银行贷款、信用卡和抵押的人们提供信息的几家公司之一。该公司大约记录了 1.2 亿个人和家庭的信息。它定期为意在向某一人群销售产品的大公司和贷方提供有关这些个人或家庭的资料。换句话说也就是 Equifax 公司出售的适宜人群信息清单上的人员正好是某些大公司面向的人群。

"Lotus Marketplace：Household"计划旨在将包含 1.2 亿潜在客户的信息清单向中小企业销售，而在以前这种信息的出售只面向大公司。当然，这些中小企业不可能利用整个包含 1.2 亿人信息的数据库。"Lotus Marketplace：Household"销售的是包含某计划和 5 000 个人名的压缩磁盘，其售价是 695 美元。客户每要求增加 5 000 个名字就加收 400 美元。磁盘上包含的个人信息包括实际的信息和根据实际信息推导出来的信息。其信息源来自从信用卡、贷款申请中收集到的信息以及从户口普查资料、邮递区号、对 8 500 家购物中心和零售商的调查、产品登记卡、杂志订阅等等提供的信息中推导出来的信息。个人信息包括姓名、地址、婚姻状况、性别（根据名字的第一个字判断）、平均收入以及家庭人口数据和预购买数据。该计划发展了 50 个"心理记录表"类目，如"累积财富"和"活动房屋家庭"。使用者可以选择其中任意类目并根据其以前购买过的名字生成一个适于此类目的人群的邮件表。人们无法输入某个特定的名字，也无法检索到有关此人的某些信息。Lotus 发展公司意在向小企业或非赢利性组织出售此计划。

现代科技的发展已经使得人们可以通过某种途径获得他人地址和电话号码,并可以通过网络搜索引擎查找到此人在地图上的位置。

自从1990年11月3日《华尔街日报》上登载了一篇报道此产品的文章后,人们很快便通过因特网掀起了一场运动,抗议这一计划性产品。3万多人以不同的方式要求Lotus发展公司将他们的名字从清单中删除,此外还有许多人抱怨以及担心这种产品会怎样被人们利用。大众普遍认为这种产品的开发是对名字列在清单中的人的隐私的侵犯。由此产生的争论也层出不穷。第一,尽管有人要求将自己的名字从清单中除去,但是大多数人并不知道自己的名字被列入或者根本不知道这一产品,也就不存在删除自己的名字的要求。第二,即使有些人在产品已经发行之后要求将他们的名字删除,但是他们的名字很可能已经卖出去了。第三,该公司不可能控制人们获得这一产品的种种渠道。Lotus发展公司意在将该产品卖给合法经营的企业和非赢利性组织用于正当途径,例如通过邮件对产品进行宣传,劝导人们购买。但是,Lotus发展公司不能保证该清单如何被利用或什么样的人会获得它,也不能保证该清单是否被用来伤害清单上的人。第四,有人担心一旦这种产品在市场上出现,那么其他公司为了竞争很可能会生产含有越来越多个人信息的类似产品,到那时,对个人隐私的潜在侵犯和伤害将越来越严重。

1991年1月24日,Lotus发展公司宣布已经取消了开发"Lotus Marketplace:Household"新产品的计划,其原因是客户的抱怨以及处理客户隐私问题所需的巨大开支。[38]

虽然人们对此有所怨言,这种对个人信息进行编辑并对其进行推导以得出新的信息的行为却没有违反法律。这些个人信息已经被许多大公司购买,而且其他公司也随时会生产这样的产品。

由这件事情引发的两个问题是:第一,这种产品确实对他人的隐私造成潜在侵犯吗?如果答案是肯定的,那么,其理由何在?第二,Lotus发展公司的"Lotus Marketplace:Household"产品是否从其他方面(非隐私方面)威胁到美国人?1.2亿人中的3万人的这种强烈反应要么显示了因特网在形成群众性抗议活动方面前所未有的力量,要么说明人们对这种产品的性能的误解,或者说明人们对该产品可能造成个人隐私的侵犯的担心是不无理由的。

自1990年以来,出于赢利目的从巨大的数据库中编辑个人信息的类似企图都遭到类似的抗议,包括著名的"双击"事件——我们将在后面的章节中考察这一事件。虽然,这种抗议频频发起并以对隐私潜在侵犯的措辞被得以报道,但其中所涉及的内容远远不止这些。由于隐私一词的过度使用导致其概念在重要性方面的减小,或者其范畴被无限扩张到包括机密的各个分支,以及知情许可权的无法保证、匿名权的丧失和各种潜在或实际的伤害。这种过度使用和定义无限扩张的部分原因是隐私概念的不明确。不同阶层对隐私的理解也不同,甚至不同的时间里隐私的定义也不尽相同。隐私被看做与公开相对立的概念,但实际上两者经常纠缠在一起;隐私也经常与匿名相混淆;隐私还经常被用来判断完全不同的事件的正当性,例如,有时用来维护堕胎的正当权利,有时又用来为个人信息的隐私进行辩护。

让我们用名字为例说明隐私问题的复杂性吧。很显然,每个人都有名字,而每个人拥有某个名字的事实是公开的呢,还是非公开的?对于自己的名字,人们是否拥有所有权,或者隐私权?我们每个人一出生就有了名字,这一点毋庸置疑,它属于个人公开记录的一部分。我们只有通过名字才能识别社会交往中的每一个人。但是,并非所有的人都有权力知道我们的名字。如果大街上的某个人走上前问我们的名字,我们没有义务一定要告诉他(她)。一个原因是这一要求侵犯了我们的隐私;另一个更有说服力的原因可能是我们并没有义务回答陌生人,甚至朋友、熟人的问题。如果有人向我打听其他人的名字,如果我告诉了对方这个人的名字,那么我是否侵犯了这个人的隐私呢?当然,我未必就侵犯了这个人的隐私。我可以有其他理由不这样做,但是隐私未必就是这些理由中的一种。如果我购买了一些东西,店员要我的名字和地址,以便写在我的账单上,我可能会拒绝。因为大多数情况下,人们进行购买活动时无须证明自己的身份。我可以用匿名的方式购买大多数商品。卖主要我的名字和地址可能是为了在发现商品有问题时能及时通知我或者为了促销他们的其他产品。不管怎样,我都没有义务告诉他我的名字和地址,尽管我的名字并不是什么秘密,甚至在某种意义上说是公开的,我的地址也可以在电话簿中查到,同样也是公开的。很显然,我的名字和地址可以通过某种公开的途径获得的这一事实并不意味着我必须将它们提供给想要的人。再者,也不意味着任何获得我的名字和地址的人就侵犯了我的隐私。如果我将除姓名和地址以外的信息也添加到某种意义上说是公开的事物中,那么,对这些信息的编辑是否就侵犯了我的隐私呢? 如果是,又是怎样侵犯的呢? Lotus 发展公司的"Lotus Marketplace:Household"新产品编辑的大部分信息都是这样来的。但是,话又说回来,尽管这种信息编辑本身并不侵犯我的隐私,但是,它却以其他方式给我造成威胁。因此,仅仅坚持隐私并不一定能达到人们试图保护自己不受伤害的目的。

第二节 隐私的概念

前面我们已经注意到隐私概念含糊不清的问题。关于隐私的具体含义,根据环境、目的、文化,不同的人有不同的看法。虽然,隐私经常被认定为是一种权利,但是,有关它是什么类型的权利,反对什么样的行为等等内容却始终模棱两可。有时,"隐私"相对于"公开"。许多关于隐私含义的说法经常相互混淆;关于隐私的重要性目前也没有统一的看法。许多关于隐私的主张中就有很多模棱两可的话,尽管它是在就隐私这一问题发表看法,但我们更多看到的是隐私这一字眼,其真正的含义却无法判断。因此,许多涉及企业隐私问题的事情往往存在颇多争议。隐私以某种方式进入企业与雇员、消费者、潜在消费者、客户、竞争对手、政府部门及公众之间的关系中。计算机科技的发展使得大量个人资料的积聚与相互联系成为可能,从而影响着大众(及企业)对于隐私的不同看法以及对个人信息的保护问题。

隐私的概念从某种程度上说与人们的文化背景有着密切的关系。关于隐私的对与错、好与坏一定程度上决定于不同的文化,有关隐私的主张如何理解与运用在不同的阶层也取决于该阶层的文化期待值、历史、已定型的行为模式、现存法律和其他因素。不同的阶层对于隐私的内容、重要性及保护隐私的程度也有着不同的标准。美国人一向自认为与其他国家的人相比是很重视个人隐私的,因为美国向来有个人主义的传统,他们认为靠自己和个人独立是最重要的美德。个人失败后可以重新开始,不会因为自己的阶级地位而陷于困顿,社会对于他们的承认也不因为他们是某某人的儿子或女儿。然而,实际上,美国人是否真的将隐私看得很重已经受到公开的置疑了。虽然,在美国,隐私在一部分人当中越来越受到重视,但是,还有些人似乎愿意放弃或自由出卖自己的大量隐私。①

为了统一人们对什么样的行为侵犯或不侵犯他人隐私的看法以便为企业操作和可能的立法及社会政策的制定提供合理的根据,我们首先应该明确隐私的概念,回答为什么隐私是重要的这一问题,以及确定隐私权的地位。从表面看,法律似乎是解决这些问题的首选途径。但是,我们很快就会发现,法律对隐私概念的表述和隐私权利的判断有时令人感到无限困惑和模棱两可。

首先,让我们看看世界人权宣言第 12 款是如何规定的:"任何人不得对他人的隐私、家庭、房屋等进行侵扰,也不得对他人的荣誉和名誉进行攻击。每个人都有权得到针对这种侵扰和攻击的法律的保护"。这是对人的隐私权和其他权利的肯定。隐私权因此获得了国际上公认的地位。②但是在这里,隐私究竟是什么却并未定义,不同的国家的不同的法律对此的理解也是不同的。

对早期美国法律而言,隐私权还是个新名词。美国宪法中并未提及该词。1890 年,塞缪尔·D. 沃伦(Samuel D. Warren)和路易斯·D. 布兰德斯(Louis. D. Brandeis)在《哈佛法律评论》(*Harvard Law Review*)上发表了一篇很有影响力的文章《隐私权》。③他们声称生存权利已经逐渐扩大为享受生活的权利。这一主张与库利法官的"不被打扰的权利"的主张具有异曲同工之处。这两位作家与库利法官一致关心的是报纸对隐私的侵犯。"这些考虑,"他们说,"导致了这样的结论:对通过文学作品或艺术作品等媒介表达的思想、观点、情感进行法律保护,使之不被新闻界公布仅仅是诸多不该打扰的个人权利中的一个例子"(《哈佛法律评论》:205)。这是对隐私定义所作的首次尝试,尽管使用的是"不被打扰的权利"这一措辞来表达隐私的含义,但它几乎是专门指向报纸在发表个人信息时正当与否这一直接与个人隐私相关的主题。虽然今天关于隐私保护的法律已经较以往进步了许多,但是,这一起点在确定隐私具体含义的过程却具有相当重要的意义。

最高法院判决了两例具有里程碑意义的案件,它们涉及到隐私的不同方面或类型。格雷斯沃德－康涅狄格一案[④](Griswold et al v. Connecticut)涉及节育与医生－病人关系问题,该案例争论的焦点是"第一修正案在个人隐私不受政府侵犯方面较为模糊"(同上:483)及"第五修正案……为公民家庭和生活隐私的神圣性不受政府侵犯提供法律保护"(同上:484)。与此同时的是戈德堡法官添加了第九修正案(和后来的第十四修正案)作为根据说明康涅狄格州法律侵犯了"婚姻隐私权"(同上:486)。最高法院在未婚者隐私问题上未置一词,而是继续让各州在其他各项法案中明文禁止"婚外性行为"。另一方面,布莱克法官陈述了他的不同意见:"在这个案件里,把宪法赋予的'隐私权'说成是一个或多个宪法条款的衍生物是无法获得结论的。我在乎我的隐私,不过我还是承认政府有权在必要的时候'侵犯'我的隐私,除非有明确的宪法规定禁止这样做。"(同上:509-10);史迪沃德法官也持异议:"尽管我十分尊重判决结果,但是,我在《权利法案》、《宪法》的任何地方或最高法院所裁决的任何案件中都找不这样的隐私权。"

1973年,涉及堕胎问题的罗伊－韦德案(Roe et al. v. Wade.)[⑤]的判决为宪法保护隐私方面提供了不同的衡量尺度。针对最高法院以往的判决,该案如此陈述:"以往这些判决明确了这样一件事情:只有被认为是'基本的'或'已成定论的自由概念中所包含的'个人权利……才包括在个人隐私的保护范围中。它们还明确了另外一件事:这一权利已经扩张到与婚姻相关的活动中……;生殖……;避孕……;家庭关系……;还有孩子的培养和教育"(同上:152-3)。这一案件中涉及到"怀孕妇女对堕胎的决定权"(同上:153)问题,然而又"承认某些州在针对此领域所制定的法规是合理的"(同上:154)。对此,瑞恩库斯特法官提出了不同的观点:"关于此案是否涉及'隐私'权问题,我很难做出结论。甚至最高法院在这里找到的'隐私'也与宪法第四修正案保护个人享有不受搜查和扣押的自由权利风马牛不相及……如果最高法院使用'隐私'一词只是表示个人不受'双方同意下成立的交易才有效'这一州法规约束的声明是第四修正案保护自由的一种形式,毫无疑问,类似的声明就应该得到以往基于这种自由之上的判决的支持和赞同"(同上:172)。

当这些判决促成隐私权在宪法中得以立足时,如果我们抛开具体事件观察这一权利的确切本质,就会发现其本质是不清晰的。基于最高法院的裁定结果,隐私就像《权利法案》中的大多数权利一样是不受政府侵扰(某种形式的政府干涉)的权利。这一权利主要集中在婚姻、性和堕胎方面,这些生活领域中的准则和个人做出的决定和行为在一定限度内是不受政府侵扰的。

关于隐私的哲学著作显示了法律诉案中反映出来的有关隐私问题的某些相同的困境。最高法院的某些法官无法在宪法中找到与隐私相关的条文,但又乐于利用其中包含的某些保护性条款,并且有时觉得这些条款足以为审议中的诉案提供大多数人所希望的保护。同样,一些哲学家如朱迪思·贾维斯·汤姆逊(Judith Jarvis Thomson)认为我们希望通过隐私权保护的任何事物都能受到其他一种或几种权利保护。⑥实际上就是说,隐私权无法让我们获得任何东西。对此,许多人并不表示赞同。⑦然而,关于隐私权具体指什么,它保护什么,禁止什么,它的正当理由是什么,以至于它如何为立法或社会政策提供基础等等方面的问题,目前并没有统一的论断。

对于人们在大众传媒以及州和联邦立法中找到的有关这一权利所反映的内容,哲学家和其他理论家们的意见并不一致。⑧

从某种程度上说,问题的焦点在于"隐私"一词涵盖的内容太广泛了。我们要做的是将"隐私"与其他诸多一定程度上被它涵盖的概念相区别开:亲密、匿名、机密等等。目前对隐私的各种定义都是片面的、不准确的。将隐私定义为"不受打扰的权利"不免过于宽泛,因为在许多例子里我们并没有受到他人或政府的打扰,我们的隐私也没有受到侵犯。有人试图用个人知识或信息来定义隐私。例如,W. A. 帕雷特(Parent)坚持认为隐私是个人的非公开信息。⑨此外,还有类似的用信息定义隐私的主张。[10]如果说隐私是个人信息的话,我们又发现最高法院做出的关于避孕或堕胎隐私的判决在如何包含某些信息方面是含糊不清的。如果他人或政府发现了某人所作的决定或事情,我们并不认为这个人的权利受到侵犯。应该说,个人有权不受政府侵扰做出某些决定并执行这些决定,一旦其做出决定或执行决定的权利受到干涉,则我们就可以说此人的隐私受到外界的侵犯。因此,认为这一自由权利包含了隐私的说法不仅仅说明隐私只是某种形式的信息。

另外一些人想用"控制"一词定义隐私——或者是控制个人信息或者是控制获得个人信息的权利。[11]然而,"控制"一词的语气过强,因为当我们处于公开场合时,我们无法控制他人了解我们的情况,也不能控制视觉或其他接触我们的途径。但是,人们并不因此侵犯我们的隐私。

区分隐私的不同类型或涵盖的领域,然后看它们是否有相同之处对于我们讨论隐私和企业问题是很有帮助的。我将隐私分为六种类型。由于隐私概念本身的含糊性,这六种类型并不相互排斥,而是相互交融。我称它们为空间隐私、身体/精神隐私、个人信息隐私、通信隐私、个人隐私和计算机隐私。

空间隐私主张个人空间神圣不可侵犯。从这层含义上说,个人可以宣称自己的桌子、抽屉、文件橱、办公室、房间或住所属于个人隐私范围。对这些空间的任何闯入都是对个人私有空间的侵扰和干涉;这一隐私也可以说成是个人空间不受任意窥听或窥视的权利。如果我将窗帘打开,路过的你正好看进来,很难说你侵犯了我的隐私,即使这是我的家。如果我拉下窗帘,你走到窗前,透过缝隙往里窥视,很明显,你是有意侵入我不愿受到他人窥探的私人空间。但是,我的私人空间并未受到房间内的人的侵犯,只有房间外面的人才有可能造成侵犯。如果这是我的空间,那么,我可以和我选择的人共同享有它,他们待在我的空间里并未侵犯我的隐私权。

如果客人在使用卫生间的时候打开了浴室里的药橱,那么,他(她)是否侵犯了主人的隐私呢?有人可能回答是,又有人可能回答否。药橱一般是不上锁的,有时微开着,习惯上怎样不完全清楚。意识到客人有权进入这一房间后,主人是否将这些不愿让他人看见的物品转移取决于他(她)自己。如果某人打开药橱发现了主人不愿向他(她)透露的药品或类似物品,那么,其意向超出了主人愿意透露的限度,所以被认为是对他人隐私的侵犯。

空间隐私权同其他类型的隐私权一样是可以让与的,也就是说空间隐私权和其他类型的隐私权一样并非绝对,在其他权利和更强大的国家利益和雇主利益面前,空间隐私权很可能被忽视和覆盖。个人计算机是否同抽屉或文件橱一样属于私人空间,闯入个人计算机中仅仅是四处看了看是否侵犯了他人的隐私以及这种侵犯是否是对空间隐私的侵犯等等这些问题目前尚处于公开讨论阶段。[12]

身体/精神隐私主张人的身体和精神隐私不可侵犯。在我们的社会里,庄重行为包括了个人性器官的不外露。在大多数公开生活领域中,这是基本的要求。对于大多数美国人来说,这也是他们的权利。他们不会因为他人的要求或请求便将自己身体的全部或部分暴露给他人。一旦提及身体功能,美国人便认为涉及个人隐私权,最明显的如性行为。这些行为都应该是私下进行的,除非所有社会成员接受其他方式,否则目前便只能维持这种现状。但这并不是说这些行为——比如已婚夫妇之间的性交——有什么不对或羞耻的地方,也不是说这种事情应该保密。这些考虑可以运用到其他环境中,但是,在这里就没有必要,因为并不涉及隐私问题。对于身体隐私,在某些情况下,美国人的看法与日本人的看法又有不同。例如,日本人可能认为与同性一起洗浴很正常,而美国人则不这样看。有些美国人还会抱怨药品检测侵犯了他们的隐私,因为在提交尿样时要求有人在一旁监视。同样,身体搜查也被认为是有损身份的,是对隐私的侵犯。

身体/精神隐私还包括个人有权对自己的思想、感情进行保密,除非他(她)自己愿意将它们向某人或所有外人透露。相对于身体上不受损害,思想、感情的隐私实质上是对人格和精神的尊重与保护。我们重视自己的思想感情,任何试图侵入该领域的行为都是对我们人格的侵犯。在某种程度上说,我们是通过对这些领域的空间隐私的认同来保护自己的思想感情不受到他人侵犯。人们反对使用测谎器的一个根本理由便是这种机器监控我们的生物化学反应,一定程度上侵犯了个人身体隐私,尽管它所做的仅仅是为了检测某人是否说谎。

空间隐私和身体隐私有时是相互重叠的。例如,在非常拥挤的地铁车厢里,一个人的空间是非常有限的,人们的身体由于拥挤相互接触。但是,即使在这种情况下,人们相互碰挤和并非由于空间有限造成的接触之间存在明显的差异。当地铁车厢变得宽敞些了,人们没有理由再挤在一块了,这时,每个人都有权希望拥有自己的空间,尽管空间还是有限的,也是公开的。

第三种是个人信息隐私。这种隐私涉及个人信息。认为每个人都有权控制自己的信息的说法未免夸张,因为个人当众所做的事情是公开的,关于这一行为的信息就不可能被说成是个人隐私。个人的许多信息都是公开记录的一部分。每个人都有出生记录,它和个人生活中的其他方面的记录——婚姻记录、房地产拥有权记录或犯罪记录——一样都是公开记录的一部分。这种记录的公开性质对于个人进行各种社会活动和公共生活都是必要的。报纸上报道的个人信息是公开的,如果这些信息是正确的,那么被报道的人就不能宣称自己有权控制或限制他人获得这些信息。我们的其他信息许多都是公开的,从这一意义上说,那些在公开场合通过不同途径接触过我们的人们就有可能获得有关我们的这些信息。这些信息既是他们的,也是我们的。还有一种信息是我们有意通过某种途径透露给他人使之成为公开的信息。然而,在现实生活中,每个人都有许多不愿向外界透露的信息,有许多不愿他人踏入的领域,在这种情况下,主张信息隐私就具有一定的意义。通常情况下,他人不会要求我们透露我们不愿透露的个人信息。但是,我们可以依靠法律保护自己不愿公布的信息不被公布的可能性是有限的。它并不涵盖那些本身已经是公开信息的信息。有关如何划定公开和个人之间的界限将在本章的后面部分讨论。

与信息隐私紧密相关的是通信隐私。正如它的名字所显示的,这种隐私指向个人之间的通信活动。我可以将我的思想传达给别人,就像我的思想和感情是我自己的、个人的一样,我与他人的交流也是个人的。我可以选择不同的对象——或向他们透露我的思想，或向他们隐瞒我的思想。我也可以与他人进行信息交流。通信隐私涵盖了所有的交流方式和内容。当然，如果是公开交流，就无所谓隐私权了。在美国，有些法律明文规定禁止对他人通信进行干预，包括未经许可私自打开他人邮件或偷听他人电话谈话。但是，现实生活中还是存在某些灰色地带。例如，如果我在公共电话亭打电话，他人无意听见我的谈话或者我在餐厅与朋友或同事聊天，邻桌的人也是无意听到我们的谈话，那么，我的隐私是否受到侵犯呢？偷听当然侵犯隐私，就像窃听侵犯隐私一样；而无意中听到他人谈话通常并不认为是侵犯他人隐私，尽管人们或多或少会关心他人无意中听到的内容，而且，偷听与留意他人谈话的行为之间的界限并不总是那么明显。通过电子设备隔墙或远距离偷听他人的谈话的行为是非法的。但是，无意中听到他人大声的谈话却不是非法的。捕捉到无线电传播内容也不是非法的，即使传播内容属于个人通过电波传达的手机通话；或者在邮件从一台计算机（经过我们的计算机）传输到另一台计算机的途中浏览了邮件内容的行为也不是非法的。在通过新的电子源进行通信的领域中，什么是法律许可的，什么是法律不许可的，什么是伦理的，什么又是不合乎伦理的等等这些问题还有待于充分讨论。

第五种隐私是个人隐私，它主张我们的生活是自己的，我们有权适当地将自己的生活与他人的生活分开。对于雇佣我的公司来说，我工作中所做的事情绝大多数是公开的，但是对于公司的竞争对手而言，这些工作是公司的隐私。另一方面，如果我在工作之外所做的事情并未影响我的工作成绩，那么，它们就是我的个人隐私，意味着我无须让我的雇主知道，我的雇主也没有权力知道，即使我的雇主偶然知道了我在工作之外所做的与工作无关的事情，这样的信息也不应该成为决定我是否得到提升的诸多因素之一。

我会适度地将我生活的某些方面告诉我的亲密朋友，并希望他们不将这些私底下才共同分享的隐私泄露出去。更多时候，我向我的家人倾述自己的心事，配偶之间则通常是相互倾述。面对夫妇在法庭上不作不利于对方的证明这一情况，美国法律承认了这种特殊的关系,使之不受一般法规制约,这一点在格雷斯沃德一案中已经有所表现。我可能会针对不同的隐私内容选择不同的倾述对象。这就使我们与一些人有了一定的关系,从某种意义上说使我们的生活变得丰富多彩。身体隐私并不一定意味着我有什么见不得人或者感到羞耻的事情需要掩饰,也不一定意味着我要对自己的身体保守秘密。表露自己的本性可能适合某些人,但未必就适合其他人。他人不但无权知道、了解或分享别人的隐私,而且,有些关系最多也只能保持相对的非个人性质。个人隐私在这里与信息隐私、身体隐私及空间隐私相重叠,但其地位并不有所降低。对于其他类型的隐私,虽然或多或少存在一些明显例子,但是,划分它们界限的依据却还有许多不明确的地方。那些认为雇主无权知道自己工作之外的个人生活的人并不能完全肯定工作之外的生活中的某个方面是否影响了工作成绩或公司名誉。⑬

第六种隐私被称为计算机隐私。在某些方面,计算机隐私与其他几种隐私具有相似的特点,但是,自从这一领域出现一些特殊事件以来,计算机隐私便有了自身的特殊性质。当我们说空间隐私或身体隐私时,往往指向物理空间。计算机空间不是物理空间。将计算机空间划分为公共空间与私人空间的方法与物理空间的划分方法并不完全相同。在大多数时候,这一划分已成为普遍接受的惯例。计算机空间中的公共空间和私人空间并不一一对应于物理空间。当我在物理空间中的商店里购物时,如果这一行为被正好在该区域的人看见,那么,我的购物行为便是公开的。当我在网上进行购物时,从一般意义上说,我的行为既非公开也非私下。我的身体处于私人的物理空间中,而我的行为却发生在计算机空间里,但既不在计算机的公共空间也不在计算机的私人空间里。关于计算机空间中的公共空间和私人空间的问题不但要求人们通过类推方法提供充分的划分依据,而且与现实的差异更加要求人们能有新的分析、新的思想和新的讨论。

那么,所有这些类型的隐私究竟有那些相同之处呢?相同之处便是我们可以选择展示或不展示自己的身体,透露或不透露自己的信息、通信内容或思想。因此,我们可以这样定义隐私:隐私是我们为了防止他人在未得到许可的情况下擅自侵入我们生活的某个领域或获得我们不愿透露的某些自身信息所设置的限制状态。这一定义提供了隐私之所以为隐私所必需的条件。这也是隐私本质的核心所在。超出了我们所设置的限制的侵扰便构成了对我们的隐私的侵犯。我们可以明确地在门上贴一个"勿打扰"标志或者传统地在房间门口挂一块帘子来设置这一限制。

"隐私"运用于人,而形容词"私人的"同时也可以运用于物体,例如,私人财产、私人病房、私人房屋、私人日记等等,他人进入这些领域的权利受到拥有所有权的人的限制。不同类型的隐私的不同之处在于除定义表现出的共同之处外每种隐私所具有的特殊主张和所要求的特殊保护。隐私是基本的生活内容之一,为了某种理由放弃多少隐私才算是合情合理的是我们困惑因而需要解决的问题。

隐私权是针对他人试图了解我们而设置限制的权利。任何人或任何政府超出此限制的干预都必须是正当的。隐私的概念类似于财产的概念。在后者的概念中,针对不同的财产,权利也有所不同,虽然其核心都是对财产的所有权。在格雷斯沃德一案中,最高法院称之为"婚姻隐私"的东西实际上是个人隐私、身体/精神隐私和空间隐私的结合。法官们所指出的有关《权利法案》在权利规定上出现的模糊处其中就包括了不同类型的隐私权。第四修正案中对个人不受不合理搜查的保护与空间隐私和身体/精神隐私的主张实际上是有所重叠的。这种隐私权甚至有可能被利用来为不合理搜查作辩护。但是,因为第四条修正案主要指向政府实行的搜查,它并不像空间隐私和身体/精神隐私那样扩展运用到企业和其他人身上。

尽管隐私是一种状态,却是诸多因素相联系的状态。它是个人(a)设置限制防止他人(b)侵入私人领域(c)。每个人的隐私或多或少,受到保护的隐私也是或多或少的。

这一定义是描述性的,抓住了大多数事例中隐私所涵盖的内容。这一定义由于容纳了各种隐私的共同之处,所以从某种意义上说具有不确定性即不专门并指向某一种类型的隐私。但是,当我们主张一种隐私权利时——如果这种主张是正当的——那么这种主张便是说明性的,因为它划出了一个领域,使他人背负了一种义务——即不能侵犯这一领域。

第三节 隐私权的正当理由

要成为真正的权利而不仅仅是一种权利的宣言,权利主张就必须有充分的而且正当的理由。伦理权利只有提供充分的伦理根据,才有可能作为公民权利被正式写入法律。每一种权利都施与人责任或义务,每个人在这种责任或义务之下按照某种方式行事,或者积极,或者消极。那么,我们如何才能为隐私这一伦理权利的主张提供充分的而且正当的理由呢?

支持隐私权的论据分为内在的和辅助的两种。在这两种论据里都存在义务和因果的变异因素。

最充分的论据认为隐私是尊重他人的实质表现。尊重他人就是将他人看做是其自身价值的中心,是终极目标,而非手段。这一康德哲学观点便是这一论据的出发点。将他人看做终极目标就是承认他人有权坚持自己的信仰和观点,有权自己做出决定并承担其后果。人的本质便在于不断地追求自身作为终极目标的价值。人的思想和决定塑造了人本身。任何试图操纵他人的企图都是对他人独立自主权利的冒犯,是将他人看做一种供己利用的手段。这意味着每个人都应该被赋予一种权利——决定向他人暴露或不暴露有关自身的某些信息,如思想、感情、内心世界。这就是隐私权包含的内容。在身体/精神隐私和通信隐私方面,这些道理都很容易阐明。

而且,因为我们都是社会的人,都需要进行某种社会交往,所以,人的发展一定程度上离不开与他人关系的发展。[14] 不同的关系很大程度上取决于人们向他人展示自己内心的方式和程度。发展基于自我表露之上的关系的权利又是人们希望通过隐私权的主张所获取的权利的一部分。有些我们希望获得的权利说白了也就是我们选择行动的自由(只要这种自由并不伤及他人),更是关系到我们自身作为终极目标的价值和应该得到尊重的基本权利。承认个人隐私便是承认个人关系对于个体自我塑造的重要性,也就承认个人有权限制向他人进行自我暴露与自我揭示的程度——无论陌生人、政府、一般的熟人,还是家人、朋友和同事。每种关系都不一样,个人允许他人了解其本人的程度也不一样。最高法院在婚姻隐私方面仅仅肯定了早已经被普遍认可的东西,换句话说,即是婚姻是一种特殊的关系,在这种关系里,双方以各种方式向对方表露自己,其程度一般不会用在其他人身上,也就是说在其他人面前人们一般不会透露的那么深。要使这种关系活跃,婚姻隐私——相互依存、共享生活、解决问题——就应该是必要的,并非可有可无的。没有这种隐私,婚姻将不再是一种制度——传统上已经承认其存在的一种制度。此外,对于家庭和亲近的朋友,我们也可以提出类似的主张。

隐私可以让人们有机会尝试不同的角色,怀着各种各样的希望和梦想——或独自珍藏或与他人分享。隐私让人们在失败、实践、决定自己的未来形象时不至于暴露在公众面前,也无须承担社会意义,除非本人选择这样做。隐私还可以让人们逃避他人的监视和评价,放松心情、补充能量。所有这些都是将他人看做终极目标的表现,是个人得以充分发展所必须的条件,这一点已经得到论证。

窥视者可能并未对他人造成伤害,但是被暗中监视的人却有理由抱怨这种对他人隐私进行侵犯的行为。个人被窥视者作为一种手段加以利用,某种程度上说,其价值和尊严都遭到否认。这一点成为支持隐私权的内在依据。虽然因果依据是康德哲学中的概念,但也可以成为内在依据的一部分。窥视者并未造成伤害,但他们否定了作为我们自身一部分的隐私。如果我们发现他人在观察我们,我们可能会表现得不一样,并在这种注视下感到羞怯,毫无理由地因为他人的窥视而受到限制和约束。

以上基本的分析可以运用在六种不同类型的隐私上。某种程度上说,不同类型的隐私可以看做是不同的权利,就像财产权可以根据不同的所有权被看做不同的权利一样,我们可以选择性地从诸多普遍认可的权利中获得我们所要的适当权利。

基于对他人尊重的概念之上,我们可以合理地主张尽可能多的权利为每个社会中的人作为一个完整的人而根据社会交往的需要发展自我并发挥作用提供足够的条件。

支持隐私的外在依据往往分为两种。一种便是我们已经提到过的侵犯他人隐私造成的后果。另一种是人们宣称他人侵犯其隐私这一行为本身造成的后果——也许他人确实侵犯了隐私，而且从别的角度上也可以谴责这种伤害他人的行为。也正是后者导致了我们先前提及的案件中法官们的不同意见，包括哲学家如朱迪思·贾维斯·汤姆逊也对隐私权的主张提出了质疑。

第一种依据在许多小说如《1984年》中就已经引起了人们的注意。在这些小说中，国家往往通过监督试图控制其权利之下的人们生活的方方面面。这种监督的结果是对一切事物的限制，对创新、改革自发性的扼杀，并最终导致个人价值遭到践踏。如果没有隐私空间，人们和他们的生活将变得公开化，正如所有公开的伦理规范一样。如果我们承认这一点，那么，人们对隐私保护的需要就应该得到社会的认可，否则，对个人和社会的伤害就会因为这种保护的缺乏接踵而来。肯定以上观点后，我们需要继续讨论的便是关于必要的隐私包括哪些，侵害个人发展和侮辱他人人格、侵犯家庭和友谊伦理规范、破坏个人关系的方式等内容。有人坚持认为在发展隐私权的道路上任何一个步骤都必然遭到反对。又有人认为某些侵犯隐私的行为造成的危害还不至于太严重，有理由容忍这种侵犯。

还有一种说法是对于这种期望中的隐私权的任意侵犯，我们都可以找到其他理由谴责这种行为，而不一定非要援引隐私权。不尊重他人的空间或身体将导致伤害或潜在危害，而每个人都有权免于遭受伤害。对个人信息的侵犯可以毁灭他人的荣誉，这毫无疑问是一种伤害；而盗用他人的个人信息捏造的虚假身份同样是对他人的侵犯，是一种受到谴责的非法行为。从这一意义上说，盗用他人身份也是一种偷盗。除了谴责它是对个人信息隐私的侵犯以外，我们可以找到更好的、更有力的理由谴责这一行为。除了隐私权，我们还有个人发展权利、言论自由权利、通信自由权利，所有这些权利都可以与不同类型的隐私权挂上关系，也可以认为是这些不同类型的隐私权的一部分，这样说实际上便把隐私权推到了可有可无的境地。

最后一个论据如果用来说明无所谓什么隐私权的存在的话，那么这个论据的说服力是非常强大的。由于它未触及那些不支持隐私权的论据，所以并不产生危害或其他不良后果。但是，人们可以恰如其分地引用此论据指出有时侵犯隐私也是对其他权利的侵犯,有些被认为是对隐私权侵犯的行为实际上是对其他权利的侵犯。正如我们所发现的那样,有时其他权利确实(如不受伤害权利)也被包括在隐私权的范畴之中。

隐私权只是诸多权利中的一种,它可能与其他权利发生冲突。一旦发生冲突,我们无法判断孰轻孰重,即使存在轻重之分如生活权利——比起其他权利,显然生活权利的分量要重一些,甚至其他权利都是从生活权利中衍生出来的,但是我们对此还是很难做出决断。隐私权使那些侵犯了他人所设置的进入其内心世界的限制的人背负上了义不容辞的举证责任,也就是说现实生活中存在的种种此类行径为隐私权的合理存在提供了确切的依据。我们设置这种限制的权利可能被公众利益、其他人的权利或者我们一定程度上允许他人了解我们的事实所掩盖。隐私权是可以让与的,也就是说并非绝对的,我们可能因为各种原因完全放弃隐私权,或者有选择性的或多或少放弃隐私权。但是只有在获得回报的前提下,这种放弃才是合情合理的,例如为了自由、安全、舒适、亲密、经济利益等等。那么,我们如何衡量这些关系呢?这一问题目前尚在争议之中,该领域的相关立法工作也经常为此争论不休。

话又说回来,如果我们要获得所希望的某种结果的话,我们就必须这一点很重要。如果我们要轻松获得银行贷款的话,我们就必须放弃某些隐私,告诉银行有关我们的信贷历史、财务状况、收入状况及相关信息。我们可能只愿意部分地使某些信息公开,并控制不让这些信息传到其他人那儿。但是,通常情况下,这样并不能使我们快速地获得贷款。所以,要想达到快速贷款的目的,这些信息就必须更广泛地被可以帮助我们拿到贷款的人所共享,因为他们需要获得这些信息以便为我们服务。为了某个目的我们应该暴露多少隐私是一个我们必须提出来讨论的问题。但是,很明显,这是一场公平的交易。一个真正的隐士几乎不会告诉外界有关自己的任何信息,甚至最大可能地远离公众视线。但是这必然极大地限制了他与社会的交往和相互影响。要达到某种目的,我们必须心甘情愿地放弃某些隐私,更大程度上地接受外界对我们的身体或思想或通信领域的相关信息的了解。

就限制他人获取有关自身信息的权利方面，人们提出了某些持赞同立场的观点。一是我们对于自己的身体拥有财产权，我们有权控制自己的信息。这一观点的理由也许来自身体和信息都是我们自己的这一天经地义的常识。但是实际上，其理由并不充分。我们的很多信息，如与他人的交易信息即属于我们也属于对方，除非双方另外有所说明。同样地，我在超市买东西这一信息即是我的，也是超市的。如果我用信用卡付账，那么，我的付账信息也同样属于我和信用卡公司。驳倒这一事实的论据目前尚未提出。如果我在大街上碰见某人，这一信息即属于我也属于对方。我有权控制自己信息的主张只适用于该信息仅属于我一个人，在这一意义上说，我有权决定是否向外界透露这一信息。因为这并不涉及到其他人。我的思想和感情便属于这一类型的信息，还有当我一个人的时候所做的事情也是这种情况。这些信息只属于我，我有权选择是否透露它们。

如果我们从原则上接受上面这些观点，理解它们必须有充分的理由才能支持这些事例，那么所有这些是否会产生某些准则，而我们可以遵循这些准则判断某些特殊的例子？尽管答案是肯定的，但是那种限制他人了解自己的权利(或者叫隐私权)真的能为那些希望保护个人信息和通信信息的人们提供支持吗？这一点是值得怀疑的。

要正确处理这些，我们需要区分公共领域和私人领域，将隐私权与不受伤害权利、匿名权、知情许可权、了解权(对某些显性或隐性机密的获悉权)相融合，这些权利往往与隐私权有关，并且经常与隐私权相混淆。

第四节　公开与私下

什么是公开的，什么又是私下的往往不是很明确，要在两者之间划出明显的界限几乎是不可能的，因为它们所依照的惯例本身经常模糊不清，并且不同的人对待不同的事件的理解也是不同的。其区别本身有时和个人与政府、个人与社会、秘密与公开之间的区别相互混淆。公开与私下之间的区别不一定就是泾渭分明的,因为每个人都可以在公开状态下享有一定程度的隐私。基于我们已经提出的理由之上,我们认为个人隐私来源于对他人作为精神实体的尊重和认可。我们应该获得所有其他人这样的尊重,就像他们应该获得我们的尊重一样。公开领域是非个人的领域,在这里我们进行着与他人之间的日常事务。我们每个人都会放弃某些隐私以便进行可能的社会交往活动。但是,即使在这一领域中,我们还是我们自己,依然保持着自我,依然是值得尊重的个体。尽管我们放弃了许多限制他人了解我们的权利以便可以像其他人一样从事一定程度的社会生活和活动,但是,我们依然有理由主张个人的隐私权。在公共空间里,尽管我们放弃了某些隐私权(确切地说,我们放弃某些隐私经常是因为未明文规定的惯例和传统),在工作场所和企业等私营公用事业空间里,个人的隐私权还经常可能与商店的店主或企业的雇主的权利产生冲突。这一假定在因特网上已经得到人们的一致认定。但是,我们还是可以在一定程度上通过类推的方法对此进行证明。

我们可以举两个例子作为范例,说明什么是公开,换句话说是在公开环境中行事,传达某些属于公开记录部分的信息,当然,这些行为和信息并不一定就是我们所说的那样属于公开行为和公开信息,但是,应该说至少目前人们还是普遍认可的。[16]

先来看我们在公开环境中做的事情,例如,走在大街上或在大路上驾车。如果问有什么是在公开环境下进行的,那么这些应该算是吧。在公开环境下进行某些行为并不是对我们继续拥有隐私权的否定。通过穿衣服,我们一定程度上隐藏了我们的身体,维护了身体的隐私。当我走在大街上,我无权设置限制不准人们看我、注意我或记住我的存在。因为,在公开环境中,他们拥有和我一样的权利,任何人都没有权利不准他人注意、观察、记住大街上发生的事情。这就是我们所说的"公开"的含义,即所有人共享某信息,并有权了解这一信息。如果是这样的话,那么,某人用录像机在大街上拍摄我们就没有什么错;政府在大街上安装录像机拍摄大街上经过的人或他们所做的事情也没有什么错。如果在一条街上安装录像机没有什么错的话,那么,在每条街上安装录像机也应该没有什么错了。

现在假定每条街上都有警察安置的监控器,以便监视到可能的犯罪行为,以保证街上人的人身财产安全。然后再假定每个监控器中的图像是相互串联着的,那么,走在大街上、往窗户里面张望、和朋友打招呼、从一个地方驾车到另一个地方等等行为都将被监控器所拍摄和记录下来。也许警察只会对我这样做,或者对所有在市镇大街上走动或驾车的人这样做。因此,只要我们在大街上显身,监控器就会记录下我们的每一次出现。那么,这又怎么侵犯了我们的隐私呢?如果公开加公开还是等于公开,似乎监控器的监控行为并未侵犯我们的隐私。然而,许多人对这样的方式感到极不自在,感觉它侵犯了自己的隐私。这听起来很像我们前面说过的国家监督,这种监督对我们要做的事情和做事情的方式造成了一种激冷效应,以至于我们会认为监控器的监控是对我们理应受到的尊重的侵犯。被监视的状态必然限制我们做事情的方式。然而,如果我们在公开状态下做的事情是公开的,那么,我们又怎么能抗议我们的隐私遭到侵犯呢?如果我们做的事情都是合法的,那么,我们应该没什么好害怕,也不应该受到什么伤害的威胁。但是,我们的不自在完全是因为我们意识到自己被监视着,意识到政府可以通过各种途径伤害它的人民。它试图控制整个社会;试图影响我们的行为;限制我们的政治自由;使我们担心自己对政治不满的表达方式可能带来麻烦,担心社交活动、投票、被迫遵从各种规范的不情愿态度、在大众场合被嘲笑或受惩罚等等。在自由社会里,多数人都希望能制止这种政府干涉和过多的政府对社会的控制和操纵。

在这里,监控器的监视目的并不是简单地拍摄下发生的事情,而是要鉴别录像带中的每个人的身份,通过连续的录像跟踪他们的活动,而所有这些只是为了政府的某些不为人知的动机,而这些动机可能直接威胁到了每个被监视的个体。我们所主张的似乎不仅仅是我们的隐私遭到侵犯(至少在这一意义上说我们的行为被一种不合理的方式所限制),而且在于录像的目的——即政府所谓的维护治安的目的。这些记录了大街上的人的活动踪迹的录像带往往因为某些未知原因被保存上那么一段时间(这个时间也是未知的)。如果说这种录像真的是为了维护治安,具有正当理由的话,那么,就应该对录像有所限制。可以说,治安并不是靠看这种录像带来维持,更不是通过鉴别录像带上的人的身份来维持,除非有人犯法了;也不是通过连续摄像跟踪个人的活动来维持的,除非他们犯法了;更不是通过将录像带保存上那么一段不短的时间以便确定对象们真的没有犯罪迹象来维持的。因此,即使在大街上这样的公开环境中,我们都有理由要求个人不该受到监视,除非有人犯法了,也不应该受到跟踪,录像带也不应该保存那么长时间。如果在企业范围内发生这种录像行为,我们是否可以要求相同的主张,或者通过类推的方法是否可以将这些要求扩展到其他类似的对个体进行录像和跟踪的行为上等问题目前尚处于公开讨论中。

只要我没有违反法律或者没有充分理由遭受怀疑,那么政府就没有理由监视我、跟踪我。虽然我处在公开的环境下,但并不意味着我完全受制于他人,包括政府。当我在公开环境下时,他人不许与我交谈,而我也不能与任何人说话,甚至不能暴露任何非公开性质的信息,这意味着公开状态受到限制,合理的期待被政府的跟踪所侵犯。隐私权允许我们为他人了解我们设置一定程度的限制,所以政府的跟踪只有在得到我们允许的情况下才能进行,而且只有当我们了解到可能获得的利益并确定这些利益超过了隐私利益时,这种允许才是合乎情理的。

此外,不管在任何城市里,我都希望拥有一定程度的匿名权。可能会有一些人认识我,但是大多数人肯定都不认识我。那么我的匿名是否受到这种监视的侵犯呢?如果我的照片与我的名字联系在一起了,那么我的匿名肯定受到侵犯。可是,我们是否拥有匿名的权利呢?我不知道我们曾经怎样以最充分的理由主张任意权利。这种匿名对于生活在小镇里的人们来说是不存在的,他们在公共场合的一举一动都被熟悉他们的人看在眼里,有时也出现在熟悉他们的人们的谈话中。因此,他们的隐私在小镇范围内并未受到侵犯,匿名在这里就变得毫无意义了。但是,如果他们是在没有人认识他们的地方做着什么事情——当然这些事情都是被普遍接受许可的,那么就没有人会对他们做什么或不做什么感兴趣,更没有人注意他们的一举一动,匿名在这里对于他们来说就具有了意义。尽管匿名,一旦人们违反了法律,他们同样要对自己的行为负责,受到法律的监督和审判。⑰

然而无论是否匿名,人们还是担心自己的大量信息会被利用。在公开监督之下,人们自然无须证明自己的身份。所以,如果我们反对这种监督以及记录我们所有行为的方式,其理由可能是因为它侵犯了隐私以至限制了我们的行为,或者因为它反对我们的某些正当行事,还可能因为我们担心受到伤害。通过录像机跟踪个人的一举一动并不能维护公共治安。只有在需要确定犯罪嫌疑人的位置时,这种跟踪才是合理的、正当的。

如果我们得到政府方面的保证说胶卷、录像带或磁盘不会被毫无理由地定期查看,我们和其他人不会被跟踪,录像带每天都会清除或者在确定大街上无可疑的犯罪行为出现所需的一段时间内清除,那么,关于限制我们行为的抗议和受到伤害的担心就可以很大程度上得以缓解。如果不删除录像带的内容,政府就应该提供充分的理由使我们对可能造成的伤害的担心得到一定程度上的减轻。

2001年6月,爱克米出租公司的一辆汽车跟踪租借了他们车辆的詹姆士·特纳穿过三个州,并因为在跟踪过程中发现詹姆士·特纳三次超速违章罚了他450美元。虽然康涅狄格首席检察官认为这一跟踪行为是非法的,而爱克米出租公司却主张自己是合法的,因为这一点在租借契约中已经有条款说明,此条款便是为了防止由于超速违章造成灾难性事故而设立的。这次跟踪是通过汽车上安装的全球定位系统(GPS)完成的,这种全球定位系统可以帮助司机找到正确方位,帮助出租车公司寻找未返回或被盗车辆的位置。另外,美国通信委员会在2001年10月要求手机公司能够指定50~300米范围内的911个呼者的位置。这意味着每当我们打开手机时,手机服务中心都能找到我们的位置。广告商急于利用这一功能。执法机构对此也有所关注。已经提出但尚未通过的立法强调顾客有权获知自己被跟踪,而且在未得到顾客同意的情况下企业不得将有关他们的信息提供或出卖给第三方。

另一个有关公开的范例是我们曾经提到过的所谓的公开记录。如果说有什么信息是公开的,那么公开记录似乎就是这种类型的信息。出生记录、结婚记录、死亡记录、房产购买记录、重罪记录、执照都是公开信息。此外,还有许多也是属于公开记录的一部分,如雇员薪水(在大多数国家里)。但是,尽管现在这些信息对于公众来说是公开的,在过去人们却必须跑到记录办公室去,从成堆的笔录中查找那些自己所需的信息。公开信息意味着可以通过查找获得的信息,但是这种查找的困难与耗费的时间使得普通人不会去担心自己的公共信息被某些利益方如企业、政府或个人以未知的方式购买和利用。

然而,计算机的使用已经使得这些信息可以轻易地被存储在计算机中或从中输出,也可以从各种资源中轻易地通过数据库对这些信息加以整理。现在的技术已经使政府、企业或个人可以毫无困难地获得每个人的公开记录。计算机可以接受大量的信息数据库,并相对轻松地生成有关我们每个人的相关资料。这样可能产生正确的信息,也可能产生不正确的信息。面对这些事实,我们不禁要问这是公开记录的目的所在吗?显然在计算机发展之前,对每个人进行公开记录的目的并非如此。技术进步导致我们的公开信息可以更容易地被他人获取,那么这是否侵犯了我们的隐私呢?有人持着这样一种观点,其大意是公开加公开等于公开,换句话说就是既然这些信息都是公开的,那么多一些与少一些又有什么区别呢,反正都是公开的。然而,我们的隐私可能遭到侵犯这种焦虑心情始终让我们感到不安,因为我们不知道自己的信息会被怎样滥用。显然,这并不是当初我们为了某一目的将自己的公开记录授给他人时的原本用意。有些官员意识到这一问题;其他人则觉得如果信息文档是公开的,就意味着这些信息可以被任何人以最简单和最方便的方式获得。他们认为在计算机化的社会里,所有记录都应该在网上向所有人开放。但是,为了公开目的——建立公民身份、被选举权或获得政府福利等——而记录的个人出生信息并不只是为了向企业提供人们的名字和年龄以便用于广告和为晋升提供信息,更不是为了识别那些易受欺骗的人或满足某些人对他人年龄的好奇心。

有些公司将雇员的薪水看做是商业秘密不能泄露,甚至雇员与雇员之间对待薪水也必须相互保密。而有些公司的雇员薪水却是属于公开记录。我们都知道或者通过某种途径可以轻松了解到总统、州长、国家或州立法机构的每个成员的薪水。堪萨斯州大学的每个教员的薪水都属于公开记录,任何想查看大学预算文件的人都可以了解到他们的薪水情况。而现在,这一文件已经在某些地方印成书本,人们必须花些气力才能在某些公共场合查阅到这些信息(在这些地方,专门的人员会在一边看着,想查阅的人可能会被提问甚至要求签收才能查到想要的东西)。这样,抱着随意浏览心态的人或好奇的人就少了。如果堪萨斯州大学将其预算公布在网上,任何在线的人都可以访问和通过名字检索某人的信息,那么这些信息是否就更公开化了呢?其实并未更公开化,只是让人们可以更轻易地获得它们,这些信息可能被无数的企业所采用并将之相互联系起来。将个人的薪水公之于众对于为政府工作的个人来说是一笔花费,由于这笔费用花得是纳税人的钱,所以这种公开化是合理的。然而,有人可能会说虽然从义务的角度来看国家公务员薪水的公开化是合理的,但是,使这些信息可以被网上不经意路过的冲浪者或数据收集者们所获取和利用实际上已经超出了公开化的必要程度,是国家不应采纳的一种操作行为。这些信息即涉及到接收它的人的信息,又涉及到国家如何花这笔钱的信息。那么,仅仅根据系别和一些头衔如一级教授,一二三级副教授等等来识别该大学成员能否达到同样的目的呢?依靠国家基金建立的这种公开化状态是否对个人名字有所要求呢?这一点仍有争议。虽然如此,还有人可能会争论说在网上公开信息就已经超出了义务所要求的程度,即便是政府掏钱。信息公开化并不一定意味着无差别的使用。我们应该重新思考一下计算机时代里的信息公开化问题,判断这种情况下的公开化是否就意味着因特网上的所有人都能轻易获得这些信息。

有些州已经通过了禁止机动车辆管理部门向企业出售驾驶执照图片和信息的法律。支持这一法律的最充分的理由是该州未获得领有执照者关于出售此类信息的许可,必须有特殊的原因才能出售此类信息。要在其他情况下使用这类信息,比如出售信息以增加税收,则超出了州政府收集这些信息和领有执照者作为获得执照的条件提交这些信息的必要程度。第二个理由是这样做会使领有执照者受到潜在的损害和伤害,因为盗用他人身份并造成伤害的事件已经出现并依然不断出现着。

第五节 匿名、机密或知情许可权

让我们离开大街来到银行吧。这里关系到私有财产的问题,但我至少会从半公开的视角展开论述。如果我正在银行里排队准备取钱,那么我的存在是公开的事实,在那里的人都能看见我。但当我来到柜台时,我就希望我的交易是机密的,是我和银行之间(通过出纳员作为媒介)的交易,我希望这笔交易的机密性得到尊重,无论我是取钱还是存钱,无论我取多少或存多少,他人都无法获悉。但是,如果我后面的人听见我对出纳员说,"我想取一千美元",则根据对方离我的距离判断对方是否侵犯了我的隐私就很困难了。因为当我正在进行交易时,我并没有设置条件。这一交易是个人的,从某种特殊意义上说是机密的。我秘密向银行透露的信息并不是公开的。机密是事物的一种状态,它要求交易的相关方一致同意不向任意第三方泄露有关交易的任何细节(甚至交易本身)。机密并存在相互的关系。医生与病人的关系可能使医生背负了一种责任即在未征得病人的许可下不得向任意第三方泄露有关病人身体状况的任何细节,但是病人却可以无拘束地随意告诉其他人医生是如何对他说的,而无须事先得到医生的允许。⑱有些信息是我们希望秘密地告诉他人又保持其机密性的信息,例如,我们的银行交易。

在业务关系中,我会向对方透露某些信息,因为这是获得想要的帮助或服务所必需的。我会告诉我的医生有关我的健康状态以便获得诊治。要获得最大的利益,我就必须尽可能地负责地、开诚布公地和医生讨论我的症状。我这样做的时候,这样会想即我只对他或她说这些,我的看病记录和状况记录都将保密。这意味着他或她在未得到我允许的情况下不会与他人分享我的信息。我可能会告诉某人有关我的事情。如果他转而又告诉了别人,那么,他便破坏了我们明确或含蓄同意的条件即机密性条件。然而,他人还是有可能正当地获得有关我的记录——诸如打出报告的秘书、将报告存档的文件管理员、当我预定下次看病时间时查阅记录的护士等等。这里的每个人都被期待着尊重材料的机密性,不向其他人透露任何相关情况。任何个人只要不向任何其他者透露任何信息,那么,他就能做到完全保密。机密性要求至少有两个人,通常应用于必须透露的信息上。但是,对机密性的侵犯经常被认为是对隐私的侵犯。

在银行和医疗机构中的机密性是一种默认性质的机密性,并可以认为是一种默认契约中的条款。有时,也可能成为真正的契约即相关方明文规定了的协议。无论是默认的还是明文规定的,银行或医疗机构都理应遵守这一机密协定,不向外泄露秘密进行的交易或接受的信息,除非得到了客户或病人的同意。当然,这种同意应该是一种知情许可权,被告之的人知道并理解自己正在做的事情及其后果。因此,在任意银行交易信息或医疗记录泄露给任意第三方之前,银行或医生必须事先通知客户或病人。尽管,人们经常想当然地设想事实本该如此,但在实际生活中,他们经常定期被银行或医院要求签写同意授权之类的文件,这些文件内容往往含糊不清,笼统宽泛,其核心是要求人们允许银行或医疗机构将他们的记录向未指明的第三方公布,对其目的性也往往含糊不清,这都由银行或医疗机构所决定。这些记录一旦公布,个人将再也不能控制它们的使用。人们经常发现自己的个人资料被编辑,但在此之前却毫不知情,根本不知道这回事,更不用说什么检查核对这些信息乃至发现错误时能及时加以更正了。

现在让我们离开银行到超市去吧。超市是个体经营的,所以从某种意义上说属于私人的场所,但却面向公众。设想中人们有理由被拒之门外。超市安装了监视器,就像前面提到的大街一样,其目的是为了确保无人偷窃商品,也可能是为了提高超市的销售量,或者更好地服务顾客。我们准备购买的商品或不买只是看看的商品可能都会被监视器拍摄下来用于超市所希望的正当用途。如果我们的身份被超市通过各种途径了解到,比如我填写了一份表格、以往在这里使用过信用卡、用现金付过账或者超市使用了购买者信用卡系统,那么,超市可能会将我的名字与我的模样联系起来。那么,这是否侵犯了我的隐私呢?当我们在超市时,我们无权限制超市对我们的了解程度,毕竟这里是超市的空间,而且超市里的其他人同样可以随意观察我们。我们是在半公开的空间里行事。任何隐私权的主张在这里都是缺乏充分依据的。如果我们感到有点不自在，原因还是：至少在大城市里购物时，我们有理由期待一定程度的匿名权，因为那里很少有人认识我们，但是，当我们被认识的人观察时，匿名就失去了意义，更谈不上所谓的匿名权了。

但是，即使没有我的照片记录，如果超市记录了我每周购买两打鸡蛋的情况，并且我的保险公司也了解到这一情况，而且它可能将这一信息与其他有关我的信息如：我驾车四处跑、没有任何健康俱乐部的记录交易，那么它是否就此推导出我的健康状况极差这一结论呢？如果，我是在无意中间接地而且不可避免地透露了超过我所希望的信息程度。被迫透露这一信息可以看做是对我的一种侵犯，无论它侵犯的是我的隐私还是不受伤害的权利。当我进入一家超市时，我并不希望因为我在这家超市购买东西就必须向超市提供大量的个人信息。我看过的货架和触摸过的商品与其他顾客对它们的观察结合起来可能用于销售目的，但是这一正当的目的也并不能要求对顾客进行"验明正身"。

当我结账时，收银员或站在我后面的人可能会知道我的名字并且注意到我买的东西。但是，我不能控制他们看见这一切，也不能控制他们如何利用这一信息。这并不涉及隐私，即使从某种意义上说我的银行交易本身是我个人的。但是，我希望在使用现金时我的银行交易也是匿名的。然而如果我通过信用卡付账，那么超市就会将我的购物款项逐条列记下来，然后将我的购物总况记录在我的信用卡中。这家超市已经有了我的购买记录，而我的信用卡公司有时也有我的购物记录。如果我用的是现金付账——除非了解我的人将我的名字列入了已记录的购物清单中（或者我将被超市的监视器跟踪，我的名字和我的模样对上了号）——我的交易照理应该是匿名的，而我使用信用卡支付的话，很可能就失去匿名。那么，我是否有权限制止超市和信用卡公司对我的交易情况进行记录呢？由于他们都是交易的相关方，有人可能会说这些交易信息既涉及到我，也涉及到他们。但是，超市无须知道我的名字，信用卡公司也无须知道我购买的具体商品。超市合理记录的应该是某货物的销售情况以便在缺货时重新进货,信用卡公司关心的应该是我的账户的借方金额。计算机使得更多此类信息的获取变得更加容易。但是,这并不意味着企业因此可以随心所欲地获取顾客的信息。在这里,我们再次重申交易中的知情许可权。顾客应该知道交易的金额,这不仅意味着他们知道应该为某商品支付的金额,还意味着他们向卖主支付或透露了其他东西,而这些东西将很可能在他们不知情的情况下被利用甚至被滥用。

我是否可以主张当我使用信用卡付账时,这一行为即便不是隐私,至少也应该属于机密,就像我在银行进行交易时一样?或者由于购买这些商品的行为是公开进行的,那么此交易本身是否就是公开的呢?鉴于我已经使这一行为公开化了,我是否可以合理控制有关我购买过程中的信息呢?如果答案是否定的,那么我便没有理由抱怨获得此信息的信用卡公司未将它作为有关我的机密信息对待。人们对于此信息是否公开、是否属于个人或者机密的问题可以说是众说纷纭,各有各的看法,这说明了关于这一问题目前并没有可以被普遍接受的主张。在过去,对于该领域中的隐私或机密与公开之间的区别社会并没有很明确的界定,但这种模糊性并未导致问题的出现。可是,随着计算机以及保存和整理大量记录的新技术的不断涌现,我们现在却面对着无数含糊不清的主张以及公开与隐私、机密与非机密之间的模糊界线。这种含糊不清直接导致了我们在该领域中的伦理困惑。尽管主张与信用卡相关的完整隐私非常具有说服力,但是主张机密性却未必能如此。

如果我对超市和信用卡公司拥有此信息感到不自在,那么可能有以下三种原因——这些原因都可以作为抱怨的基础。第一个原因与信息的使用有关。第二个原因涉及超市和信用卡公司未得到顾客或客户同意便擅自使用其信息的行为。第三个原因便是前两个原因所导致的可能的伤害。对信息使用的担心关键在于这样一个事实,即我在某超市购买商品的信息可能被这家超市出卖或者信用卡公司将这次购买信息与以往我用这张信用卡购买其他商品的信息联系起来。这一信息甚至可以和来自其他数据库(我的名字是该数据库的一部分)的信息联系起来作一番假设。其结果是更多个人的购买信息被透露,尽管我本人并不愿意。在数据库中的所有信息被轻而易举地联系起来之前,我在某个公开或半公开场所(如超市)所实现的某个特殊的行为就可能已经被注意到或者甚至与我在其他方面的信息联系起来了。现在这些事情做起来应该更容易,但在过去,往往要花上不少的气力和金钱,以至于人们很少将注意力投入到这方面。这些信息的收集也是零零星星,所以威胁也是最小的。但是,随着计算机的广泛使用,这一切都改变了,收集和整理资料的工作变得毫不费力而且成本又低。但对于这些操作人们是否已经表示接受并同意却是值得怀疑的,即使人们已经模模糊糊地意识到这些。这一切已成为事实并不意味着人们就必须简单地接受它们并相应地调整自己的期望值。人们无须接受科技上可能的一切事物。科技应该利用来为所有人的利益服务,而不仅仅是为那些使用和控制它们的人服务。

  信用卡交易是否是机密交易,在未得到信用卡持有人同意的情况下是否不得将交易情况向任意第三方透露呢?对于这一问题,目前尚无定论。有些顾客认为事情就应该是这样的。但是由于信用卡使用合同上并无任何款项说明这一点,所以推测的结果通常是与顾客的期望值背道而驰。这种推测认为公众实际上已经默许了超市和信用卡公司的这种操作行为,因为公众并没有对此有过什么的抱怨。只要有顾客发出抱怨的声音,这种行为也就会慢慢地消失。我们已经注意到潜在的伤害源于这些信息的使用可能对我们的就业和保险前景造成负面的影响。我们压根就不知道这些数据库的存在,也就无法使用它们,更不可能更正其中可能出现的错误。究竟我们的信用卡交易是机密的还是非机密的呢?其答案并不取决于我们是否主张隐私权。如果顾客对此反应强烈,他们就可以联合起来表达他们的看法,并希望信用卡公司能尊重他们交易的机密性,甚至信用卡公司还可以向顾客征收这样做的费用以及弥补由于不像其竞争对手那样出卖信用卡信息导致的税收的损失的费用。如果顾客感到自己受到威胁,他们也可以寻求立法保护,要求法律保护他们所有交易的机密性并得到尊重。美国国会对时为最高法院法官的罗伯特·伯克审理录像带租借信息一案的反应是认定录像带租借是机密的。这一裁定可以同样运用到其他领域中。

尽管是在公开的环境中行事,但我们还是有权主张机密性的,其正当理由莫过于人们对交易机密性的理解(医生——病人之间的交易经常是被不适当地假设),或者顾客的压力以及保护人们免受可能的威胁或伤害的立法也迫使交易的涉及方不得不尊重交易的机密性。

正如人们可以用机密解释某些涉及隐私的事件,知情许可权同样可以这样,这点我们已经在前面的论述中提到过。当我为购买的某商品填写保单时,我正在透露自己的信息。当我填写一份"帮助商家更好为我服务"的倡议问卷,并作为回报得到一张有可能中巨奖的彩票时,实际上我已经将自己的信息出卖了——喜欢和不喜欢什么、爱好、薪水收入、房产权和其他无数信息。那么,我是否已经授权信息接收方可以随意使用这些信息呢——出卖给其他人,或将它与我的其他信息结合起来以做他用呢?除非问卷上有所注明或有复选框供我确定,否则事情恐怕就是这样。当我订阅杂志时,我是否授予该杂志出售我的名字、地址和其他关于我作为订户的信息的权利呢?在这些例子里,知情许可权的概念是模糊不清的。但是,随着这些信息的共享越来越广泛,使用的目的也越来越多样,有人就认为知情许可权可以并且应该得到维护,作为保护隐私和其他权利如免受伤害权(比如,基于错误信息之上的假身份和虚假的信誉评价造成的伤害)和居家时不受冒昧电话打扰以及上网时不受广告打扰权利的一种方式。

第六节 两难境地:消费者与商家利益之间的平衡

任何对现行个人信息的使用并试图施加某种限制的企图都将影响到商业行为的运行方式,商家对此种企图也必然要基于自身的权益提出异议,他们认为,对现状较大幅度的改变势必然要付出非常大的代价。

让我们看看以下这些代表商家利益的论点吧。

论点之一认为,任何商业交易的相关信息都理所当然的属于交易主体双方,因此,在某笔交易中,相关信息既属于卖方,也属于买方。基于以上观点可得出如下结论：消费者对隐私权的任何主张和商家对交易信息的使用权二者之间必须得到某种适当的平衡。商家可能声称，交易的有关信息——交易的客体是谁？交易的物品是什么？以及交易的其他细节——都是属于商家的，是其商业记录中的一部分，商家有权根据其需要使用它们。商家可以保存这些信息，也可以对这些信息加以比较、分析以获得消费者的需求情况，甚至可以出售这些信息。但是，消费者可能会认为，交易是他们和商家之间的私密行为，在他们与商家从事某项交易的同时，他们并没有授权商家随意使用与该交易相关的信息甚至是与消费者本身相关的信息。对此，商家可能加以反驳说，消费者犯了一个简单的错误。对于大多数交易而言，包括消费者姓名在内的各类交易信息都由计算机存储，商家对这些信息作了何种处理——存储、分类、比较分析、出售或者其他用途——消费者根本无从知晓。许多商家认为，他们根本没有必要将这些信息告知消费者，因为这些信息是交易行为中的一部分，它们属于商家。

论点之二更加倾向于商家的立场，这种观点认为，从任何一种意义上来说，交易信息都谈不上"个人"隐私。如果我购买了一台冰箱，或者一夸脱牛奶，或是任何数量的其他产品，该公司是否知道我的这一交易行为本身并不带有敏感性。某些商品，如医药用品可能较为敏感，可以认为是个人隐私，但就大多数商品交易行为而言，都谈不上是个人隐私。如果因为超市对我购买了一夸脱牛奶的相关情况作了记录，我便声明我的隐私权受到了侵犯，这无异于偏执。因此，就大多数交易行为而言，因为交易信息被记录了就声称隐私权受到了侵犯是没有根据的。最后，尽管超市记录下了我的交易情况，并可能将该交易情况告知我的信用卡公司，他们甚至于其他能够获知这些信息的商家都不可能将这些信息公之于众。他们将会妥为保管这些带有私人性质的信息，不让普通人有接触这些信息的机会，更不至于将其公布于大众。

第三种论点认为，对于商家从各种各样的商业交易中记录、收集、分析、出售以及利用其他途径使用交易信息的行为，现实中有大量的先例可以证明其合理性。商家们辩解说，对交易行为的各种使用被证明是正当的,理由是这种行为长期以来被人们广为接受。关于交易信息是否应该被使用和如何被使用的讨论经常见诸报端,也一直是各种文章和报道的主题之一;这种讨论和报道并不需要什么专业的知识,也并非是只有某些处在特殊位置上的人才能涉及的神秘的话题。事实上,由于商业行为中一直以来存在着这种传统,它实际上是一种人们早已接受的做法。

  论点之四则倾向于考虑改变现行做法所要付出的代价。这一代价将是惊人的。商家们不仅会失去现有的收入,还将不得不对现在的市场策略进行大刀阔斧的改革。另外,如果每个商家都要求将自己的新策略告知其消费者,并向消费者请求获得对交易信息自由使用的授权,则其相关代价将更为惊人。总之,不管是对单个商家而言,还是对整个美国经济而言,代价都将是高昂的。这一代价,或者说所有代价,最后都不可避免的由消费者来承担。这一后果对社会的任何部门来说都是毫无益处,因此,这种改变也是不值得的。

  第五种论点进一步认为,任何对商家使用其所获得的交易信息的行为规则进行改变得做法都必将导致消费者所能得到的服务质量变得越来越少并越来越差,而不是越来越多和越来越好。比如,从消费者的购物行为或杂志订阅行为中,商家获知某些消费者酷爱钓鱼,由此,一些与钓鱼业相关的商家将锁定这些消费者,向他们发送相关的广告和推销信息以及折扣票券。由于这些消费者酷爱钓鱼活动,他们可能会发现收到的东西中有不少是相当有用的,他们可能会乐于收到这些东西。通过这种方式,广告人员可以将他们的广告送到最有可能做出回应的那部分人手中。这样,广告发送者和接收者都将从中受益。如果不是通过这样一种方式收集到个人爱好兴趣的信息,广告人员为了使自己的产品信息到达那些对钓鱼有兴趣的人手中,他们将不得不在更为宽广的范围内分发他们的广告。这样,可能出现的结果是,广告的费用大大上升,更多的人收到所谓的垃圾邮件,因为他们对该产品根本不感兴趣。交易信息的收集方式和使用方式的改变将导致更多的垃圾邮件,更多的推销电话(如果不禁止的话),浪费人们更多的时间,并将导致效率的降低和总体成本的上升。

最后一种论点认为,现行的政策充分尊重了各方的自由。这些政策既考虑了市场活动的自由,又尊重了市场中推销产品一方的自由,使他们的行动更为高效。对于那些不愿意参与到现行政策体系中来的人,也给予了他们越来越多的退出机会。越来越多的公司为消费者提供了商家的隐私政策,大多数都附有退出条款。这也尊重了各方的自由。如果说实际中选择退出的比率并不高的话,那么可以假定为人们对现行体系并不怎么反感,他们并不担心潜在的隐私侵权行为,因此他们并不愿意采取什么行动来试图改变现行的做法。

要明了以上分析在现实中是如何发生的,那么,让我来举个例子,假设我是某份杂志的订户。在这个例子中我也出现了以上说到过的交易信息。这些信息被理所当然地认为是属于该杂志的,因此,杂志出版商按照自己的意愿来使用这些信息,包括将我订阅该杂志的信息出售给其他厂商。另一方面,我则按照自己的理解认为,我并没有给该出版商这种权利。我在杂志订阅这一商业行为中认可的仅仅是要他们提供我所需要的杂志。我是该杂志的订户这一事实意味着他们只有将该交易信息用于与我的订阅行为本身相关的领域。他们可以在合适的时间里给我发来相关的更新通知,甚至可以在订阅期后给我发来更新通知。我在过去某个时间曾经订阅他们的杂志这一行为使他们获得了我的相关信息,但是,在这一交易中我没有授予他们将我的名字和地址用于其他用途的权利。我也并没有通过订阅行为而授予他们将我的名字和地址或者我订阅过他们的杂志这一事实出售给他人的权利。如果该杂志的出版商出版或生产了其他的产品,他们可以没有限制地通过杂志订阅名单上我的有关信息给我寄来其新杂志或产品的广告。这些做法都没有侵犯我的隐私。很少有人反对这种做法,这种做法也成为了市场行为中的标准做法。许多公司把他们的通信名单视为其重要的财富。在真正具有知情许可权的商业行为中,订阅行为开始时,或在该行为结束后的某个时间,该公司可以使用我的名字和地址用于给我寄送其新产品的相关资讯,我也必须授权他们无限制地将我的订阅信息出售给某些或所有其他公司,也可以以其他方式交易我的订阅信息。但是,这种做法并非现行的做法。现行的做法是,商家告知消费者,通信名单可能有其他的使用方式,如果消费者对此有异议的话,可以选择退出,且必须采取必要的步骤通知公司。因此,现行的做法在事先并未明确说明的情况下便要求消费者给予同意,公司也只需按照自己的意愿提供尽可能少的说明。但是,争执发生时,杂志出版商可能狡辩说,如果消费者没有选择退出,则消费者是在已经被事先通知的情况下自愿接受了出版商任意使用订阅名单上消费者的名字和地址的行为。

有时,当我订阅一份杂志或邮购某件产品时,商家会在产品中附上一张卡片,上面说明该商家的消费者名单有时会被出售给其他公司,还说明除非我声明反对,我的名字也将包括在该名单内。这里的假设是,如果我给以否定的答复,我的名字将被排除在外。这时,两种不同的观点又出来了。一种观点认为,我必须主动地、明确地做出选择,才能将我的名字包括在该名单内。另一种观点认为,我的名字被自动地包括在该名单内,要将我的名字排除在名单外,我可以明确说明。第一种观点认为,要将我的名字包括在可能被出售的名单内,我必须加以特别授权;第二种观点认为,授权是自动实现的,无需我主动授权,但我有要求将我的名字排除在该名单之外的权利。当然,即使是第二种观点也承认,我必须被告知商家可能会出售名单。是主动要求还是就凭我订阅杂志或订购商品的事实就将交易信息的所有权过渡给了商家?如果我不加以限制性的说明,杂志出版商和产品厂商就有该信息的使用权。

当我邮购衣服时,我将我的衣服尺寸告知了商家。我并未明确说明我的这些交易信息是否应该保密。我的交易信息是否应该加入到与我相关的数据库?我的衣服尺寸发生改变时是否也应该相应地添加到数据库中呢?大众的期望显然是否定的。同样,这些信息仅仅用于定购衣服这一单一目的,但同时也并没有附加关于交易信息如何使用的任何明确限制。如果这里视为被动授权,则并不反对存储、出售或出于销售目的以及任何其他合法目的而使用这些信息。在一桩合法的交易中,虽然一方的隐私权不可避免地要受限于另一方对信息拥有的权利,但完全可以说,现行的做法有利于商家而牺牲了消费者的利益。也完全可以说,为单一目的而提供的信息不应该在没有提供者明确授权的情况下用于其他目的。

有人曾经主张说,既然我们提供的信息能用于出售或有其他方面的商业价值,那么,只有为这些信息付费才显得公平。信息当然有价值,因此,消费者对于这些价值应该以某种方式获得补偿。对于这种主张的回应之一是,消费者早已得到补偿,因为如果不是商家早为此付出了一笔额外的补偿,杂志或别的产品的价格将会更高。第二种相似的回应是,根据消费者首次订阅或购买行为中所得的信息,消费者获得了自己感兴趣产品的有关资讯,他们也就在事实上获益了。当然,商家能够使得交易变得明确、透明,但这样商品就有了两个价格,一个是没有折扣的全价,另一个是折扣价格,适用于那些并不拒绝交易信息被使用于其他用途而不仅仅是用于单一明确目的的人。由此,那些放弃使用从交易中获得的信息的商家便可以以此为借口谋取相对暴利。

尽管交易中的信息或与交易相关的信息平等地属于交易双方,但是打着伦理和合法的旗号通过使用这些信息来做出对另一方有所伤害的行为毫无疑问是不合乎伦理的。对于那些交易信息——比如说购买信息——已被记录、比较分析和出售的消费者来说,他是否受到了伤害又变得难以定义且充满争议。在大多数情况下,名单被用于寄送该消费者感兴趣的产品广告,而判断该消费者是否感兴趣的根据是其以往的交易信息。收到所谓的垃圾邮件是否就构成了伤害?人们意见不一,在多数情况下,这都会被视为小麻烦而不是伤害。一些消费者乐于收到有关折扣及廉价物品的消息以及与他们所使用产品相关的更新资讯。如果这是交易信息被使用的惟一方式,人们的忧虑将大大减轻。但事实上,谁也无法保证这些信息由什么人来使用以及如何使用,这正是引起人们忧虑的主要原因。

当然,许多个人信息在不经意的情况下就给了商家。大多数带有保修单的产品都附有一张登记卡。事实上,没有这些登记卡,保修单照样生效。但是,在产品存在品质缺陷的情况下,除非将印有质量警告及其他产品召回信息的登记卡寄回,生产厂家将无法与消费者联系。这就要求购买者在确认产品时提供其名字和地址。当然,购买者也可以无视这些信息,不寄回登记卡(如果购买是通过信用卡来进行,交易信息还可能在许多其他环节被记录)。多数登记卡要求填写大量的个人信息,包括收入范围、家庭成员、开支项目、休闲和商业活动等等,许多信息根本与所购商品没有任何关系。有的消费者可能会认为,要得到保修服务就必须填写和回答登记卡上的所有问题。商家不应该如此误导消费者。产品缺陷在这里虽然没有直接侵犯隐私,但却成了侵犯隐私行为的诱因。当然,登记卡并未明确说明这一点,有些也声明登记卡并不影响保修服务。一些登记卡声明,个人信息将用于给那些填写了信息的人寄送他们感兴趣的资讯,有些在登记卡的末端还有一个复选框,如果消费者不希望收到任何广告,也不希望自己的地址被用于出售或过渡给其他商家,可以在复选框上打上勾。但是,即使消费者在复选框上打上了勾,人们也无法保证个人信息是否会被生产厂家过渡给其母公司或子公司。

在美国,正如我们所见到的,商业行为中一个假设的前提是,消费者在交易中自动授权商家使用其交易信息,除非另有说明。有些商家有意将退出声明的选择设计得过于简单,如在复选框上打勾。有些商家则根本没有为消费者设计退出选择。

尽管存在着不同的主张,看起来只有考虑到双方的利益才能保证公平。假设交易信息属于商家,至少信息的使用必须透明公开,在不同意交易信息与自己的名字直接联系起来或者不同意交易信息用于本交易之外的其他目的时,消费者必须有明确表达自己意愿的选择。比如,在信用卡表单上设计复选框。关于问卷和登记卡等表格上的个人信息,这类表格必须明确说明信息的使用方式,表格上也必须设计有复选框,以供消费者在不同意其个人信息被出售或过渡给其他公司时做出选择。这些做法的目的都是为了在实际商业行为中引入知情许可权,以改变现实中众多商家通过计算机信息化技术利用部分消费者的不知情来蒙骗消费者的行为。

商家的做法对其本身是有利的。与此相对的是另一种有利于消费者的做法,在这种情况下,除非消费者主动通过复选框来给予商家特殊授权,交易信息将不能用于其他目的。将主动授权的权利给予消费者有利于消费者隐私权的保护,这也是那些担心自己的隐私被侵犯的消费者的选择。

不管采用何种体系、何种做法,我们在道义上所需要的是,交易各方应该明了其所做所为,明了交易信息的使用方式和途径,明了并同意交易行为所遵循的基本准则。

第七节 个人信息保护

从上面的讨论中我们能得出什么结论呢?似乎各方都承认个人信息是重要的,应该受到保护。抽象地说,要对这一点表示否认也是很困难的。但是人们在好几个问题上都存在很严重的差异:应该受到保护的私人信息应包括哪些?事实上,在美国这种保护是否在人们需要的任何时候都能被获得?是否有必要通过立法来保护个人信息?如果答案是肯定的,那么这种法律法规又应该是什么样子的呢?对于以下几条原则,人们也有一致的认同即:生活中确实存在隐私权,尤其是企业和政府都应该尊重的个人信息隐私权;个人有权不受伤害,有权不受由于滥用他们的信息所造成的伤害;至少在某些交易中,个人也享有机密权,而这种机密性有时是通过契约明文规定的,有时也可以是双方默认的;当人们将自己的个人信息透露给企业,而企业未来将出售或与他人共享这些信息时,人们就应该拥有知情许可权,也就是说企业必须告之人们并在得到人们许可的情况下才能这样做;对他人进行跟踪和分析编辑他人信息的行为必须有特殊的、正当的理由;匿名如果不是一种权利,在许多情况下也应该是很重要的东西,人们通常认为匿名可以使自己的行为不会被公开,不会被外界轻而易举地获得有关自己的信息。但是,对于个人和企业应该如何将这些原则运用于特定的场合和事件目前颇有争议。

个人信息在欧盟受到法律的保护。美国则直到最近才开始有所动作,但其核心几乎排他地建立在自制这一概念之上。批评家们认为依赖个人的自制来保护个人信息的做法只会让人们更加困惑,最终产生的效果也必将是不尽如人意的。因此,我们应该重新考虑在信息化时代里对个人信息保护的权利,因为信息化时代的到来已经改变了原来的条件,原有的旧的设想已经不再适用这个时代了。

于是,人们越来越迫切地呼吁能通过立法使目前这些情况得以明朗化,更希望通过法律保护个人的隐私。然而,尽管立法可以帮助解决某些此类问题,但是,有关伦理要求的问题却依然存在。伦理能引导法律吗?虽然,对于这一问题所涉及的诸多方面人们并无一致意见,其原因可能是缺乏实际发生的事件的信息,也可能因为有关包括哪些所有权的问题目前尚有争议,还可能因为信息收集和使用的方式的快速变化,但是,有些具有普遍意义的方针对于解决这些问题还是有所帮助的。

当然,更大的问题是应该收集和整理多少个人信息才算是适度的,这些信息又应该供什么样的人使用才能避免滥用。购买商品的信息只是这些信息中的一部分。根据他人的某个侧面的信息推导此人的爱好和习惯的信息又是另外一种信息。当然,个人提供的信息并非都是正确无误的,有时也可能是不准确的,甚至是不真实的。在顾客填写的吹风机保单随附的问卷中,我们无法知道此人所填的爱好是否正确,也无法知道此人填写的薪水范围是否高于或低于其实际薪水,或者正好与其实际薪水一样。如果其中有些信息是错误的,那么基于此错误信息推导出来的结论必然也是错误的。那么,推导出的信息如何有效呢?这取决于诸多因素。此外,推导出来的信息可能带来潜在伤害吗?这些信息会侵犯个人的隐私或其他权利吗?答案同样是不确定的。但是以上问题和可能的答案证明了人们声称的另两项权利,即确保信息文件和信息分析结果相一致的权利和监督更正信息文件的权利,这两项权利分别来源于隐私权和免受伤害的权利。

敏感性信息尤其容易引发一些特殊的问题。医疗记录、银行记录,乃至各种形式的捐赠与其他交易存在着很大的不同。不难想像,根据人们的订阅信息和捐赠对象,可以很容易地推断出他们的宗教信仰、性倾向和政治学识,同样,相关团体、政府、保险公司、潜在或实际上的雇主、邻居和仇敌完全有可能根据这些信息对当事另一方做出诸如诬蔑、骚扰、拒绝雇用、拒绝保险、排斥或其他伤害行为。另外,商业活动中经常用于身份确认的社会保障号码和女性的娘家姓氏也不允许出售。出售此类信息的惟一理由是,此类信息能有助于某些人进入别人的账号。要合法使用此类信息,应该是由信息所属本人将信息提供给使用者,且仅出于身份确认的目的使用这些信息。

将个人信息过渡给他人的行为违反了明确声明的协议,大多数人是因为这种协议才提交个人信息的。与此类似,大多数人认为,个人的医疗记录应该保密,否则,人们将不愿向医生袒露自己的症状,唯恐这些症状被他人知晓。这样,医生和病人的关系将受到伤害。某些人可能出于特殊目的将自己的医疗记录告知他人,如在向保险公司申请人寿或健康保险时。即使在这种情况下,人们也是基于这样一种假设,那就是,他们仅向该公司提供记录,记录仅能用于确定是否发放保险。他们不是为了其他目的而向保险公司提供自己的记录的,保险公司将记录用于提供人意愿之外的其他目的是不合乎伦理的,即使保险公司事先并没有做出不将记录用于其他目的的承诺。记录提供人认可的假设时,他们的记录将不另做它用。

许多人担心商家所拥有的个人信息、文件及相关推断根本未经确认甚至是完全错误的。更令人担心的是,此类信息可能毫无限制地用于有偿交易。这种担心是合情合理的。当然,这种担心是出于维护消费者选择权的立场,而不利于商家对交易信息的控制。

人们公认,雇员对与自己相关的文件有知情权,有接触此类信息的权利,有更正错误信息的权利,也有抵制错误或有争议声明的权利。以上观点也有利于雇员而对雇主不利。消费者和大众应该知道商家拥有什么样的个人信息,也应该能够接触这些文件,应该能够更正错误的信息,能够发表更正声明。TRW、Equifax 和 Trans Union Credit Information 是三家收集和拥有大量诸如银行信用等级、收入、职业和婚姻状况等个人信息的权威信用机构。它们的协议都明确规定,允许个人检查自己的相关记录并做出更正,但是很多人发现,错误信息给自己的信用等级带来了很大的负面影响,而且消除这些负面影响的工作非常艰巨。但是,这些机构辩解说,作为有着一亿两千万到一亿五千万客户的机构,当客户在开设账户、申请抵押和其他活动时,他们都给予了及时的信用评定,给很多人带来便利,这些便利完全能够抵消前面所述的负面影响甚至造成的伤害。如果没有这种集中化的记录,人们便无法享受到如此多的便利。

当然,有很好的理由可以证明,集中化的记录不应该含有可能用于非法的歧视行为的信息,这些歧视行为涉及种族、民族、宗教、年龄、性取向等问题。

大多数公司都忽视了消费者的权利,这些权利涉及到信息的收集,信息可能出现的错误使用方式,关于交易的真实情况和交易信息使用情况的明确说明。然而,职业伦理对这些方面都做出了相关的要求。

第八节　法律保护机制与企业自我约束机制

1998年秋,欧盟通过了一系列关于个人隐私的法案。这些法律在原则上所有成员国都必须认可,至今已在几个成员国实施了该法案,并且在未来三年内所有成员国都必须实施。该法案规定:客户为某一目的提供的信息,未征得客户同意,接受该信息的公司不得将其用于其他目的和出售或给予任何第三方。但这些规定恰恰和自认为是个人隐私的拥护者的美国的规定相反。

在美国依据法律,如同电话交谈一样,一级邮件是保密的。学生档案在接受联邦政府资助的教育机构是受法律保护的,而在其他的机构却例外。销售或光碟租借的记录以及银行记录是保密的,甚至在有些州图书馆的租借记录也是保密的。实际上从法律上说,私人记录的保密范围并未大大扩展,而且州与州之间也存在差异。如果有人赊购处方药并不是什么秘密,但是如果有人从BLOCKBUSTER娱乐公司电视台租借BAMBI那就算是秘密了。租借青少年禁看的X级片,倘若被公开,可能会令人尴尬。法律并未削减影像出租机构数量,甚至可能已经促进了出租机构数量的增长,不过法律禁止把谁喜欢哪种类型音像的信息出售给其他买主。该法律表明,当涉及到某些特定领域时,美国国会和美国人民原则上并不反对个人信息的保护。有迹象表明,许多的美国人感到他们的隐私正在受到威胁,尽管大多数是他们自己在自觉或不自觉中泄露的。

欧盟的立场可以被认为是支持以下三个基本原则,并且我们已经注意到大多数美国人和美国商业机构也认可这三个基本原则。第一,人们有权知道自己的哪些信息被收集,哪些信息可能对他们造成负面影响,他们有权访问自己的资料,并在发现错误时有权更正;第二,当他人决定公布他们的隐私之前,人们拥有知情许可权即必须通知他们并征得他们的同意;第三,政府应该建立相应的个人信息保护执行机制以及针对个人信息保护原则中出现的漏洞的补救机制。欧盟的法律针对的是企业或商业机构对信息的收集和使用,在涉及国家安全或刑法时却并不适用。个人资料应该精确,如有必要应及时更新,并且保存时间不应超过为实现收集目的所需的时间。"资料主体已明确表示同意"(第二章,第七条)这个必要条件特别值得注意。在美国,大多数做出的并且法律认可的假设是所谓的"(明确)选择退出"方式。也就是说,这种假设的默认许可意味着任何被给予或合法获得的信息可以用于收集者所希望的任何目的,除非资料主体已"选择退出",不再给予信息或者对它的作用做出明确要求。然而,即使做出这样的要求,法律却没有规定需要尊重这种要求。这便是所谓的自我管制制度。由于这种"选择退出"的缺陷,并不需要通知资料主体并获得其许可,所以就意味着一个人的信息可能在不知不觉中被他人收集,更不用说得到本人同意了。收集信息的形式和方法不需要公开,常常也不会公开。

　　美国的这种默认许可制度几乎在所有的商业领域都有利于资料的收集,选择退出的权利仅仅在某些时候可供利用。因此,关于联邦立法是否可以比得上欧盟的保护性规定的争论可以在所有有关各方都同意的这些原则上和已证明无效的自我约束制度与选择退出方法的双重性基础上展开。这个争论支持提供给每个人和每个行业精确的并能适用于一切的及可贯彻实施的联邦立法,并站在只能为个人和作为整体的社会的利益服务的立场。这是惟一的公众能知道他们的权利是什么和他们可以期待什么的途径。所有的商业机构应处于相似的环境中以保证公平竞争。如果如有些人所说,这需要付出昂贵的代价,那么这种代价应由所有的商业机构共同承担,而且所有的社会成员都应该意识到他们必须挨个为维护他们个人信息的保护付出代价。这并不阻碍公司向他人索求信息或使用他人提供的信息,但却把索要和获得许可的责任加诸于他们,而不是像前面所提到的那样获得默认许可。如果知情许可权有任何真正意义的话,它就不可能由这些实际上并未阅读调查问卷和表格上的纤细印刷文字的人们所提供,尽管这些问卷和表格为他们提供了退出的机会。这种默认许可是最有可能被某些人频繁利用的借口。因此,选择退出这种默认许可很重要。

2001年联邦法案在两个前沿领域上朝着保护个人信息的方向前进了一大步,这两个前沿领域是医疗和金融。

对于大多数病人而言,保护个人信息的需要是显而易见的。但是,直到最近,任何对于这些记录的保护都是由各州的法律规定的,而且管辖权范围也各不相同,并没有联邦的立法法规。而且,这些分歧仅仅是在最近才得到处理。由于国会在这方面未能制定能获得必要的多数赞成票的立法,克林顿总统在离任前不久,签署了一系列关于医疗资料保密的新规则。2001年4月12日,布什总统发布命令维持原规则,由公共卫生部贯彻执行并从2003年4月14日起开始实施。该规则的主要条款规定,限制通过健康保健人员、健康计划、健康数据交换所雇主和保险公司使用及交流病人信息,并规定病人有权审查自己的健康记录和要求更正错误。但是评论家指出法律提供的保护措施还远远不够,该规定还允许在未征得病人同意下把个人可以确认的信息应用于包括付款和治疗在内的各种场合中。除公共卫生和政府卫生资料系统外,执法与司法及行政的记录都属于非个人的信息。该法的基本宗旨是禁止在未征得病人同意的情况下为赢利而使用医疗数据。该法不允许人们对侵害他们隐私权的行为提起诉讼,而且新规则将如何实施仍需拭目以待。

该立法有三个方面与我们的讨论密切相关。首先,国家及其有关的各种立法权力机构完全分开以至国会不能在相关立法方面达成一致意见。其次,无论是在民主党或是共和党的总统领导下的政府执行机构都感受到了来自民众的巨大压力,认为应在联邦范围内对保护个人医疗记录采取一些行动。最后,法案并未满足许多隐私的需要和消费者所主张的期望值,并且该法规仅针对于医疗记录,而对于其他易受侵犯的记录却并未涉及,以至于无法改变它们被用于商业目的以及可能被滥用的现状。

在金融领域,1999年11月,国会表决通过了Gramm-Leach Bliley(GLB)金融服务现代化法案,该法案的第五章涉及到个人金融信息的保护。它要求银行、信用卡公司、保险公司、抵押公司、代收借款公司、和其他的金融服务提供者和机构每年把机构收集、披露和保护非公开私人信息的政策内容提供给顾客。他们必须声明收集的是哪种类型的信息以及在何种情况下与第三方共享信息。非公开信息包括不能从媒体或政府记录中得到的信息,还包括社会保障号码、收支平衡信息、银行账号、信用卡购买信息等等。金融机构还必须为客户提供关于他们如何选择退出的具体信息,使其信息不至于给不相关的第三方用于商业目的。法律允许与相关公司共享客户信息的行为。与他者共享的信息可以仅用于金融机构所请求的目的,而任意第三方不得再利用或出售此信息。

  尽管 GLB 法案被认为在个人隐私权保护方面迈出了重要的一步,然而它还远未达到欧盟所提供的保护水平。2001 年春,客户们收到了一连串的正式通知,它们来自银行、信用卡公司、他们赊购账的百货公司、保险公司和其他一些需要向客户发布他们政策信息的金融机构。这些信息在叙述细节和表达方式上存在极大的差异,有些公司的信息资料附有一张选择退出的表格和一个信封,有些只有一张表格,有些只列了一个通信地址或一个电话号码。这时,采取行动的重担落到了客户肩上,他们必须按照指示处理每一份方案,这需要他们十分仔细地阅读每一份表格。结果,正如非正式报道所言,选择退出的表格或通知的回收率很低。甚至一些银行官员对此也感到吃惊并指出他们将退出。当然,造成客户这种反映的原因是他们已被充分告知什么正在争论之中;尽管大多数客户并不知道 GLB 法案的存在或并不了解它的各项条款,但他们却突然开始定期收到来自不同地方的类似于法定通知的传单。这些看起来既不像账单又不像需要人们采取行动的东西却更像人们定期收到的来自信用卡公司的标准表格,人们可能会不假思索地将它随手一丢。一个需要人们选择参加的通知很可能不会受到这种对待,因为发放这种通知的机构希望人们阅读并做出肯定回答,所以他们通常会将它包装得很迷人。

  总的来说,美国的消费者在对他们的个人信息实施合法保护方面几乎无能为力,即使是在敏感的医疗和金融信息领域。认为收集客户日常购买信息的惟一结果是邮寄宣传品和营销电话数量的增加的观点并不确切,即使其结论绝大部分是推理的结果。有趣的是欧盟也同样禁止这种向客户索求信息的行为,认为除非获得接受者的同意,否则便不能擅自收集客户信息。许多美国人因为在吃饭时间里收到这类电话而十分气愤,但是却没有任何相关法律禁止这种骚扰行为。对于这种现象的存在是很值得我们深思的。

值得注意得是,欧洲正在采用多种多样的方式和方法保护个人信息。它们被应用于一切能获得和使用个人信息的媒介,而不是专门为电子数据制定的(这是《医疗资料使用规则》的重点),当然它并非企图控制个人权利保护范围之外的因特网及其发展。这些法规允许商业机构在得到参与者清楚明确地表示同意的情况下采取一切想要采取的行为。如果消费者认为他们自己的信息或隐私的价值大于他们通过给予或出售自我信息可能得到的服务价值,那么法律在一定程度上是会保护他们的信息或隐私的。倘若通过赞成信息完全开诚布公和知情许可权的立法能使竞争保持公平,那么在个人信息保护或隐私权保护领域的竞争和其他领域的竞争是一样有效的。

对于个人的各种权利的讨论都应该是从伦理的角度上进行的,美国应该和其他一些已经不得不采取一些政策保护个人信息的国家一样在依法保护个人信息领域方面跟随着欧盟的脚步前进。目前形势下,市场无法自我纠正,为充分保护个人权利,我们必须采取立法措施,只有通过立法才能保护个人权利,自我约束只能自欺欺人。

第九节 机密记录和对错误和伤害承担的责任

我们已经发现有时候我们必须为了某种交易而公布自己的某些隐私。当我们向银行借贷时,我们很难不让银行知晓我们的财务状况:顾主、收入、债务等等。当我们接受医生治疗时,我们必须告知我们的病症。由此看来,我们必须向某些特定的人为特定的目的而透露一些信息。对于医生、律师和银行,我们提供给他们的信息都是保密的,不可为别人知晓。他们呢,也有责任为我们保密。对于其他的事情或业务,也会有一些同样的情况,即有些信息不能让不相干的人知道。对于以下某些情况也是如此:比如有些人为了市场销售的目的而同意提供一些信息给相关公司或其分支机构,甚至同意这些相关公司将这些信息出售给经认可的第三方。客户在提供自己的信息的时候往往不希望自己的私人信息被公之于众或发表在报纸或者网站上。不论企业或代理机构拥有的个人信息被设置了何种限制,这些信息都应该受到尊重,企业或代理机构必须采取保护措施,使这些信息不被未授权的人所获取。

针对所有此类信息,可以运用以下四条原则:第一,有些信息只用于某种或某些目的,而且这些目的必须得到信息主体的授权许可,否则便被视为是对默认协议的破坏。当然,这种协议也可以通过明文规定,以明确的条款约束信息使用的行为。

第二,必须尽力确保所提供的信息不能用于其他未授权许可的途径,或者不得向未授权的个人或团体透露。除非遇到这种情况:允许以某种方式使用或散布给第三方实际上是允许将信息无差别地透露给任何想要的人。显然,这种情况一般是不存在的。当然,如果这些信息含有相当的金钱价值,那么接收它们的商家自然会对此感兴趣,并想方设法采取保护措施以免他人与其分享。

第三,信息保留的时间应该符合其使用目的所需的时间。显然,时间的长短有所变化。正如只要病人还未痊愈,其医疗记录就必须保留,有时甚至要保留上几十年——从病人的病史开始一直到治疗结束这段时间里的所有相关医疗记录。另一方面,每个人的婚姻状况、地址、收入状况、个人兴趣和其他类似信息都会随着时间阶段性地发生变化。没人知道这些信息会维持到什么时候,但是,很明显它们有可能会在很多年后变得过时,我们无法确定十年后它们依然准确。市场人对过时的、陈旧的信息是不会感兴趣的。除非人们知道自己的信息被谁保留着,否则他们便无法确认和更正这些信息。因此,要么信息主体被告之他们的信息被保存并且他们有权力进行更改(我们已经知道的那三个主要客户中的信贷评估公司便属于这种情况),要么当前拥有这些信息的人有责任保持信息的时效性,或者在信息失效后及时销毁。

第四,既然那些拥有客户信息的公司有责任正确使用和保护这些信息,那么要求他们对任何非正当用途和擅自将信息泄露给任何未经授权的第三方的行为以及由于他们未坚持自己的责任给客户造成的伤害承担责任是正当的、合情合理的。但是实际操作中,要求这些公司承担失职责任却有一定的难度,因为很难弄清究竟是谁向谁泄露信息,或者是谁未经允许从何处获取这些信息等等都是含糊不清的。但是,在某些情况中,比如特殊的医疗记录,这些问题就比较容易搞清楚。在以上两种情况下,这些公司都有责任并且从伦理的角度上理所当然要求采取必要措施以坚持其责任,不论是否有人监督。

在计算机发明之前,一般的信息被记录到纸上然后存档。用纸张记录信息并非是无关紧要的,相反对信息的记录和保存具有重要意义。大量的纸张记录自然意味着需要常备必要的空间,并且在一段时间后要对记录进行筛选和淘汰,还意味着如果积累的量过大,检索工作将会很困难而且要消耗大量时间。商家们只保存那些他们需要的记录,而这些记录必须是他们真正需要的,并且在法律上是被允许的。其他的则被绞碎或者以其他方式销毁。像其他档案一样,个人档案在数量上往往也很大。通常的做法是只将个人档案中的信息保留三年。这样做既出于效率的考虑,也因为这样可以保护个人不受旧的评价或谣言的影响,或者避免其他材料可能给他们造成的不确定性伤害。个人有权查看他们的档案,反驳对他们不利的评价并有权更正其中的错误。类似地,顾客档案也被定期挑选和销毁。

纸张记录意味着将它们从一个地方转移到另个地方会消耗大量时间。当然可以对它们进行复制,但是复制量之大,运输之繁重等等事实却是无法回避的。一般来说,这些记录会一直放在最初存放的地方,很少会大动干戈地挪动它们。医疗记录放在医务室、诊所或医院;刑事记录放在警察局;商业记录放在公司档案室;公众记录会展示给公众,但人们需要去市政厅或者公开记录存放部门才能看到。大多数人或公司不是迫不得已是不会不厌其烦地去查看这些记录的。银行会将其客户的交易记录保存,但这些记录如果完全用纸张来保存则不免能量太大了。

其结果是任何个人的记录都显得过于分散。一个调查可能要花上大量的时间才有可能收集到一个人的全部信息。但是,很多信息分别掌握在不同的公司、医院、银行等机构中,没有法院的命令外人是很难得到它们的。纸张记录通常保存在抽屉里。任何要求访问或要求寄送这些记录的人必须提交正式的申请，或者必须亲自到场才能查看到这些记录。保密档案通常会锁在抽屉里，下班后房间也会被锁起来。任何想查看的人要么合法进入，要么便是破门而入了。后一种当然是非法的，可能会遇到保安人员或者加班的员工。所以，要看别人的档案最好还是不要进行这样的尝试。同样，要想篡改别人的档案却又不被发现是相当困难的。擦除、涂白或其他试图篡改他人档案的内容的行为都是很容易被觉察出的。

对信息广泛散布的结果是一定程度上的匿名——个人面对公众、朋友和熟人、雇主甚至政府时享有的匿名。这一切现在已随着计算机作为储存的媒介对纸张的迅速取代而产生了很大的变化。

同样，在广泛使用计算机和信用卡之前，大部分的购买行为是通过现金或者支票来进行的。支票也是写在纸上，并通过银行归档在个人的账户下。没有日常的记录说明支票的接受方，也没有个人花钱习惯的情况记录。因为这样做的成本实在太高，以至于没有人会认为这样是值得的。现金交易一直以来都是匿名的。人们也许会得到一张收据。但除了巨大的交易额外，人们的名字是不会被写在上面。人们可以自由地在超市、打折商店、大商场随意购物，而不会有任何人跟踪记录他们的购买情况。

使用计算机记录代替纸张记录给记录的特性带来了很大的变化。通过计算机来记录减少了很多纸张记录的缺点（如果是缺点的话）。大量的纸张和空间不再是问题。耗费大量纸张的记录现在可以轻易地储存在计算机里。相比纸张记录，计算机数据的获取变得简单、快捷了许多，并且相对方便了很多。复制信息以及将信息发送给别的用户的操作也变得简单了，困难也小了。随着信息存储成本变小，操作变简单，从旧信息中精挑细选的动机也变小了。保留所有信息已经用不着隐瞒了，也用不着决定什么该保留什么该放弃，操作员也无须花费时间去删除信息了。因此，与上述第三条原则相反的是，人们不再需要花心思回顾、挑选、销毁或删除个人信息了。

技术的发展已经使得人们可以对储存在许多人都可以访问的计算机里的信息采取保密措施了。但是，这要求用户有专门的知识，受过特别的训练才行。比起得到一个人的办公室钥匙来说,得到他保密领域的计算机密码更容易。得到密码后看别人的文件就不用怕被人碰到,也不存在身体上的非法闯入。人们出于好奇心偷看计算机中的同事信息的可能性比起身体进入同事办公室从其抽屉里偷看文件的可能性要大的多,因为只需轻轻地按某个键,他们就退出了这种操作,可以说不存在被逮住的危险性。改变计算机中存储的档案也相对容易,而且可以做的不留痕迹,除非有人去核对改变前的文件备份。复制也容易而且也能做到不留痕迹。盗取计算机中的信息比盗取被重重锁住的纸张记录来说显然更容易得多,这些纸张记录不但有专门的警卫守护,而且大门和抽屉上的铁锁也让盗窃者望而却步。因此,对于个人信息安全保护的需求比原来显得更迫切了,一方面要防止内部员工出于好奇心偷看他们无须知道的信息,另一方面还要防范外来的计算机黑客、其他公司、破坏者以及其他第三方。这些责任最终都要落实到那些收集和保留个人信息的人们身上。

很明显的是,用计算机来代替纸张对信息进行记录改变了人们和商家对信息文件收集和保存的看法和态度,而且给信息保存者提出了新的要求即必须保证个人信息的安全与保密性。

【注释】
1. 许多人通过回答问卷的方式自愿地向市场商人透露着有关自己喜好的信息。有人这样做是为了获得奖品,有人则是因为并未意识到在透露自己的信息。甚至有人在自己家里安装摄影机记录自己 24 小时在 Web.com 网站上做的事情。该网站面向任何人,有时也收取一点费用。
2. 《世界人权宣言》(Universal Declaration of Human Rights),伊恩·布朗里(Ian Brownlie)编《人权基本文献》(Basic Document on Human Right)第二版(牛津大学出版社,1981 年),第 253 页。
3. 沃伦和布兰德斯的论文《隐私权》(The Right to Privacy),发表在《哈佛法律评论》第 4 卷第 4 期(1980 年 12 月 15 日),第 193~220 页。
4. 格雷斯沃德-康涅狄格案,381 US 479。
5. 罗伊-韦德案,达拉斯郡地方检察官,410 US 113。
6. 朱迪思·贾维斯·汤姆逊的文章《隐私权》(The Right to Privacy),发表在《哲学与公共事务》(Philosophy and Public Affair),第 4 卷第 4 期,1975 年,

第 295～314 页。

7. 请参阅汤姆森·斯甘龙(Thomas Scanlon)的《汤姆森隐私主张》(Thomson on Privacy)和詹姆士·雷切尔(James Rachels)的《隐私为什么重要》(Why Privacy Is Important),发表在《哲学与公共事务》,第 4 卷第 4 期,1975 年。

8. W. A. 帕雷特的《隐私概念的新探讨》(Recent Work on the Concept of Privacy),发表在《美国哲学季刊》(American Philosophical Quarterly),第 20 卷,第 4 期(1983 年 10 月),第 341～355 页,其中这样写道"目前对于隐私的探讨状况正陷于令人绝望的混乱状态中"(第 341 页)。每个州关于隐私的法令各不相同。

9. 如上,第 346 页。

10. 朱莉·伊尼斯(Julie Inness)的《信息、信息获取或个人行为的个人决定?——隐私的内容》,发表在《公共事务季刊》,第 5 卷,第 3 期(1991 年 7 月),第 227～242 页,她批评这些关于隐私定义的看法。

11. 有关对持这些立场的人的评论,请参阅帕雷特的《隐私概念的新探讨》第 343～345 页。

12. 许多法院都认为如果雇主对雇员使用的计算机拥有所有权,那么他便有权访问和监视计算机操作并使用这些计算机。法律并不认可雇员对其计算机中存储的内容或对计算机的使用拥有隐私权。从伦理角度上看雇主是否应该承认雇员拥有某些隐私权的问题目前尚在争论中。

13. 关于公务员品质问题以一种戏剧性的方式带出了这一问题。

14. 朱莉·伊尼斯的《信息、信息获取或个人行为个人决定?——隐私的内容》强调个人,重新阐释所有类型的隐私,但是在总结其论点时,她分析个人隐私的方式与其他人无异。

15. 阿米泰·恩特朱尼(Amitai Etzioni)在《隐私限制》(The Limits of Privacy,纽约基础读物,1999 年)中极力主张符合公众利益的隐私限制。

16. 海伦·尼森鲍姆(Helen Nissenbaum)在《信息化时代里的隐私保护:公开隐私》(发表在《法律与哲学》(Law and Philosophy)第 17 期,第 559～596 页)中提出了"公开隐私"这一概念。

17. 这便将大街上的匿名与网上的匿名区别开来,提出了涉及隐私的种种问题。通过匿名服务获得的匿名有可能导致人们免于责任和义务。加密是保护电子通信隐私的另一种途径,它同样向我们提出了类似的问题。

18. 直到目前都未出现任何联邦立法保护医疗记录的隐私。对这种记录的保护每个州的法律各不相同。

第三章 员工和交流隐私

第一节 案例分析：
西伯利科技有限公司的电子隐私

奥利维亚·克鲁斯，这位负责西伯利科技有限公司人力资源部的副总几乎不能相信她的耳朵，因为这个拥有700名员工的公司的首席执行官格雷戈·伍迪刚刚告诉她说："我要解雇杰克·里德和帕特森·赫特。"杰克是公司最好的销售员之一，帕特森也是市场细分的高手，上个星期公司还在酝酿对他们两人进行提拔重用。

"我不明白到底发生了什么？"奥利维亚诧异道。

"噢，你也知道，我们最近刚安装了桌面监视程序，这能反馈出每个员工在电脑前都做了什么。正因为我们正准备提拔杰克和帕特森，我才特地派人利用该程序调查一下他们对电子邮件和网页的使用情况。今天，看到报告后我对他们俩非常失望。杰克总是呆到很晚才回去，我一直以为他在加班，却想不到他在浏览并下载黄色网页。更令我瞠目结舌的是，帕特森每天都花费好几个小时甚至午餐的时间热衷于网上选购以及和朋友聊天。他们都是在各自工作上干得不错的人，但是他们却都辜负了我的信任，并没有为工作倾尽全力。所以，我认为他们并不值得提升，相反我想通过解雇他们来警告公司里的其他员工。"

"但是这并不公平，在解雇他们之前，我们应该对他们的行为提出警告，给他们以改正的机会，他们不应该就这样去做牺牲品。而且，如果解雇他们，那么这将意味着我们并不信任我们的员工，我们在窥视他们，随时都可以找到让他们走人的借口。目前我们还没有针对电子邮件和网络使用的明文规定，很显然，我们急需这种规定。"奥利维亚反驳道。

格雷戈急声说："难道你的意思是告诉我,他们并不知道自己是被雇来工作而不是选购、闲谈、浏览色情网页的?像杰克和帕特森这种人必须被清楚地告知什么是对什么是错?如果当初他们的个人简历都没有说谎的话,他们就不可能在这里昙花一现。即使我们没有任何明文规定,这有什么区别吗?而且你也知道其他公司也是这样做的,因此这是有先例的。《纽约时报》辞退了 23 名发送不适宜邮件的员工,道尔化工公司也因为下载色情图片和发送色情邮件而解雇了 40 名员工。为什么我们就不能坚持与他们同样的伦理标准呢?"

奥利维亚犹豫一会儿说:"好,先说杰克吧,尽管他的确是利用办公电脑来浏览色情图片,但他做这些都是在下班后属于他自己的时间里,他并没有制造一种不协调的色情氛围,也没有把他所下载的东西传给他人,而且从任何方面说他的所为并没有影响到工作效率。如果我们在邮件和网页使用上有清晰的规定,没有理由认为他会违背这种规定。如果他违背,那是另一回事了。"

"那么你又怎么为帕特森辩护呢?我猜想你无外乎说她是在自己的时间里选购的,用邮件联系朋友毕竟比其他人用电话闲聊要好,而且她的业绩在她所在的小组里还是名列前茅的。我也考虑过这些,但是我依然不欣赏她的工作态度。"

"可是,格雷戈,难道你真的想因为我们要提拔他们所以才碰巧检查了他们的电脑,也正因为检查了他们的电脑才导致要解雇最好的两个员工吗?这公平吗?行为比他们过分的员工可能还大有人在,我们还要接着追究下去吗?难道这不是你所安装这种监视程序的目的吗?我们真的必须以这种方式对待我们的员工吗?"

"是的。"格雷戈回答道,"这也是目前许多大公司的做法。滥用网页和邮件的行为正日益猖狂,我们不得不有所行动来控制它。"

"我不反对,但是我希望能给我一个机会,让我在公司里起草一套合理使用邮件和网络的规定,并且在对杰克和帕特森采取任何行动之前让我去找他们谈一次话,毕竟这是人力资源管理者的工作。"

格雷戈坐在椅子上沉思一会儿才说:"好,看看你拿出什么规定,不过我希望在我改变主意之前能快一点拿出来,另外我也希望它具有操作性,这样才能及时处理那些违反规定的人。"

奥利维亚一边走向自己的办公室,一边在想,一套真正合理的电子邮件和网络使用规定将会是什么样呢?我又该如何着手制定呢?

通常而言,公司聘用一个员工就会给他安排一个合适的岗位从事相应的工作,无论这种工作是固定的重复性操作,还是需要有很大的灵活性和责任心的工作,员工首先应该是作为人而出现的,所以他(她)拥有人类应有的人权,而这就包括个人的隐私。但是在美国,员工在工作上对隐私权的诉求权限实际上是十分有限的。根据法律规定,如果公司提供办公用房、设备(包括电脑),那么它就有权监视员工在公司都做了什么和怎样使用办公设备的,休息室和更衣室是惟一的例外。所以生理隐私权仅局限于限制偷窥身体的程度。对大部分员工来说,由于他们知道自己的工作是利用他人提供的设备,对此他们并没有什么异议。真正有异议的是那些工作在自己个人办公室里,所作所为却多为他人掌握和控制的人。

类似的分析也适用于交流隐私,只要这种交流是利用在公司的电脑、电话或传真进行的。当然,员工依然有个人信息的隐私权要求,只不过法律对此的保护程度远不如保护员工反对歧视要求的程度。我们仍然可以提出这样一种伦理上的思考:员工是否应该拥有人之为人的隐私权和尊重权;而且我们也可以寻找那些实际上尊重这些权利的公共政策。

关于员工和信息技术问题的主要焦点在于对员工及其邮件、网络使用情况的监视。电脑的应用,既提供了监视交流的新的可能性,也诱惑着雇主和员工双方对它的滥用,很多公司依然在为制定出合乎情理的防范措施而绞尽脑汁。

第二节 员工隐私和监视

我们已经讨论了在公众场合对个人的监视以及对信息的收集和整理,然而这些讨论所适用的原则却很少适用于工作场所。在绝大部分情况下,工作场所并非公共场合,员工在里面办公,他们工作在公司的房屋里,使用公司的工具、机器、设施和设备,在某一工作岗位上为公司服务一定的期限。尽管他们并不属于他们的雇主,但是在工作期限内很少有隐私权的要求,因为雇主们有权监视员工们的所作所为,以及决定如何做和花费多长时间来做的。一些人长期生活在监督之中,负责看管工人以及为增加进度而不断给工人施压的领班形象构成了血汗工厂的雏形。和蓝领工作的地方、工厂及流水线联系在一起的闭路监视系统现在已经普及到办公室的工作人员,包括打字员、报务员、数据输入员以及电脑使用者,他们都有被监视的可能。监视有很多类型,我们可以将之区分为安全监视和个人监视。

安全监视多用于赌场,其他商业场合也装有类似的但并非综合的安全监视系统。摄像机装置于停车场、大厦入口处、剧院门厅及商业建筑物,如果发生有碍安全的嫌疑现象,它们就会显示于主控屏幕上。这类似于半公共场合下的监视,在半公共场合下,监视系统能够对每位员工进行姓名识别跟踪,所以能够对员工进行监视。

我们将这个问题分为三种类型,每种类型又有各自不同的主题。第一种是身体监视,第二种是邮件监视,第三种是网络监视。

一、身体监视

身体监视又有两种类型,一种通过摄像机进行,另外一种通过电脑键盘操作。与安全目的监视的不同之处在于,摄像机的应用可能被视为替代领班的角色,因为领班一度被安排来监视员工谁在偷懒,偷懒多长时间,是否经常偷懒,及时跟踪员工是否不在台前工作。这里不存在隐私的问题,大部分情况下通过摄像机来进行身体监视也是没有必要的。不过,雇主有权知道他的员工什么时候在工作而什么时候不在工作。

如果员工们发现安装了监视摄像机,那么他最关心的就是它将被用作何种用途。而雇主们往往会在这点上讨价还价,因为雇主们在不清楚的情况下就会想方设法搞明白。至于这样做将会提高生产效率还是降低生产效率尚存争议,可能与具体情况有很大关系。

一个通行的原则是,对人应有的尊重将会让雇主知道有必要告诉使用员工监视设备的用途。如果将之束之高阁,只能显示我们缺乏信任,这有可能营造一种不愉快的甚至敌意的工作氛围。在工厂里,工人看到有领班就知道自己是被监视着的。这种监视是公开的。办公室工作人员希望得到的一点起码的尊重即他们应知道自己的工作环境,而且,尽管有时候可能并不公平,但任何通过摄像机的监视都不应有违公平。有时监视系统也有其合理性和保护的作用,比如有人可能会和财务出纳发生的纠纷,尽管也会有其他方式来解决这种方式。

另外一种监视是通过电脑键盘操作进行的。如今,有一种程序能够记录下每一次击键,每一次修正或删除,以及运行的速度等数据。对于管理者来说,他可以根据电脑汇总的这些信息以及每分钟的记录结果来观察员工的速度和准确率,根据记录来跟踪击键次数及每次的击键名称,这样不仅能统计出数据,还能记录使用电子邮件及网络的情况。

这种软件也卖给个人,比如父母检查孩子对电脑的使用情况,或为某种需要检查同伴的电脑,后者的用途显然表明缺乏信任。在合作使用的情形下,这种情况也未必一定发生。可能只限于合作使用的这类程序,比如获取员工电脑操作信息,以及他们如何组成流水线作业从而更有效率,或试图搞清楚两个实力相当的小组为何效率较高而另一个较低的原因,或其他竞争者的近期规划等。这类目的大部分并不需要进行秘密监视。员工应该知道他们的工作将会被期望达到何种标准,以及采取什么手段来衡量这种标准。依靠给工人不断施压而产生更高生产效率并不是最有效的刺激手段,相反却能导致血泪工厂特有的不合理的期望和超常压力。

二、电子邮件

对很多公司而言,电子邮件是一个令人烦恼的问题。由于员工使用的电脑为公司所有,而且员工也是被公司聘用来从事相应工作的,法律至少是法庭决议赋予了公司特殊的权利,既能控制公司设备的使用,又能控制设备如何使用。因此,对于公司而言,对员工的电脑使用情况进行监视,以及随时获取他们所需要的有关电脑和电子邮件的信息是完全合法的,除非有些地方的员工已联合起来与公司进行谈判,并就限制公司监督权力的使用达成了一致的协议。

由于法律的认可,公司监视权的使用也就不复有异议。这样的结果就是,尊重员工使用电脑或电子邮件的权利就缺乏法律的保障,而这应该为人们所认识和理解。现实的难题之一在于许多员工并不知道这一点,也不是所有的公司都使用了这一法律许可的监督权,或滥用这种权力而试图阻止工人们维护自身权利的要求;难题之二在于在很多情况下,公司说不出采取监视行为的相应理由;难题之三在于这样做可能会降低生产效率,影响公司利益;难题之四在于对于公司监视员工使用电子邮件的伦理考虑。

很多员工误以为电子邮件类似于普通邮件,和其他普通邮件一样,都是个人的隐私。他们认为任何干涉他人的私人邮件,比如窃取、私拆、偷藏他人私人邮件,都是违背法律的。一个人给另外一个人写信并通过美国邮寄系统邮寄出去实际上也是邮寄人和收件人的个人交流,这当然被视为个人隐私。由于电子邮件在许多方面类似于普通邮件的邮寄者和接收者之间的交流方式,所以人们很自然地认为相似的规则适用于这两种交流方式。通过比较,他们认为:就像普通邮件属于隐私一样,他们的电子邮件也属于隐私。尽管这种分析比较可能被视为自然而然的事情,但却是错误的,因为它忽略了其他一些很重要的方面。在公司电脑上发送或接收的邮件是属于公司的。有些发送或接收的没有备份的个人信件能够自动地被公司获取。电子邮件不仅不是单个员工的隐私,相反,在通过某些系统和方式在发送者和接收者之间传递的过程中,有可能会被其他人截获和阅读。在这方面,与信件相比电子邮件更类似于明信片,它不会因简单的删除而破坏,也不会像一般信件那样容易被人撕成碎片。当然,还有其他在相似之中的不同之处。许多人总认为信件更正规一些,电子邮件与之相比就相形见绌了,因为电子邮件很容易书写和发送,传递十分迅速,以至于显得缺少信件的思想和体贴,它也不会像信件那样被人们细心地检查,以至于很容易被误发,或者只准备发送给一个人结果却发送给了许多人。正如因为很多原因电话取代了信件一样,电子邮件已经取代了电话。

另外,尽管与联邦信件相比,电话更接近于电子邮件,电话与电子邮件也不具有可比性。尽管人们知道电话线可能会被监控,雇主可能会监视员工的电话以发现员工是否将电话用于私人事务,或者控制电话的使用方式,但是绝大部分情况下电话通话依然被视为私人之间的交流。

大部分公司都制定了有关使用电话及联邦邮件的规章制度,他们要求员工不能经常使用公司电话及在上班时间打私人电话或写私人信件。在电话管理制度方面,对长途电话的规定比市话更为严格。另外公司邮票和信笺不能用于个人信件。这些规定是很常见的,而且广为人知。

从常规邮件以及电话使用到电子邮件的使用,这其中也有一些合理的内在联系。由于在上班时间写私人信件或打私人电话占用上班时间,而员工被雇用就是为了处理某项工作,所以很明显,他没有合理地使用上班时间,同样道理,对电子邮件的使用也是这样。

大部分雇主并不介意员工处理私人紧急电话,拨打询问孩子病情的电话以及其他类似的私人电话。

同信件和电话类似,电子邮件也是如此,通常也并不容易从公务中区分出纯粹的私人事务。任何事情在其极端状态总是界限分明的。给朋友写的纯私人信件就是私人事务。下达商业指令就是公务。而当某种沟通虽然是公务上的事情,但是对方却又是自己的朋友,而且沟通的也是私人的信息,这时在公务与私务之间就有"灰色"地带。

从法律角度上来看,常规信件与电子邮件最大不同之处在于适用于常规邮件的法律不能简单地应用于电子邮件。目前,法庭已经认为,由于工作电脑是雇主提供用于处理公务的财产,所以在此操作的一切东西也都属于雇主所有,包括员工的电子邮件,如果雇主想浏览其内容,也是法律所许可的。通过电子邮件传递的信息不是发送者和接收者私人所有的,而是根据法律许可可能会在不同时期被不同的人们浏览。而且,大部分公司会截留并浏览通过电子邮件发送和接收的信息,这些信息可能会被保存下来,也可能被恢复和阅读。如果涉及司法调查,这些信息可能会被审查并移交给警察局。有些

96 员工觉得自己的密码会使他人无法看到自己的信息,他们不知道这些反馈和截留,他们以为自己的信息是发给特定的人的,只要发送者和接受者都删除了该信息,该信息就被永远删除而且无法追踪。当员工知道上述事实时他们会感到震惊,因为他们原本并不了解该过程的技术特征。一个人可以在许多不同的点接触传输的信息并反馈或截留。许多人一贯认为当他们发现其他人要么阅读了他们的电子邮件,要么可能会阅读他们的电子邮件时,他们的隐私就受到了侵犯。那些在电子邮件这一问题上抱怨他们的上司或公司的员工,会因他们自认为是自己的隐私的信息而被处罚或解雇时感到诧异。而公司的总裁会在因其内部的电子邮件导致的法律诉讼或政府调查而被传唤时也惊诧不已。

很明显,对于一家公司来讲,使每个人都能看到由员工发出的电子邮件并不需要花费太大的成本。但是在电子邮件方面这么做,对于完成公司大部分目标来说,是根本没必要的。那么,大部分公司关心和抱怨的是什么呢?一是从员工那发出的电子邮件通常的回复地址是公司的电子邮件地址,因此,这些邮件被认为是公司发出的邮件,公司声誉和可能承担的责任都和员工发出的电子邮件联系在一起了。显然,非法的活动,如员工在电子邮件附件中加入儿童色情描写,是多数公司不能容忍的。无论是性骚扰邮件。恶意信件或者其他这样的邮件是不能容忍的使用电子邮件在同事间传播黄色笑话是很普遍的,这可能会造成公司里出现法律上的"恶意的性骚扰环境",法律上公司是需要对这样的环境负责任的。错误地点击了发送键或者错误地收了邮件比刻意的接收更容易发生,但是员工使用公司的电脑传播或交换这类笑话是不对的,因此,公司据理力争地使用法律或伦理的手段来保护自己免受员工滥用电子邮件带来的危
97 害。这些手段包括公司有阅读员工电子邮件的权利,或者随机抽阅或者阅读怀疑对公司不利的电子邮件,或者使用关键词或指定地址来寻找在公司服务器上的电子邮件。

公司还担心其他一些他们认为是滥用电子邮件的行为。一是使用电子邮件传播对公司的不满,二是故意或不小心泄露了公司的商业秘密,三是过多地使用公司电子邮件进行个人联络,四是通过电子

邮件在其他公司谋求职位。除了第四外，公司其余的关注都是合情合理的，公司认为他们有权保护自己免受这些侵害。

因此，问题就是监视电子邮件是否是公司保护自己的最好机制，如果是，那么完成监视的最好手段是什么。

同时，另一方面应该考虑的是员工的个人隐私受到侵害，是否会影响员工的工作积极性。

从伦理的角度来考虑，公司采取些什么样的政策或行动至少应该让员工完全了解。由于雇主来监视阅读员工的电子邮件是合法的，就很难说这是不合乎伦理的，但是公司误导员工认为他们的电子邮件属于个人隐私而事实上并不是，或者使员工在不知情的情况下犯错误，然后处罚他们，这都属于不合乎伦理的行为，当一个公司希望它的所作所为被认为是伦理的，它至少应该使其员工了解它所采用的政策。到目前为止，在美国，只有康涅狄格州认为这一需求是合法的。如果公司要把所有收发的电子邮件存档，员工也就该知道这一规定；如果公司存档所有的电子邮件，但只是在有人在邮件中投诉时，或公司有理由认为邮件中涉及非法活动时，或认为拆阅邮件有助于调查非法活动时才查看这些邮件，这就与随机或例行查看邮件中有没有个人信息或哪些活动属于滥用邮件有了本质的区别。公司执行后者时并非不合乎伦理，但是员工应该在公司执行时清楚公司所制定的规则，当他们没被告知这些规则时，他们不该因违反规则而承担责任，也不该因为他们仅是那些个人或不当信息的接收者而不是发送者而受到处罚。

如果公司监视或可能查阅电子邮件时，它应该让员工知道在什么情况下公司将会这么做，什么人有权这么做。这种监视应该是只为商业原因追求商业利益而做的。如果一个公司与客户的大量交易是通过电子邮件完成的，那么他就会希望通过监视电子邮件来看员工是怎样对待顾客的，订单是如何处理的等等，当大量的客户交易是通过电话完成时，顾客通常会听到提示他们的通话会被公司监听以确保服务质量，当员工的电子邮件被阅读时，他们应该被提示什么时刻这一规定生效以及监视如何影响他们。

一些公司倾向于不监视也不告知他们的员工有关规定，他们认为不监视是尊重员工，他们觉得缺乏有关规定的信息会促使员工自我监督，同时也承认不对员工进行监督可能使员工出现滥用电子邮件的情况，但是不说明规定也便于公司在特定的情况下或一段时间后拥有选择性地阅读这些电子邮件的权利，因此不说明规定对公司是有利的，而且不监视邮件也表明了对员工的尊重。公司利用员工缺乏相关信息来获取自己的利益，这并不是尊重员工的表现，最可能出现的情况就是公司并不能说明到底在什么情形下它有阅读和监视特定邮件的权利，但是它的规定能表明一般情况下公司是不会监视邮件的，但是一旦特殊情况出现，谁有权来监视和阅读邮件？许多公司规定：至少有两个人同时在才能检查员工的办公桌或文件，一个是该员工的直接上司，另一个人来自人力资源部。在检查电子邮件方面也可以参照该规定。

　　制定一个清楚地告诉员工公司政策的规章仍然会使某些领域处于空白有待讨论。禁止员工使用电子邮件收发任何个人信息是不合理的，例如某些紧急情况下他们急需用电子邮件和自己的孩子联系时，而个人如何才算过多使用电子邮件也是可以再作讨论的。对于职员的评价，应该基于他们是否做好了自己的工作。如果使用电子邮件妨碍了他们的工作或降低了工作效率，他的上司应该和他谈谈使用电子邮件的问题，上司的不满都是基于影响了工作，如果员工在个人事务上花费了时间使用电子邮件，便应该给予纠正或警告。

　　当然，如果通过监视来阅读员工的邮件，管理者发现了员工的私人信息，比如他的感情生活或其他的一些有关个人性情的事情等，管理者及公司无权把这些信息泄露给他人，不能因为公司拥有这些邮件，就随意处理信件的内容。即使从法律上讲公司拥有信件内容的所有权，职员也有权保护自己和公司无关的个人隐私被泄露。而且，有些内容是受保护的。国家劳工关系委员会规定，雇主无权禁止员工使用电子邮件组织或讨论工会活动或讨论工作条件。

　　职工们应该明白的认识到上面所列的其他滥用邮件的行为，如传播色情笑话，散布不满情绪，泄露商业秘密等，这些都是属于滥用公司电子邮件的行为。虽然明确指明这些行为属于滥用电子邮件的行为似乎说明了哪些行为属于公司禁止的，但这并不表明所有滥用邮件的行为公司都需一一说明，也不代表那些未指出的滥用电子邮件的行为就是公司所能接受的，但是公司有必要尽量清晰明了地说明滥用电子邮件的行为以便使普通职工能了解公司的政策。

使用公司的电子邮件去找其他的工作是公司不能容忍的。许多公司不满他们的职员使用本公司的设施去寻找其他公司的工作，这是可以理解。但是从另一方面讲，如果员工知道公司要裁员，那么员工去其他公司找工作也是情有可原的。当然无论是什么样的理由促使员工去找新工作，使用公司的电子邮件都应该在合理的限度内，而且他们还是应该做好本职工作，使用电子邮件传递他们的求职简历，较之于接或打应聘及求职电话好不到哪去。在这里，如同在其他情形中一样，关键的问题不在于抱怨电子邮件本身，而在于用使用电子邮件是否影响了本职工作。

到目前为止，我们一直在争论是不是公司的政策都该清楚地告诉职工，公司的政策中是不是应该包含那些伦理上应该拒绝的行为，那么对于一个公司来说从伦理的角度而言合理的电子邮件政策应该包含哪些内容呢？

尽管一家公司可以合法地禁止其员工因个人目的而使用电子邮件，而且可以合法地监视所有员工的电子邮件。并且我们已经指出一家公司应该告知其员工公司的政策，及有些政策还是否会优先于其他的政策，而且有些政策会遭遇来自实用主义和伦理两方面的挑战。

比如，考虑一项禁止所有员工因个人目的使用电子邮件的政策。如果所有的员工都被告知了这项政策的话，如我前文所指出的一样，既是合法的，从伦理的角度说又是合理的。那么现在来考虑一下这项政策实际的结果以及员工的明智的反应。如果不允许他们因个人目的而使用电子邮件，他们可能就不使用了，但他们可能会更多地使用电话来达到同样的目的，或者他们可能会采取其他更耗时的方式来实现他们原本希望通过电子邮件实现的目标。他们会适应公司的规定并且不再使用电子邮件发送任何有可能被认为属于个人目的的信息，惟恐受到其雇主的批评。尽管个人方面的因素有助于维护员工与客户和供应商以及其他人的关系，而这些人可能正与他们保持着工作上的电子邮件往来。他们可能会感到公司的政策是不合情理的，并会觉得公司并不相信它的员工会像一个负责的人那样工作。而我们不可能期望由这种感受所形成的氛围会增进员工的生产积极性以及对公司的忠诚度或者能促进、鼓励员工积极工作的环境形成。

　　基于伦理的考虑会带来这样一个问题：从伦理的角度来说，不考虑该项政策是什么只是向员工公布公司的政策是否就足够了呢？尽管从法律上来说一家公司在涉及员工的电子邮件问题时可以做它想要做的任何事，但毫无疑问，员工的权利在应给予起码的尊重和员工隐私这两方面的考虑会把一些政策排除在外。阅读每个员工的电子邮件无疑表明对于员工缺乏信任。用关键词监视所有的电子邮件或者随机的监视或阅读电子邮件的成本都很低，但是这项政策也表明对于员工缺乏信任。我们已经提到，不同类型的行为——为了控制和顾客联系的质量而做的监视是不同于对于电子邮件的内部或外部的路径监视。如果某个人被怀疑泄露或出售公司的信息，这是件无需关注的事情，而且这也是监视此人的个人电子邮件的看上去合理的理由。但是这种怀疑是早于监视而非在监视之后的。

　　有一个很知名的例子，在1999年11月，《纽约时报》公司解雇了该公司位于弗吉尼亚的诺福克的账表加工厂的22名员工，原因是这些员工发送了"不合适的令人不悦"的电子邮件，违反了公司的电子邮件政策。这些电子邮件数量巨大，包含着色情笑话和"展示轮廓分明的性器管的"图片。发现这些情况并非是对员工的电子邮件进行路径监视的结果，而是源于对一名经常使用公司的邮箱帮助朋友领取失业金的员工的调查。其信件由于写错了地址，被退回到了《纽约时报》公司。这件事导致了对此事的调查，而调查又揭开了其他人对于电子邮件的非合理使用。另外的20名员工，因接到了上述的电子邮件尽管没有向他人转发但也没有报告而遭到了警告。在发生这件事的仅仅四个月前，《纽约时报》公司已向所有的员工发布了该项政策的温习版。①

　　怀疑某人利用电子邮件去寻求另一份工作并非是监视此人的电子邮件的充足的理由。员工会频繁地寻找另外的工作。典型地说，他们不会占用公司的大量时间来做这件事，如果占用了大量时间，就会干扰他们的工作——这才是抱怨的合理原因。在这种情况下使用电子邮件类似于其他情形下因个人目的而使用电子邮件。如果这种使用干扰了一个人的工作,减少了产出,使得你落后了等等,这就是个问题,你可能会被雇主或上司召见要求你对此做出解释。但是监视某个人的电子邮件,不会增加任何新的相关信息。

适用于使用电话的一般规则似乎在许多情形下也适用于使用电子邮件。一条线路在刑事调查时可能会被监听。然而,除了质量控制监视是一个例外外,电话是不被监听的,尽管在缺乏生产效率的情形下个人过度使用电话的情形很明显。仅仅因为有这样一项技术使得公司可以监控员工的电子邮件而绝非公司就有应该这样做的理由。因为员工作为个体的人应得到应有的尊重,使用这项技术就需要合理的理由。

由于不同的公司采取了各不相同的使用电子邮件的规定,对于公司来说确立自己的政策并告知它的员工就很有必要。如果一项政策着重于监控员工的电子邮件,就会导致员工使用电子邮件系统时更为警觉,使员工轻易不写电子邮件,因为他们知道自己所写的东西有可能被别人读到,被错误的理解。如果说电子邮件的好处之一就是快捷,而且使得非正式沟通较少再采用电话和会议的形式,员工如果不敢轻易地使用这种沟通手段的话,一些便利就丧失了。另一方面,如果无论公事还是私事员工都可以自由使用,就会有这样的危险,一些员工会在私人电子邮件上花费大量的时间,以至于影响他们的工作。如何设定这个界线以及采取何种政策取决于公司的性质、其员工、工作的性质,以及员工的工作是受到严格的监督还是相对宽松的环境。应该知道,既然电子邮件的记录可以在刑事调查中的被受传唤的人公开,就没有公司能保证完全的个人隐私。当然,他人在发送者或接受者的监控记录里偶尔看到发送的电子邮件的内容的现象是很难防范的;如果他人以把电子邮件以内容被下载到硬盘上,这种方式接触也是很难防范的。如果按错了按钮,或者将一封邮件发给许多人时,发错了邮件也是可能的。同样,无论公司采取什么样的政策,其员工都应该认识到如果是向公司以外的人发送信息,接受者的公司可能有不同的政策,在本公司被认为是个人隐私的信息在接受者的公司可能不会被认为是个人隐私。

一般来说，限制性、强制性较少的政策较好，对于员工越尊重越信任，那么该项政策从伦理的角度来说就越是容易受到支持。在某些类型的企业里边，我们已经看到，对于质量控制和最佳客户服务来说，对电子邮件的路线监控是必需的。而在其他情形下，不对员工的电子邮件进行路线监控，不胡乱地进入并阅读员工的电子邮件是一项较为合适的政策。进入员工信箱并阅读员工的电子邮件会导致一些抱怨或基于其他方面对做错事的员工猜疑。但是合理的、公开的程序应该被遵循。通过标题中的主题词对电子邮件进行路线检查较之于阅读电子邮件的内容更令人可以接受一些，因此也是令人喜欢的。这一问题可能会在一个较为宽松的方式中消失——比如这样一个程序，给定员工的任务和责任，当员工的电子邮件数量大大超出了正常值时，该程序就会报告员工的电子邮件使用情况；或者这样一个程序，它可以指出在内部大量传递的电子邮件的计算机使用者。在这种情况下，公司领导为了与有关的员工沟通，或询问大量的人员以及其他可能暗示着某一可能问题时就无需检查员工的电子邮件。

如果一名员工在家中使用公司的服务器来接收电子邮件，情形就会变得更加复杂。他可以在家中自己的电脑上收取电子邮件，而电脑可能不属于公司。当然，他可能会在另一个独立的服务器上定制信箱收取电子邮件。但是如果他没有这样做，他的电子邮件就应该被别人阅读吗？我们已经说过，对此问题的答案很清楚。员工应该知道公司的规定。公司允许这样使用吗？如果允许的话，那么哪种情形应该监视呢？如果雇主允许员工在家使用公司的电子邮件服务器，那么他们就应该尊重员工在家中发出的以及接受到的电子邮件的隐私。如果一家公司的电子邮件被以关键词的方式实施路线监视或者随机监视，那么所有进入该服务器的电子邮件都受到监视，而且也无法区分在工作时发出的电子邮件和在家中发出的电子邮件。在这种情况下想拥有更多的隐私的员工就会在诸如美国在线之类的网站定制电子邮件信箱来收发个人的电子邮件。如果他们这样做，那么相反的情况也同样适用。他们就可能会在工作中用自己的个人账号收取电子邮件。但是如果他们这样做了，而且如果他们是通过公司的服务器接收的。这就类似于在公司的服务器上发送电子邮件的情形。

而且,还有其他不同的情形,有些员工可能使用更为复杂的技术。其中之一就是将电子邮件隐藏起来作个人使用。这将会防止雇主阅读其电子邮件,但这防止不了雇主知道曾有邮件发出以及发向谁和发送的频繁程度。由于隐藏技术越来越普及,而越来越容易使用,其使用的频率肯定会增加。除了用作个人使用外,隐藏技术还可以被用于内部备忘录以及许多商业交易。政府担心隐藏技术会被用作逃避刑事调查的手段。员工可能会将其视作保护个人隐私的手段。公司则担心它会成为部分员工逃脱责任的手段。解决这一问题的办法,以及解决有些员工用运用诸如匿名信箱等技术手段来保护隐私的办法,就是从一开始就不要被技术所驱动。仅仅因为监视员工的电子邮件是技术上可行的并不意味着就必须或应该这么做。如果这样做了,反过来是否意味着员工保护他们的电子邮件隐私在伦理上是站得住脚的?答案与我们前边的是相同的。公司应该使其政策明了化。

伴随着电子邮件的使用而出现的伦理上的问题上成为了与此相关的技术功能的一部分,而且,因此而起的伦理上的困境反映出这样的事实:我们的直觉没有机会对涉及新的可能性以及随后发生的情景得以令人满意的认识。我们可以期望事情现在的状态会随着技术的发展而继续下去,既因为新的电子交流的手段会出现,也因为新的保护隐私的技术手段会出现。

对于错误使用公司的电子邮件的惩罚应该依据其违反的程度而定。除非其行为是违法的或者后果中有极其明显的错误(比如把自己所有的工作时间都用于个人的电子邮件上),以至于员工知道自己的行为是不被允许的,让员工知道公司对此有惩罚及惩罚什么是较为公平的。仅仅因为向其他员工发送了信息而就现场解雇该员工是不合情理的,而且传输了这样的信息:该公司行事武断。如果员工不知道存在这样的规定,那么员工就不应该受到惩罚。如果一封申诉信能解决问题就不应该解雇员工。

三、因特网

我们对于电子邮件的分析模式有一部分可以用于对于员工使用因特网的状况和监控的分析。

正如许多公司并没有对员工使用电子邮件制定明确的指定方针一样,许多公司并没有关于因特网的使用哪些是许可的哪些是不允许的做出明确的规定。员工是否可以因个人需要(无论这种个人需要是为了娱乐、购物、寻求自己的嗜好或者是为了个人利益),而使用因特网通常并没有说清楚。或许他们应该知道在上班时间不应去寻求个人利益。但是在吃午饭时应不应该呢?休息时或者下班以后呢?伦理学并未指定特殊的政策。但是公平原则要求员工知道关于新的沟通媒介公司期望他们遵守的规则,以免他们因违反了自己不知道存在的规定而被惩罚,或者使他们因间接的知道了其WEB浏览器被公司监视而感到受到了不公正的对待。

因特网问题是与此有关系的在这里,我们主要关注员工使用新闻组、聊天组以及万维网等问题。

几乎每一个我们可以想像到的学科,都可以在因特网上获取大量的信息。同时因特网上也有大量的利益集团,许多都是职业化的利益集团。对商业伦理或计算机伦理感兴趣的人会发现在因特网上有许多可利用的资源,就如同对色情图片感兴趣的人会在因特网上发现大量的色情图片一样。而且,并没有什么容易的、完全令人满意的办法来允许员工获取哪些可以帮助他们更加高效地工作并增加价值的信息。

从法律上来说,这种情形与电子邮件的情形相同。计算机属于公司所有而且在计算机上的任何东西也都归公司所有,它们的使用是经公司允许的因而也可以合法的受到公司的监视。

记载着某一网络上的所有行为的服务器日志会提供哪一台计算机连向哪一网站、多长时间、之后又连向哪个地方等情况的描述。一些侦探性的工作就可以把这样情况综合起来。从而得知谁在因特网上干了些什么。有些公司运用服务器日志既可以察觉公司有没有什么问题或者因特网是否被员工滥用,又可以抓住那些公司怀疑在工作时滥用因特网的员工。

然而。各种各样的研究和民意调查表明在工作时间因个人目的而使用计算机几乎已成惯例而非例外。Vault.com 公司在 2000 年秋季的一项调查报告称仅有 9.6% 的人声称在一天中不会花费时间到那些与工作无关的站点去冲浪。公司面对的问题是每天有多少这种与工作无关的冲浪是可以容忍的? 而且在这种情形下公司现在已经有了可以追踪员工都访问了哪些站点的程序。

还有另外一种程序可以阻止员工访问某些特殊的网站。一种称作"网上感觉"的程序,拥有该程序的公司宣称拥有 8 500 家合作伙伴(其中包括《财富》500 强公司中的 244 家),提供各种各样的服务。其过滤软件已经安装在了 2 百 40 万家网站上,而且日日都会更新,可以阻止或有选择性地阻止浏览某些内容。而且可以对于 75 个以上的目录的浏览设定时间限制。② 每一个程序都从商业角度和伦理角度提出了不同的问题。

员工在工作时间有伦理上的义务为雇用他的公司工作。如果员工在工作时间去聊天室聊天或者玩网络游戏或者在网上为个人购物,或者甚至浏览那些与其工作毫不相关的站点,仅仅为了远离喧闹消磨时间而不愿意去做本应属于其他人做一事情等,这些都等同于从雇主那里偷取时间。后者更难以解决,因为这取决于这样的判断,一个人何时能拥有他所承担的任务的足够的信息,以及多少外部的,辅助性的重要信息他应知道和拥有。

但是找些轻松的时间,与办公室的同事聊会天,在饮水机前逗留一阵,或者在午餐的时间去购物等,这在白领阶层中是比较普便的。一家管理咨询公司曾估计办公室的员工平均一天中实际工作的时间只占 60%。③ 要么是检查自己的账单,买礼物,要么是在线收看体育频道,而这些都是很消耗时间的,而且员工工作是否杂乱无章取决于他们在这些活动上花费了多少时间以及如果他们没法上网的话他们实际上会不会花费更多的时间去工作。

假如雇主拥有计算机且为其允许访问的或建立的因特网链接付费,员工就没有权利在他们希望的任意时间不受限制的上网,也不能像他们希望的那样长时间网上冲浪。该问题并非是审查制度的一个方面,不像员工如果在家里使用自己的因特网链接上网时那样只是一个审查问题。对于雇主来说,员工不应在工作时把时间花费在与工作无关的上网行为上,这一点是十分清晰明了的,他们也无需详细指明任何限制。然而,适用于电子邮件的一般意义上的考虑同样适用于因特网。

  公司在涉及因特网使用时应决定它采取什么政策:是信息系统监视员工的链接和下载并与之交流而不限制使用,还是将因特网使用严格限制在商业目的(通常对此予以广泛的定义,因为在商业目的和非商业目的之间的界线是模糊不清的,比如涉及电子邮件的使用时)。如果有惩罚的话违反了规定又当如何处置?以及公司采取的其他任何有关因特网使用的规则等。有些公司如林省公司,安装了这样一套系统,它会在员工每一次连向因特网时发出信息,提醒员工公司的政策是为了公司的业务的连接是允许的,而且他们的连接会被记录。这就使得员工每一次使用因特网时都清楚公司的政策,而且对于那些是允许的那些是不允许的做出了公平的警告。④

  经理和上司就能知道某人是否在做他或她的工作,或者是不是对于因特网的过度使用导致生产效率的戏剧性下降。任何沉浸于互联风的员工都应该向任何沉浸于其他事务而影响其工作的员工那样受到处理。当然,网上的非法行为,比如非法交易儿童色情片,是决不能容忍的,就像其他类型的非法行为如非法的毒品交易不能容忍一样。

  访问合法的色情网站在许多公司也是不能容忍的,不仅仅因为这与公司的业务无关,还因为如下的两个原因。一个原因就是会把公司与这些色情图片网站连接在一起(这些色情网站一定有了接收其发送图片的计算机的 IP 地址),从而有可能使该计算机接受到大量的色情图片和广告。另一个原因是,更为重要的在于如果这台计算机可以被其使用以外的人看到——在许多情形下正是如此,这些色情图片会创造出一个从法律上说有害的色情氛围,而且会导致公司卷入法律诉讼中,从而每一个员工都会抱怨。康柏解雇了20名员工,迅速解雇了40名员工,起因都是经常长时间在色情网站上冲浪,其他一些公司也是如此。

禁止访问色情网站的理由很充分,因为访问色情网站会把公司推向法律诉讼。类似地,禁止下载 MP3 音乐文件和电影也有充分的理由,因为下载会占用很多带宽以至于妨碍整个系统运行,因为万一免费下载的音乐作品是受版权保护的话这还会招致法律诉讼。南方贝尔的一程序可以阻止访问色情网站,赌博网站等。

其他类型的个人使用,比如购物、核对证券单据、寻找度假网站并讨价还价,寻求自己的嗜好,与有相同兴趣的人聊天等等,不会为公司带来上述的法律问题,但是却提出了因特网的合理使用以及在合适的时间因特网的不同目的的使用的问题。

一些公司仅仅是靠不提供因特网连接,至少是对于大部分公司认为没有访问因特网的业务需要的人不提供因特网连接来解决问题的。如果没有业务上的需要,那么不提供因特网连接就没有什么错。

就如同关于电子邮件的使用一样,公司的政策应该阐述地清清楚楚,而且包括午饭时间以及其他非工作时间是否允许因个人目的而使用因特网都应阐明。就如同电子邮件的使用一样,采取信任政策从伦理的角度来说是较好的办法。完全监视或者通过特殊的网站或关键词来监视都是可以做到的,但相应的考虑与我们前面看到的涉及电子邮件使用的考虑相类似。此外,一旦建成了监视机制,你的法律上的义务就会增加,除非你一直监视而且做的有效,又采取了相应的措施防范可能的滥用而导致的法律纠纷,比如因色情氛围而受到指控。一家公司不能既宣称采取了监视措施,同时又为自己忽略了员工访问色情站点而辩护,因为这些色情站点会招致其他员工的反感。

员工在工作时间滥用因特网和其他形式的滥用有两个重要的区别:从员工使用时间的角度来看其滥用时间的可能性和堵塞网络的可能性。

我们已经指出,在因特网上消磨时间仅仅是员工将时间花费在与工作无关的方面的一种方式。但较之于其他方式,此种方式的不同之处在于一个人可能在其因个人兴趣正在网上冲浪的时候表现出来的却是在工作的样子,在于人们经常会全神贯注于网上冲浪而忘记了时间,以至于对有些人来说上网冲浪似乎太容易使人上瘾了。一个人可以花费好多个小时上网冲浪而没有任何问题,但与公司业务毫无关系。这种使用毫无疑问是滥用,而且,雇主们有权利抱怨这种滥用并坚持这种滥用应被阻止。这意味着员工一定知道这是对因特网的滥用,还意味着雇主们要采取行动来通知和警告或培训其员工正常使用因特网。

令人有点惊讶的是有些员工居然能在因特网上花费如此多的时间去寻求自己的兴趣所在。看起来就好像如果他们不这样做他们就无法完成他受雇而来工作一样,更进一步,就好像要么他们可以用更少的时间(较之于经理相信他们可以完成工作的时间)完成工作,要么他们可以通过晚一点下班或其他方式补偿他们花费在无联网上的时间,要么就是经理的管理不是很完善。在追寻自己的兴趣的同时完成自己的工作并不构成滥用。但是,如果员工不在工作,雇主就可以而且应该得其召回来工作。员工没有做自己本职工作是由于因特网的事实是附属于员工没有做自己工作的事实的。在这种情形下,因特网只是问题的一部分。

员工在自己的工作时间里的其他形式的滥用时间与涉及因特网的滥用时间的其他区别在于后者中公司可以屏蔽某些特定的站点。屏蔽某些特定的站点会阻止对特定站点的访问,在某些情形下对于员工来说是合情合理的。但是员工可能会觉得这暗含着雇主对他们缺乏信心,而且是家长式的作风。

除了这方面的反应外,使用任何屏蔽程序至少会有四方面的困难。首先,尽管很明显的是公司想要阻止访问色情站点和 MP3 下载站点,但对于超出这些之处的有没有意义就不清楚了。屏蔽所有的购物站,会妨碍那些为公司做合法的在线采购的人员的工作。屏蔽体育站点会干扰某些人获取正当的信息。屏蔽所有的站点,然后让所有的个人使用者向信息技术经理请求访问因特网是很耗费时间的,而且可能被视作不值得追求的。

第二,任何监视手段和屏蔽程序都依赖于通过特定的关键词来实施,或者取决于提供屏蔽程序的人的买者并未被告知这些关键词是什么或哪些被屏蔽了以及屏蔽的是多于还是少于公司所期望的。

从其屏蔽过多或过少的程度来说，这并没有实现安装时的目的。因此，第三个困难就是屏蔽可能会使得员工无法访问那些与业务有关的站点。通常的例子是，如果某个站点里有"性"或"乳房"等词，它就会被屏蔽，那么许多医疗站点就会被屏蔽，如同许多文学站点、电影、艺术以及其他类型的站点也会被屏蔽一样。公司选择任何分类都会有相同的情形，许多站点提供标准的搜索引擎，该引擎上，有大量的关键词，以这些关键词可以对站点编制索引，以使用户无论对那些方面感兴趣都可以找到相应的站点。屏蔽在有些情形下会导致比它所解决的困难还要多的困难。第四个困难就是每天都会有新的站点出现，所以，除非屏蔽程序不断地更新，他就无法捕捉到公司可能希望屏蔽的那些新站点。如果一个员工希望访问被禁止的站点而且知道这将会被阻止，他（她）就会花费更多的时间去寻找他或她想要的。

当然，屏蔽会过滤掉许多你希望屏蔽掉的网站，而且尽管有负面的影响，公司还是会认为正面的影响会胜过负面的影响。如果员工知道特定类的网站被屏蔽了，他们就不会试图访问这些网站。但是如果员工被告知他们不应访问那些类型的网站，他们也不会访问的，所以屏蔽是不必要的。

对于那些具备更多的相关知识的员工来说，有许多绕过屏蔽的办法。他们可以访问另外的服务器，甚至一个代理服务器，然后从那里选择他们想要访问的网站。这种技术游戏不断升级，就如同电子邮件的情形似的，但是公司在最初就无需采用这种办法，一个稳健的政策并给出实行该政策的理由对于大多数公司来说足够了，而且，这样还会使其员工觉得自己受到了信任和尊重。

因特网的使用还存在这样一个问题：一个员工的硬盘（或软盘）上存有什么内容。文本、文件、图片都可以从网页上下载到员工的硬盘上，以供在以后的时间里轻松调阅，而且会一直保存在上面直到被删除。甚至在删除之后如果没有被覆盖，还可以被调阅。另外，计算机会保存着员工使用因特网的大量信息。许多浏览器在其历史文件栏中都保存有用户访问过的网站记录。另外，你访问过的图片和文本至少会暂时性的保存在许多隐藏文件中。还有其他的一些路径可以追踪，包括列出"最喜欢的"、"文档"以及其他，经常访问什么网站且知道寻找的对象的人都可以把这些找出来。这并不需要任何监视程序或其他特殊的程序。所要需要做的只是与其计算机相连接就可以了。以这种方式窥探别人的伦理基础是什么呢？很明显，未经授权的人是不允许这样做的。这样做既侵犯了别人的财产权又侵犯了别人的隐私。但是那些被授权的人——你的上司或雇主呢？计算机属于公司所有，所以似乎检查员工的文件档或小隔间或办公桌的指导性的原则是这种搜查是否有与公司业务相关的目的。无所事事的好奇或者个人怨恨并非与公司业务相关的理由。

通晓计算机使用的员工可能会通过下载并使用那些能删除个人因特网路径、清除隐藏文件、覆盖因特网文件的程序来失败这种窥探企图。他们这样做有什么不合乎伦理的地方吗？如果他们这样做是不合乎伦理的行为，那么最初的行为也是不合乎伦理的。使用某种程序来删除自己的访问记录就其身来说是合乎伦理的。公司应该禁止这些使用这种使用既会引起对这些程序的注意，又会指出公司希望能够查找因特网连接的计算机记录。尽管这是合乎伦理的，它却会清晰地传送出缺乏信任的信息，而且也许会使员工恐惧其实不会发生的窥探并抑制超过合理使用范围以外的因特网使用。

有更多的程序可以使员工的策略无用武之地。有一个程序叫做"在哪里获取了什么"可以记录下所有的计算机使用情况：击键情况、记录文件和应用程序的打开，菜单选择以及浏览历史等。另一程序"默默的监视"不仅能记录击键日志而且可以把员工屏幕上的东西发送到经理的屏幕上。而"幽灵"可以记录下计算机屏幕上所能显示的所有东西，因此可以看到密码，秘密文件以及加密文件等。所有这些程序都可以在员工毫不知情的情况安装在员工的计算机上。而且装载了这些程序的计算机并不会以标准的方式显示其正在运行。这种"窥探软件"得到了惊人的广泛运用。除非有充足的理由怀疑某一员工有不正当行为，否则从伦理的角度很难判定这是合理的，而且这清楚地表明对于员工缺乏信任和尊敬。作为一种调查工具，当员工没有意识到公司在使用它时。很明显它是极其有效的。作为一种保持追踪员工做所为的日常手段，它击碎了大兄弟公司的公司版本。

所有例子的关键都在于向员工提供什么是因特网的合适使用什么不是这样清晰明了的信息,并且对其限制使用提供一些理由。有些公司很注重在这个领域指导其员工,提供培训,在培训中向员工的说明公司的政策,而一些灰色领域也在培训中得以阐述。在尊重员工的氛围中告知他们那些不可以做,同时也还告知了这些规定背后的原因。

随着因特网被越来越多地整合到其他应用领域,这个问题也会变得越来越复杂。许多高层经理人倾向于把政策的发展以及实施转交给他们的信息系统或信息技术部门来负责。但是这些部门的成员大都是技术人员而非管理人员,既未受过训练也不具备决策和制定相关政策的能力。决策是经理的事情,制定合情合理的、合乎伦理的因特网使用政策是高层经理人员的职责。

四、职工档案

当职员的档案记录在电脑上而不是纸上时,他们的隐私也没有任何理由被减少;在计算机广泛应用之前他们所拥有的各种隐私权,在计算机广泛应用后依然拥有。使用的规则相同;资料的保密性质相同;查看他们的文件及对其进行修改的权力相同;整理文件以及剔除那些不再适合的、过时的、不准确的资料的专门权力相同。由于成堆的纸文件,占用空间太大,他们会销毁那些不必要的文件,但是随着计算机的出现这种情况消失了,因为计算机能很容易存储大量的数量,而其所占空间也不过是软盘或其他存储设备的体积那么大。职工档案记录在电脑上,雇主更容易保存输入电脑的各种记录而不用花费很多的时间修改记录,这些事实都没有改变职工的各种权力。

虽然与纸文件记录相对的用电脑记录文件的计划的实施需要重新考虑,需要许多雇主改变他们的行为模式,但一些规则依然可以继续使用。

(1) **只有有正当理由时,记录才应当保存;而且保存的时限应以该理由存在的时间为限。**因为那些旧的不正当的记录会伤害员工,

113 并且他们有权力拒绝这种伤害。一般来讲,一个员工被雇用前的推荐信已经发挥了作用,这些推荐信可能在他被雇用后短时间内有用,但没有必要长久保存,如果这些信是秘密的,是那些弃用这个员工的人写的,则不应让该员工知道,这些秘密信息在文件中保留的越少越好。

一些公司遵循拇指规则,三年或者五年以后整理剔除记录,三年或五年都足够准确地从外其评价中判断其持续表现和以后的任何趋势,如果表现正常,过去的三年评价足以说明该员工的能力工作情况及其潜力。五年前的评价、奖励或惩罚都与当前的评价有着惊人的联系,在这一点上其记录不管是记录在计算机上还是纸上都差不多。

如果遵循这条规则,用计算机更容易保存那些可以被许多人访问的工作信息,而不是那些机密的,敏感的只能被少数人访问的信息。安全的记录应该属于后者。混合两种信息可能会导致泄密。员工记录应该只让那些需要知道的人知道,并且一些人也许只需要知道某一类秘密信息而无须知道另一类秘密信息。

为了避免一些问题,一些秘密信息另外保存在纸上也许比保存计算机上更好一些。

(2) **员工应该可以看自己的资料**。这样可以避免使那些错误的,不利的信息继续保留在文件中。除非员工可以看见他(她)的资料,否则他(她)没有办法改正错误信息,驳斥那些他认为不公正的负面报告。员工的反驳或表达的不同意见应该记录在他(她)的文件中。

员工没有权力看机密信息,比如那些员工要求看但最后又放弃看的推荐信,但是他(她)有权力知道这些记录保存在他(她)的文件中。

类似地,还有另外一类机密资料由于某些原因员工不能看,例如
114 可能出现的晋升机会,管理层正在考虑但还不确定的关于员工的职业生涯发展计划等。但是,一般来讲,员工有权力知道他们的档案文件中有什么并且可以反驳那些他们认为错误的记录。

(3) **员工们有权力要求对他们的机密信进行保密**。如果档案记录在纸上那么比记录在计算机更容易实现这个要求,但是员工们在

这方面的权利没有减少。使用计算机的其中一个好处就是他们能很方便地把这些记录传送给很多人，而这些记录无需进行物理空间上的传送或移动。但是这个便利也伴随着风险，由于这个渠道对太多人来说都太方便，那些机密记录也许不能同那些非机密记录很好地分开，这些记录可能被那些没被授权的员工或经理看到，或由于公司内外的人的不法侵入而被泄密。

大部分管理者对纸文件的保密方法比较熟悉。把他们它放在机要部在保险柜里，只有那些专员才有办法看。利用计算机存储文件的一个困难就是许多管理者不知道如何对这些文件进行保密，他们不知道这个安全体系如何建造。因为他们根本不熟悉安全体系可能怎样被攻破。他们必须依靠其他人，这些人也许可以完全保证文件的安全。如果非法人员得到或者猜到用户的密码，计算机文件很容易泄露。因此一个公司或负责管文件的管理员要确保文件的安全必须达到几个标准：他们必须确保他们是有组织的，这样就可以把那些只有少数特定人物可以知道的文件，同那些一般的可以被大家知道的文件分开，独立保存；他们必须确保对各种资料都有特定的安全保护措施；他们必须确定所有可以看到私人文件的人员不会泄密私人记录的密码和内容。

当资料记录在计算机上时，保密工作不是越来越简单而是越来越难。为了了解保证文件安全的技术细节，负责保存文件保证文件安全的人需要对电脑以及电脑安全技术很精通。对他们的工作职责有很明确的说明，并且他们有责任做好他们的工作。

没有员工的同意，这些机密信息不应该泄露给任何外部团体。健康记录，比如那些与公司保险无关的一些情况，没有员工的同意就不能透露给保险公司；类似地，工资情况也不应该透露给信贷公司，除非员工同意。

（4）这个规则有一个必然的结果：**雇主不能买卖员工或潜在员工的机密材料。**雇主仅有权力知道员工或潜在员工与工作相关的一些信息。因此，在面试时雇主不应该询问潜在员工的婚姻状况，他们是否有或是否打算要孩子，他们的性生活经历，以及其他一些关于应聘者私生活的情况，原因是这些情况跟大部分工作都没有关系，并且这些信息经常是工作歧视的来源。某职位候选人有权利拒绝因非工作原因而被降级，并且他们有权利反抗因为他们的民族、性别、年龄、宗教信仰以及地区而受到的歧视。类似原因，他们不应该因为与工作没有关系的一些情况——如他们有多少债务他们的信贷利率是多少等等而受到歧视。除非这些情况与他们将来的工作有一定的关系。

因为雇主在面试时问这些问题是不合适的，他们努力通过其他渠道如通过询问候选人的信用情况或者通过查询那些包含他们不能直接询问的信息的个人数据库来获取这些情况也是不正当的。因为尽管这些信息可以在一些数据库中找到，但这并不意味着这些信息可以用来在决定是否录用某一员工，同样也不应该对评价现在的员工起什么作用。一个员工的私生活仅仅是私人的评价，决定晋升和其他工作应该看他们的工作表现，而不是看他们的私生活，即便是这些信息在在一些外部数据库中得到。这并不排除以正当的背景记录去核实候选人提供的信息。

（5）员工有权力知道管理他们档案文件的相关规则以及谁有正当权力管理这些文件包含的各种资料。前四种规则描述的是一般规则，并没有详细说明一些特殊规则，例如哪种文件才被保存。员工有权力知道那些文件被保存了公司剔除和保留记录的一些政策，一般由谁管理他们，这些文件怎么被保密，以及他们的资料或部分资料会提供给哪些外部代理处或人员公司。

五、雇主个人隐私

有没有与员工隐私和顾客隐私相对应的企业隐私这样一个概念？如果企业被当作法人，只存在于法律意义上，那么支持各种隐私的争论以及与此类似地为个人制定的各种隐私权对于企业就不再成立。自然人是有精神的，因此值得尊重，包括尊重他们的思想和情感，允许他们独立自主并允许思想自由发展，这是保护隐私的一部分内容。他们自由发展人际关系的机会和环境受到保护以使他们不被打扰和窥视。所有这些隐私都不适于企业，因为它们不是有精神的人,虽然它们的行为可以从精神层面评价,并且,作为合法实体,它们从法律上说是公开的。如果他们是上市公司,那么他们应该对他们的股东公开相关信息并且使潜在的股东能够获得相关信息,因此上市公司必须使信息公开化。

但是,企业有合法的权力保护他们的发展计划,而这些计划对他们的竞争对手很有价值。这个信息包含在贸易保护法里面,这些一般包括产品开发计划,企业的战略规划,并购计划等等。公司也有一些信息严格来说不算商业秘密,但他们还是希望保密。虽然企业的高层管理人员的薪水是公开的,但其他员工的工资并不公开,这并不意味着个别员工的薪水不能透露,而是其他一些员工认为工资属于私人的事情,只有员工的上级以及人力资源部、财务部和其他一些负责工资的部门知道。负责管理这些记录的人员不仅应该对公司外的人保密,而且应该对那些没有必要知道这些信息的内部职工保密,这些记录不同于个人记录,因为他们是公司记录,公司当然会采取措施对这些资料进行保密,就好像公司对会顾客资料和订单进行保密一样。这些资料记录在电脑上并不会使情形产生什么改变,虽然这些资料可能会被公司内和公司外的人获取。

就像雇主有责任对员工的个人资料进行保密一样,员工有责任对雇主的个人资料进行保密。这不是因为隐私问题,而是因为信息的所有权问题,虽然它不是商业秘密。一个企业的日常问题,困难以及遇到的麻烦并不受商业秘密保护法保护。但是员工还是不能公开这些信息。这些信息不需要商业秘密一样的保护,它需要的保密程度较低。除了商业秘密,员工可以与他们的配偶及朋友讨论这些问题和困难。这和把这些信息公开给媒体,竞争对手或因特网不同。这些信息对存在问题的企业是比较尴尬的,需要付出代价的。这些信息对股东及潜在的股东没有什么关联,但是这些信息会造成不好的影响。除非有合适的理由,否则这些信息不会公开。

另一方面,当一个公司采用他们收集资料的对象和他们要发送垃圾邮件的对象不很熟悉的联网手段时,信息被泄露并不是访问过这些信息的人员的错,因为这些信息与这一行动的对象有很大关系,他们有权力知道这些以使得如果他们想的话他们可以保护他们自己以及他们的个人隐私。

企业的这些隐私的泄露和各种严格的隐私权的缺乏并不能意味着刺探机密，非法收集情报，非法侵入其他公司的计算机系统以及其他一些违反公司知识产权的行为是合理的。

关于工作场所的隐私的这个话题也在不断发展，美国许多法规，包括国家级的和州一级的法规，都已经起草和引入认为应该保护员工的隐私的法案，但是直到2002年，这项法规并没有取得很大进展。商业规则的理解在不同的州的法律之间相互冲突，这给跨州的公司制定一个统一的公司制度带来了困难。部分商业利益同国家法律发生冲突，是因为有些法律条款限制他们的市场策略，降低他们的经营自主权，但是，看起来早晚会有一种要求公司至少告诉员工公司采用的策略的法律会出台。

【注释】

1. 《华尔街日报》(*Wall Street Journal*),2000年2月4日,第A1、8页。《纽约时报》、*New York Times*),2000年4月5日,第C1、10页。
2. 请登入 http://www.websense.com/products/about/howitworks/index.cfm。
3. 请参阅艾雷·科赫(Alan Cohen)的报告：《没有你的网》(No Web for You!),收入《财富》(*Fortune*),2000年10月30日。
4. 《员工被要求减少因特网冲浪》(Employees Ordered to Curtail Internet Surfing),《劳伦斯杂志世界》(*Lawrence Journal World*),1997年9月3日,第E1页。

第四章　新颖财产、知识财产及其他财产

　　第一代录像机在美国上市的时候,电影和电视行业都觉得对它们的商业意义形成了威胁。二者都诉求法庭禁止使用录像机,他们指出录像机是为侵害版权法而设计的工具,而法院的判决则规定录像机可以用于许多方面的用途,尽管它的使用可能会造成一些侵权,而且认定用户可以合法地复制一些电视节目供个人观看或使用。法院认定这些没有违反版权法中的"合理使用"条款——"合理使用"条款中规定人们出于个人使用目的可以使用一些保留版权的作品。但出于商业目的的使用则是非法的,比如把影片和其他保留版权的作品复制成录像带用于出租目的就是违法的。电影、电视行业对此做出了富于创造性的回应:他们把录像机的大量进入家庭这件事转换成了新的商机——通过出售、出租电影和电视节目形成了一条额外的利润流。

　　昨天晚上,乔把一部正在电视频道上播出的流行电影《音乐之声》录了下来。按下录制键后他就离开了,而且打算按照他自己的日程安排合适的时间来欣赏这部片子。这是很正常的事情,也不违法。他甚至可以把他想看的节目和电影都录制下来,在随后的时间里慢慢看。尽管同样的电影在当地的影碟出租店里可以租到,但它录制的目的仅只是为了个人使用。他的朋友理查德也想录制这部电影,但把录像机错误地设定在了其他频道,结果录下了其他的节目,理查德知道自己录错了以后,就问乔是否能从乔那里复制一份。他认为,既然他直接从电视上复制这部电影是合法的,如果不是因为它设定错了频道的话他就已经复制了一份,既然如此,他从乔那里复制一份在原则上似乎没有什么不妥。乔的另一个朋友汤姆也打算录下这部电影,但是忘了打开录像机。但汤姆没有打电话给他的朋友们看看有没有人把这部电影录下来,他直接去因特网上询问有没有人

从电视上复制了这部电影而且愿意让他再复制一下。他的逻辑和理查德的逻辑相似。既然他可以合法地从电视上复制这部电影,那么这和他到那些直接从电视上复制下来的人那里复制一份本质上没有什么区别。而且,给他复制这部电影的这个人是不是他的朋友并不重要,只要这个人——他或她从一个合法的途径复制了这部片子。现在,从合法的角度而言,这种逻辑是否站得住脚是令人质疑的,因为把自己复制的东西借给其他的人复制似乎并不是"个人使用"。可是,理查德和汤姆的逻辑似乎又确实有些道理。事实上,如果他们可以直接复制且不违反法律,那么从伦理的角度而言以那样的途径获得复制品就没有什么错,间接地复制而不是直接复制也就没有什么关系。任何一方的商业利益都没有受到损害。一小部分观众没有直接从电视上复制而是间接地从他人手中复制,这并不会影响电视台的收视率。理查德和汤姆不会去买或租这部电影,乔也不会。他们只是想得到这部电影或其他影片的一个复制品来看,因为他们不喜欢在电视台播放这些影片的那个晚上观看。

除了复制了《音乐之声》外,乔还复制了音乐电视频道播放的一些歌曲。他不仅把声音和图像一起完整的录制了下来,而且还把声音部分单独录制到了他的录音机上。既然他可以录制整个电视节目,那么他录制电视节目中的一部分似乎也是被允许的。理查德和汤姆两人也和乔处于同样的处境,他们从乔或其他有影片复制品的人那里复制影片,而且愿意和其他人共享这些影片和歌曲。

由于乔制作这些复制品供他自己使用,并认为他也可以录制电台里 DJ 播放的音乐或从因特网上得到的音乐,并"合理使用"的原则无论一个人是使用录像机或者使用他的电脑上的 CD 刻录机,看起来同样适用。

纳普斯特公司在此基础上又向前迈进了一步。该公司开发了一种新技术,这项技术允许任意一个人通过因特网寻求某一首歌曲,而纳普斯特公司则在寻求者和愿意提供人之间充当中间人的角色。然而,这和乔、理查德和汤姆的例子有两点很重要的不同之处。首先,尽管提供和将要被复制的歌曲中有一些并不受版权法保护,但有一些还是受到版权法保护的。比如 CD 的所有者购买的 CD 就是如此。

购买的CD只给了购买者听CD上的歌曲的权利,而没有给予他复制或让他人复制的权利。租借或购买的电影录像带也是如此。它们并不能被合法的复制,而且这样复制并不符合"合理使用"条款的原则。第二点重要的区别在于纳普斯特公司提供的这项服务太诱人了,以至于成千上百万的人使用这项服务免费地下载音乐,而这些音乐原本是要付钱的。既然可以免费地得到这些歌曲,那还有谁愿意去买CD呢?当你只对某一首歌感兴趣而且可以免费下载的时候你还愿意买下整张CD上的所有歌曲吗?

  滚石乐队的麦特利克状告纳普斯特公司侵权。美国的一个地方法院判纳普斯特公司停止该项服务。在2000年10月,上诉法院确认地方法院判决有效而且判定纳普斯特公司只能提供些那些不受版权法保护的歌曲的链接,而且在它继续运营之前必须找到这样做的方法。以后一些音乐唱片公司寻求和纳普斯特公司达成各种各样的协议,以使它们的每一首歌被下载时它们可以收取一笔费用。2001年7月1号,纳普斯特公司停止整合这项技术,因为法院指出它安装的这项技术阻碍了受版权保护的作品的交易。

  然而,与此同时,其他的程序员设计了一些新的程序,这些程序可以使寻求者不通过如纳普斯特公司之类的中间人而直接与他人相互联系,基于对等地位来交易或下载音乐作品。格纽特勒就是这种程序中的一个,用户可以免费下载这个程序,运用这个程序和该程序的其他用户联系和交易。像纳普斯特一样,格纽特勒这个程序可以下载那些想通过免费送出自己音乐作品来获取听众的最新业余乐队的作品,就像下载正版音乐作品一样。到2001年7月中旬,六类可选择的服务出现了,而且提供无需第三者(中间人)的用户之间的对等复制业务。100余万的用户下载了音乐城的程序Morpheus,90多万用户下载了音乐天河之星的程序。这些希望通过经营旗帜广告来赚钱的公司则声称,他们无需对用户使用他们提供的程序所做的事情负责。

  两个问题出现了。第一,这类技术自身的发展在伦理上是否站得住脚?而且用于证明录像机的使用合法的证据能否类似地证明这些技术的使用是合法的呢?第二如果这些作品是因特网上一些热门网站正在播放的,运用这些技术从其他人的硬盘上复制作品如音乐作品在伦理上是否站得住脚?

产权的概念和产权的伦理及法律地位是回答这些问题的核心。

第一节 财 产

财产是指对于某物的占有关系,有许多不同的类型,取决于一个约定俗成的体系或制定的法律。因此,财产按照所在国的不同也多种多样。在一个严格意义上的共产主义体系内,比如,在一个没有"私人占有生产资料"这一概念的国家——就没有私人拥有的企业或工厂。所有的生产资源都是社会所有或国家所有。美国的一些印第安部落对于土地的所有权没有任何的概念就如同我们对于呼吸的空气的所有权没有任何概念一样。一些社会对于其他社会所称的知识财产有不同的观点,他们质疑是否真的有这样的财产。财产所有权其实可以被很好地理解为一类权利,这个权利族依据不同种类的财产而有所不同。这些不同的权利类通常被划分为实体财产、无形财产、不动产和知识财产。

实体财产,如同名字所暗示的一样,包括所有那些可以触摸得到的东西。不动产则指所拥有的土地以及土地上的建筑物。只要一个人愿意,他可以随意毁坏他所拥有的实体财产,但是,十分明显,毁坏土地的观念不同于上述毁坏的定义;因此,构成不动产概念的权利簇不同于构成实体财产概念的权利簇。无形财产则意指一个人所拥有的财务上的索取权——所拥有的股票、债券、钱等。纸币代表着向政府索取纸币票面所含的价值的权利。但是,一个人把钱存入银行后,当他取出来的时候,他绝不会期望着仍从银行得到同样数量的钱;另一方面,如果一个人把他们钻石戒指放进保险箱,他期望取回来的仍是同样的钻石戒指。知识财产在许多极其重要的方面不同于上述的所有财产。

知识财产指头脑智力的某些产品(想法)或者在某种意义上指一个社会所拥有的知识分子。知识财产区别于其他财产的一个特点是知识财产可以无限共享。如果我有一个主意,我可以把它贡献出来,但这并不影响我对这个主意的占有。哪怕一个人从我这儿借去、拿走甚至偷走了这个主意,我仍然可以拥有这个主意,在这一点上知识财产不同于其他财产。如果其他人拥有了我的这个主意,我就不能保证只能我一个人用它,但其他人拥有这个主意并不能防止我仍然拥有这个主意。知识财产的这个关键特征使得关于知识财产的讨论十分不同于关于其他财产的讨论。一个人可能有权利独自去使用它,但没有权利去破坏它(这种破坏会让知识财产失去光辉),而且,一个人对知识财产的占有与其他人对同一知识财产的占有是互不冲突的。因为我可以有这样一个想法,而想法本身一般来说不被看做是一类可以拥有的东西。我们没有办法知道是不是其他人先有了这种想法。而且,如果这样,那么这个想法应该属于谁。试图指定数学、一些科学发现和科学理论的所有权没有任何社会用途。但是"想法"是一个很宽泛的词,它所包含的一些东西在一些社会里也被赋予了财产权。通常的特征就是这些想法被表述成了具体的实体形式,比如一本书或一项发明,由于这还是一个在争论的话题,所以上述的只是一个粗略的特征。

影响构成财产可以权利簇的第二个特征是这样的事实:任何表述出来的想法都是基于以前的知识的基础之上的,而这些知识并非是你个人的创造。牛顿和莱布尼兹各自独立的发现了微积分,可是究竟谁第一个提出的却有争论。但对于其他人来说谁第一个发现微积分并不重要,因为两个人都有这样的真知灼见并且使他们的数学发现可以让所有的人都可以分享。微积分或多或少的发展同时表明了这样一个观念:每一个新的想法都是建立在他人的想法之上的。到牛顿和莱布尼兹的时候,数学已经发展到了这样的水平:再往前一步就是微积分了。假如牛顿和莱布尼兹不发展它的话,毫无疑问,也会有其他人在一个合理的时间做出来。我们每个人都站在那些走在我们前面并传下了他们的思想的那些先驱的肩膀上,从先驱那里吸取知识,从而在此基础上构建新的知识,并把这些知识传下去。所以,我们不能对他们说,我们奋力走过的道路完全是我们自己开创的。

使得知识财产十分特殊的第三个方面是这类财产在本质上是社

124 会性的财产。它不仅仅是全社会发展出来的,而且信息和知识在共享的时候是最有用的,因为共享信息和知识可以使其他人向更高层次上发展这些知识。正因为如此,有些承认知识产权的国家就必须在个人要求的相关权利和社会常理之间进行平衡,而且,这会直接影响一个社会赋予知识产权的权利簇。

这三个特征形成了一个广泛共识的基础,这个广泛共识就是每一个人都有责任把本代人共同获得和发展的知识传给下一代。发展知识是人存在的一个方面,也正是这一点把人和其他动物区别开来。因此,人类建立起了一些研究所和大学来保存、传播和发展社会的知识库,当然,研究所和大学也有责任这样做。

知识的这种社会观,影响着早期计算机的发展历程和初期程序员的思维习惯,他们免费共享各自的程序。与此相类似,这也是早期因特网发展的一个重要方面,早期的因特网对所有人都是免费和公开的。这也是计算机圈内的一些人发起的"开放源程序运动"的基础。

"开放源程序"指软件免费发布,并且其他人可以获得软件的源程序代码、其运行指令或者其隐藏代码来进行研究和改进。其要点就是吸引大量的潜在用户一起工作来改进一个程序并把改进后的程序和其他人免费共享。很明显,并非每一个人都能改进源程序或有兴趣来改进源程序;而能这样做的人就可以向那些对这软件有取舍要求的人出售这项服务。

支持者指出这种办法在发展网络时获得了成功。Web 是基于一个被称作"摩西的浏览器"的开放的软件上建立起来的。这个软件后来成了网景快车,而网景快车是一款为 Web 服务器设计的软件;而 Linux 操作系统是开放源程序软件成功的又一典范。在 20 世纪 70 年代,早期的程序员都共享各自的程序。理查德·M. 斯得尔曼(R. M. Stallman)一直是所有源程序代码都应该免费共享这一立场的坚定支持者。

网景跟随微软之后免费发行其浏览器。网景还在一个称作 Modzilla 的计划中使那些有兴趣排除漏洞并改进网景快车的人可以获得网景快车的源程序代码。只不过每一次都会有一个许可程序以使得参与重写代码的人同意免费共享他的程序并且向该计划的执行方提交他的改进版软件,让执行方在将该改进程序嵌入总程序为大众使用之前进行测试和试用。有些公司,比如红帽软件,大力支持用户可以免费下载的 Linux 操作系统,并对其打包、发布。当然,用户会因红帽公司提供的证件、支持和产品质量担保付给红帽公司一笔钱,比如 50 美元。开放源程序在学校内的科学家之间更为普遍。这些科学家们需要共享他们的程序,并且提供他们的源程序代码作为科学研究的必要条件以使得其他的人能够检验、重复他们的工作。

尽管在学术研究圈中开放源程序很重要,尽管开放源程序可以视作改建商业软件的可取之道同时也是刺激改进的因素,尽管开放源程序运动的一些领导人宣称开放源程序有诸多益处,商业软件仍是合乎伦理的,而且它在法律意义上包含着一些被视作知识产权的东西。认为一些智力产品确实值得保存,或者,至少在一段限定的时间里值得保护的观点是有理论基础的。

第二节 知识产权保护

由于在一个限定的社会,财产所有权的构成至少部分地由该社会的法律结构所决定,从而涉及财产所有权的伦理的思考在很大程度上是基于该社会的法律之上进行的。尽管在任何一个社会,偷窃都是不合乎伦理的行为,但是,由于偷窃涉及到不公平的拿走其他人的财产,所以什么被视作财产就与此相关。例如土地,如果一个社会没有土地所有权,那么土地就谈不上被偷。土地可能会被霸占或者非法地、不合乎伦理地使用,但是,却不会被偷。如果我们不拥有呼吸的空气的所有权,空气就谈不上被偷。如果一个社会不承认知识产权,那么,与上述情形类似,就不存在被偷的问题。许多社会在不承认知识产权的任何权利时并没有如此深入的思考,但是,哪些权利确切地说是知识财产专有的,一个人可以对知识财产权利要求到何种地步,人们观点却又多种多样。

在美国,保护知识产权的法律基础源自于美国宪法第一章第八节,在国会的权利这一款下包含着"为了促进科学和实用艺术的进

126 步,对于作者的作品以及发明家的发明、科学的发现等在有限的时间内保护作者和发明家对其作品的专属权利"。这一保护知识产权的法律基础的两个方面值得一提。第一方面是保护知识产权的主要目的不在于保护作者或发明者的权利而在于促进科学和实用艺术的进步。保护的目的是为了大众利益,而另一值得一提的方面在于其他财产的权利都是永久存在的而知识产权所受保护的时间是有限的。

在美国,法律保护知识产权的主要方式是通过版权法、专利法和商业保密法来保护的。

考虑这样的情形,对于每一个人来说,他或她有什么样的想法,他或她都有权不向其他人透露自己的想法,而商业秘密正是对个人这种权利的简单扩充。我们可以思考任何我们想要思考的问题而且没有义务公开我们的想法。对此的扩充就是,集团、企业或公司也有权利从事他们希望的研究工作,开发他们想要开发的知识而无义务向其他人公开他们正在做的事情。如果他们从事的工作对于公司来说十分有价值,而且如果他们对这些知识采取了适当的保密措施——比如包括这些信息不得泄露,限制获取这些知识,告知能够获取这些知识的人这些是机密等等,那么,法律就会保护这些机密,一旦那些获取这些知识的人向竞争对手泄露了这些知识或者有人未经授权而偷走了或企图偷走这些知识,那么法律就会提供法律资源来保护它。最著名的也是保存的最长久的商业机密就是可口可乐的配方。

由于商业机密总的来说已被承认,似乎那些利用计算机或程序工作的人如果不愿意把他们的成果公开也是允许的,但有些人将此视作反社会的做法,而且违背了程序员们自由交换作品来编写程序的初衷。这样说有点夸大其词,因为没有人期望共享别人的错误、虚假的开端和不完整的结果——这样做不仅不会有任何益处而且可能会使他人感到混乱,把他人正在进行的工作导入错误的境地,即使有人宣称一个人有义务把他所获得的进展与他人共享(因为每个人的进展都是在建立前人的基础之上的),但是,一个人也会一直保守着他的成果,直到有一天他认为该成果已经开发的十分完善了,他才会与他人共享。

版权，正如其名称所暗示的一样，授予作者对其作品再版、销售、展销、公开上演、基于原作的改编或将这些权利授予他人的专属权利。我们已经明白我们无法拥有想法的所有权，但是法律对于表述出来的想法的保护让我们对想法有了一定的法律权利，我们可以把我们的想法表述成多种形式，使用语言就是最常见的一种，版权包括语言表述的书籍、文章、剧本、诗歌以及其他书写成文的东西，包括表达成其他形式的观念：音乐、电影、电视、绘画、唱片。版权保护法保护作品的署名权，除了作者之外其他任何人对该作品的署名都被视作违法侵权。同时，版权也授予作者出售自己表述出来的观念以及在自己表述出来的观念中受益的专属权利。这也就禁止了其他人在未经作者许可的情况下以此来盈利。"合理使用"则是一个例外，它可以允许某些特定的用途，比如在一份评论或学术出版物中引用某一部作品的一部分（当然要给予致谢），或者复制一部分作为合法的个人使用。一个人把他的想法表述出来后，版权就自动存在了，但是把自己的作品注册一下会更利于运用版权法来保护自己作品的合法权益。和商业秘密恰恰相反，版权法适应于保护那些已经公开的或者公众可以获得的作品。一个社会拥有大量不同种类的公众可以获得的作品是这个社会的优势，所以授予那些把自己的想法表述出来的人一些适当的权利是合理的。另一方面，我们已经看到，每个人的想法都源自于一般的社会知识库并且在此基础上构建。因此，这些适当的权利不应该永久存在下去，应该在存续一段时期之后就终止。只是究竟应该是多长时间呢？美国法律所规定的时间和国际版权法规定的时间就不同。

直到1978年为止，版权仅授予28年，到期后可以重新授予28年。过了28年后，如果作品不再重印或者失去了商业价值，版权所有人就无需费力去重获作品的版权，并会允许它的作品进入公共领域，可以让人们自由复制，当然原始署名权的条款继续适用。这包括许多情形。对于作者在其作品上花费的时间、精力和金钱或者公司在生产其产品上的投资来说，28年的时间似乎可以合理地补偿了。在1978年美国修正了它的法律以使其和国际版权公约（1928年伯恩版权大会）相一致。对于作者来说，版权有效时间是其终生再加上 50 年;对于公司所有者来说,则是 75 年版权有效期,比以前最多 56 年的有效期长。这种时间上的延长真的能为社会带来更多、更好的作品吗?似乎不太可能。在 1998 年,保护期再一次延长了。从作者终生加上 50 年延长至作者终生加上 70 年,对此给出的合理解释仍然是为了使美国的版权法与欧盟的版权法保持一致,而欧盟的版权法在 1995 年延长了时限。但是这种理由并不明朗。美国的一群律师对于这次延长提出了质疑,他们声称这样做违反了美国宪法的"合理使用"条款,因为政府把原本应属于公共领域的那一部分东西拿走了。而迪士尼影视工作室和其他社团一起参与了这次改变时限的运动。[①] 而且,这次版权保护时限的延长很及时地使迪士尼公司的米老鼠避免了在 2000 年成为公共领域产品。

版权的伦理理由有着双面性。一面是基本的功利主义的解释,认为既然社会希望鼓励这些作品的创作,那么促进创作最好的办法是让那些创作这些作品的人能够得到金钱上的收益。版权保护倾向于展示其保护的结果对于社会是有益的,我们也知道受到版权保护的作品的发展历史。当然,如果没有版权提供的金钱动力,我们不知道会还有什么样的作品面世,但是,我们确确实实地知道,没有金钱刺激,人们依就会有想法,会发展数学,会发展科学公式,会产生知识,尽管这些知识不可能受到版权保护。有这样一些社会,他们对任何形式的思想都不予以保护,因此也不承认所谓的知识产权的有效性。数个世纪以来,没有任何版权保护,但是艺术作品、文学作品、音乐作品以及其他等等都照样创作出来了。莎士比亚从他人作品里借用了许多情节并且对于他的创作作品也没有任何版权保护。然而,在当代社会,可以确定地说,金钱的诱惑至少是文学、艺术和其他作品创作的一个刺激力量。

版权保护的第二个理由是公正。公正既指在表述自己想法的过程中作者们花费了时间、精力和金钱,这一切理应有所回报。此外,如果不存在这种保护机制而这些作品又可被用于商业出售,那么从这些作品中得到回报的就会是那些没有花费时间、精力、金钱的人而不是作者本人。这些无需任何先期的付出就能受益的人就成了搭便车者,而这些搭便车者没有任何花费需要补偿,因此他们就可以以比原作者更低的价格出售这些作品。——这显然是不公正的。

这个理由也受到了挑战,有些人主张既然要求署名权是合法的,那么对于从出版这些作品的机构获取报酬的权利就不能继承。尽管有这些现实的和潜在的反驳,上述的理由还是被广泛接受而且在世界范围内成为版权合法的基础。

版权法应该扩展到计算机程序这一领域吗?

起初,对此问题的回答是不明确的。计算机程序并非是通常意义对个人想法做文学的及艺术的表述。它是让计算机做某一特定事情的指令,是专为计算机编写的,不是让普通人在普通意义上阅读的。这些程序是混合语言编写的,不是一部文学作品,也不是机器,尽管它可以让机器按照某一特定的方式运转。计算机程序是用计算机语言编写的,这种计算机语言就生成被称作"源程序代码"的东西,而"源程序代码"随后又被转换成机器可以读懂的形式:0和1,0和1这种代码又被称作目标代码。当美国第一次决定给予计算机程序版权时,仅仅把保护的范围从传统领域扩展到了人们可以读的源程序代码,并未包括目标代码和包含那些由0和1字符串组成的机器语言转换程序。但是不久就发现这并不重要,因为机读语言仅仅是源程序代码的转换而已。可是,如果人机语言转换程序不受保护,那么任何人都可以合法地复制、使用和出售,这将会削弱对于源程序代码的保护。

在1980年,美国国会对于版权法进行了修改,计算机程序也被包括在内了。并非所有的国家都保护软件的版权。因此,在美国或其他国受到版权保护的软件在一个不承认软件版权的国家复制和出售就无需付出任何费用,这就是盗版行为,但是在这些国家这样做又不违法。

在美国和其他一些承认软件版权的国家,也有这样一些人,他们宣称对于软件的版权保护不但没有必要而且还阻碍生产的发展。他们指出,对于计算机程序来说,功利主义的理由站不住脚,而且,那样做非但不会通过鼓励计算机程序的开发来提高大众福利,而且比不保护软件版权时更阻碍生产力的发展,导致更差的程序和更低的效率。这是那些致力于开发源程序代码的人士的观点。

对其他作品的保护期限同样适用于对于软件程序版权的保护，尽管许多程序生产商承认大部分软件在大约5年的时间内会变得一无是处。版权法允许一个人在没有抄袭他人源程序的情况下编写能和其他程序执行同样功能的程序，因此，如此长时间保护的观点就不甚明了。另一方面，如果某一程序实际上已经废弃了，对于它持久的保护也不会造成什么损害，复制一个已经废弃无用的程序没什么意义，还不如写一份新的代码。

由于个人可以很容易复制软件，有些人指出禁止复制的法律难以实行，因此，这些法律既无效又逐渐积累人们对于法律的普遍的漠视。有一段不太长的时期，软件公司试图在它们公开出售的软件磁盘上添加了磁盘保护代码，使得普通用户无法再复制这些软件。但其结果是导致了顾客的大为不满，可是这些公司又发现没有这样的保护它们就无法获取利润。这些公司也知道，一旦一个用户习惯了使用某一软件他们就倾向于一直使用该软件，那么该公司可以不断地对软件进行改进并出售改进或升级的软件，以此来盈利。当竞争对手终于有机会做出同样的革新时，原来的版本已经升级成了一个新版本了。因此，软件的版权（至少如同现在存在的一样）在一定程度上是过时的，而且是建立在一个适合书面的表达模式而非软件的表述模式这一基础上的，关于此种做法的争论仍在进行。

因此，大量的批评家提出了更一般的问题：一种类型的保护，在此即版权保护，被应用于从此种产品扩展到的各种多样的产品的保护有意义吗？② 正如我们所注意的那样，一个计算机程序，不像其他类型的产品，尽管它在许多方面和其他类型产品有相似之处。尽管计算机程序也可以被描述为一个想法的语言表述，但它不是一本书。它是对一部机器的一系列指令，而且，在某些方面似乎像一个机器一样运转。

一旦一个人买了授予了版权的东西，比如一本书，一个人就有权利像对待其他的实体财产一样对待该东西的物理实体。你可以重新出售它，把它借给别人，在书页上写字，把它扔了，或者送给别人等等。尽管你并不拥有书上的任何字句的所有权，而且你也不能抄袭这些字句，但是这本书是你的，你可对这本书想怎么做就怎么做。然而这一切对于购买来的商业软件来说就不一样了。理由是你买的严格来说并不是有程序的磁盘，而是版权所有者对你在一定限制条件下使用该程序的授权。无论你是在线购买的软件并把它下载到你的计算机上或者你买的磁盘并把程序装进你的计算机，二者并没有什么不同。你买的只是对于该程序的有限使用的权利。卖方把限制设定在合约里边。但是，这些限制哪些是公正的哪些不公正还是一个尚在争论的话题。而这又激起了许多问题：从涉及个人复制的不可执行性问题到卖方制定的合约的公正性以及强加在买方头上的包装的问题。

正如我们这个社会对于隐私的性质的改变并没有进行足够的讨论一样，社会对于适用于信息时代的财产概念也没有足够的讨论。我们寻求使用传统的版权法、专利法来解决新的问题，但在这个进程中造成了许多混乱的局面。我们没有重新思考信息时代什么是知识产权，却试图用那些并非随着如软件这类知识产权构建起来的概念和法律条文来的解决问题。在1998年，美国国会通过了《千年数字化版权法案》，试图寻求解决由因特网导致的版权的新问题。它规定破解用于保护因特网上的内容的口令、密码和其他防范措施的做法是违法的，但它没有规定软件版权保护的一般情形。

在1976年写入版权法案的"合理使用"各款不得不发挥越来越重要的作用，而且，不是由立法来规定而是由法庭来判定什么是合理使用什么不是合理使用。然而法庭所判定的合理与否在很大程度上又与人们在实践中所做的不同。（而且，某些情形下的现实导致了做生意的方式实际上的变革。）

第三节　版权和软件

我们已经指出，公众对涉及软件版权时的知识产权的认识混乱不清，不仅仅是软件是一个相对较新的概念的事实以及它不太适合当前的版权法所导致的结果；我们必须用类比的方法来处理这类事情，而我们的类比又经常误导我们就如同经常启发我们一样，这也是导致混乱的原因之一。

涉及软件的伦理规则并不是空想出来的,而是在一个理想的国度里等着我们去发现。它们不可能从对软件或知识产权进行抽象分析之中得出来。从伦理的角度来看,无论我们使用功利的,还是道义的或者其他的方法来分析,我们都必须考虑如何得出判断以及我们所运用的涉及软件的各式各样的规则如何同其他伦理规范结合在一起。这实际上是我们这个社会在发明软件之后一直致力于解决的事情。在这次讨论中那些起初很重要的理由把我们带入了关于有关结合与类比的争论。尽管哲学分析可以帮助我们,但是该领域的许多问题只有在结合制定出合适的、具体的法律参照时才能判定对或错。该领域任何关于权利的不同判定从伦理的角度上都是说得过去的。

知识财产的概念是基于其他类型的财产概念上建立起来的,尽管我们通常所认定的财产和想法及知识的性质有着重要的区别。保护版权的理由在很大程度上忽视了洛克关于财产的观点。洛克指出既然每个人都拥有他自身的财产,他的劳动能力是他的财产;当他把劳动注入到他发现的处于自然状态的东西上时,只要这种处于自然状态的东西足够多,而且留给他人的也足够好,这就也成了他的财产。任何一个从事脑力劳动的人都知道一项任务最艰难的部分就是如何获得新的想法。这是最重要的工作,而且,按照洛克的观点,我们能对其要求财产权利的东西一定是劳动的产品。从直观的角度来看,如果我们要确认什么东西是知识财产,我们就会倾向于认为重要的知识产品应该有上述特征。无论我们是采用洛克模型和产权的劳动价值理论、社会效用模型、或者其他的模型,它们越本质、越基础、越有深度、越珍贵,它们就越有价值。我们已经明了一个人为什么不能对一个想法宣称专属权利,而且,由于方程式,自然定理和事实对于社会有着巨大的益处,社会利益就重于任何个体对此宣称的专属使用权利,这也是合适的。

版权最初是为了保护书面文字,而书面文字在法律意义上又被视作思想的表述,就好像一个人可以拥有一个未被表述出来的想法,或者好像一部小说仅仅就是表述出来的想法而已。然而我们也粗略地知道拥有一个想法和探究出这个想法暗含的意义并把它写出来是不一样的。当我们为写一本书得到了第一个想法时,这个想法肯定与这本书不同,因为写书要充分地表述这个想法。从劳动的角度来看,如果说得到一个想法真的比写出一本说更艰辛的话,为什么不保护这个想法反而保护这个想法的书面表达呢?按照洛克的观点,保护这个想法没有意义,我们只能对想法的书面表达进行版权保护,不是因为它需要花费更多的精力,而是因为我们仅能以这样一种方式来确认某一本书作为某一思想原始出处的可能的证明。其基础并非洛克的所有权理论,而是社会效用和实用的商业需要。

如同一部小说可以被称作一个想法的书面表达一样,一台机器也可以称作是某一想法的表述,肯定没错。从法律上来说,一类机器可以有 20 年的专利;而一部小说却有作者的终生加上 70 年的版权。但何种类型的保护可否适用于软件仍然处于争论之中。尽管从伦理的角度看授予软件版权没有什么不妥,因此那就没有理由不对软件进行一种不同于上述类型的保护,而且,我们有很好的理由制定这种不同的保护机制。

既然版权最初是为了保护书面的词句,那么当我们把它的范围扩展到软件时,就倾向于把文学作品作为范例并把计算机程序比作文学作品。该类比导致了一系列的后果。如果我们把数学当作范例且把计算机程序比作数学,我们就会得出另一系列类比。下边的类比哪一个合理呢?想要推进文学类比的律师就会把这种类比雄辩地扩展到计算机程序的艺术、结构和美感,并且指出正如同文学作品有这些特征一样,软件也有这些特征。他们会更进一步地指出既然文学作品受保护,软件也应受该保护,就好像人们买软件是为了美感而不是实用一样。最具雄辩性的辩护之一就是安东尼·克拉普斯的书《软件、版权和竞争》一书③。然而,数学证明中的雄辩、结构和美感同样也可以这样要求。但是,数学证明是不能保护的。然而,就像软件与文学作品相似一样,软件似乎与数学也相似。最常用的类比都是演绎的方法,而演绎法就是从数学中借用来的。在数学中演绎有一个限定的含义。把它扩展运用到计算机程序的时候,它就不再是人们使用这个词时的意思了,而且不同的人用这个词时也有不同的含义。而且这个词的含义逐渐由法庭来叙述了。但是由于演绎一词仍在使用,而且由于现在一个人无法取得一项数学演绎的版权,和数学的类比就限制了对软件的部分保护。而限制的理由不是基于伦理理论或者产权的一些观点,而是从实用主义角度出发的。

如果一个人询问知识财产、伦理学、版权保护的关系,四种不同的伦理上的直觉是适用的而且代表着四种不同的观点。而这些观点又代表了涉及版权事务的四个主要方面。

第一种直观印象就是从伦理的角度来看,三者之间的合理关系不在于产权而在于是否诚实地把知识财产归功于它的创造者。这是学者和一些作者的观点。当你的某一个想法是从别人那里得来时你就不应该声称该想法归你所有。但是想法并不是一类我们可以做出一般限制的东西,也不应该对其做出一般意义上的构建和发展。由于想法和知识是可以毫无限定地共享的,一般的规则是我们都可以从正确的想法和知识中受益;而且确认这些想法和知识是否正确的方法就是按照那些宣称与其对立的知识来检验它们。这是在大学里许多地方盛行的观点。因为在大学里想法通常都是共享而非出售或交易的。例如这样一个领域,在一个大学里,哲学老师们和他们的同事共享他们的哲学理念,在班级里、在会议上、在文章里、在书中也是如此。在使用、批评或发展这些哲学理念时他们并没有偷窃。但在伦理上他们不能宣称这些想法归他们所有,因为这些想法并不是他们的。许多哲学期刊对于其上发表的文章并不付稿酬,许多哲学的书籍并非出于赚钱的目的而编写的。如果是为了赚钱而写,这个目的永远也达不到。而且这并没有阻止哲学类的文章和书籍的写作和出版。大量的程序员指出,我们应该向对待许多知识行为的产品一样对待软件,这是保证软件发展的最好的方式,他们大都采纳了上述不为赚钱的观点。

伦理上第二个广泛认同的直观印象是关于企业家的问题。如同一个人不应该复制他人的作品并宣称该作品是他自己的一样,如果一项产品是用来出售的,别的企业家绝不可以简单地复制该产品并像这产品就是他自己创造的一样出售。在承认这并非他自己的产品的情形下出售满足了诚实地把产品归功于其创造者的标准;但是,如果有一个发展完备的财产法律体系(就像我们所有的一样),这样做就侵犯了别人的产权。软件的卖方想要人们买他们的产品,而对于别人对产品的来源表示感谢并没有什么兴趣。他们花费财力来开发和推广其产品就是想要获取投资的回报。其他的公司在相同的名字或不同的名字下简单地复制其产品并向市场推广就可以在无需付出开发阶段的费用的情况下盈利,这是十分不公平的,更有甚者会破坏原创作者的基础并将其挤出市场。因此,如果一个社会想有商业产品,就必须对商业产品进行保护并且至少保护到该产品的原创作者能收回其投资为止。这个直观印象是软件的卖方要求法律保护的部分基础。他们还额外要求持续保护——只要他们可能获取利润就一直保护。这个要求已经超出了伦理直觉。

第三个直观印象就是关于软件购买者的问题,他们可以按照自己喜欢的任何方式来使用所买的软件,就像使用他们所购买的任何其他产品一样。因此,如果我家里有三台计算机而我又买了一套文字处理程序,我倾向于认为我有权在三台计算机上使用这同一套文字处理程序而不是购买三套该程序,也无需把该程序的软盘从一台机子拿到另一台机子且每一次都重新安装(就如同一些软件卖方宣称我可以这样做一样)。当涉及到我所买的大部分其他物品时。我所拥有的权利并未受到限制,除非它们违反了第三种直观印象。但是如果我不从事产品销售或为销售目的而复制这些产品,该产品是我的,我喜欢怎么做就怎么做。

第四个直观印象就是社会是一个整体。而且,合理的直觉印象就是:由于我们已经看到的原因,知识和知识产品在本质上是属于全社会的。它们应该用于增进公共利益。而且,如果公共利益和个人对知识财产要求的财产权利发生冲突时,公共利益应该优先于个人的财产权利要求。

尽管这四个集团的利益在一定程度上有所重叠,但是在许多方面四者的利益都有着重要的区别。而每一种观点在伦理上和法律上对于其他人都是不公正的。法律倾向于支持软件的市场卖方的要求而且该情形最初又涉及市场卖方提请的诉讼。

第四节　未被授权的软件复制品

在考虑未被授权的软件复制时,四种直观印象就是适用的。我们可以把这种未被授权的软件复制品分为四种类型,每一种类型都要求不同的分析模式,尽管从法律的角度来看它们都侵犯了版权。由于我们已经明白一个人有义务遵守法律,因此我们可以简单地推断,每一种类型中,这种行为都是不合乎伦理的。这是标准的方法。但是如果我们想要问法律到底是什么或者伦理学需要什么(如果我们从法律中抽象出来的话),那么就需要更深入的分析。而且,遵守法律的义务在每一种情形下都是必须的,那么问一下有没有其他伦理上藐视禁止复制的考虑呢?

四种类型分别是:(1)盗版,即复制并出售软件,这又分为两种具体的情形,(a)在美国和其他发达国家的盗版,和(b)在不发达国家的盗版;(2)购买使用许可证后复制和使用的数量超过许可证许可的数量;(3)复制商业软件并使之在因特网上可以免费获取;和(4)从他人那里复制程序做个人使用。

一、发达国家的盗版

对其他公司或个人的商业程序的盗版行为——另外一种类比所引起的翻印者的行为,经常被告上法庭。这是卖方之间的一种冲突,经常发生在发达国家。我们正在制定一系列越来越广泛而又相互连贯的法律来控制这种现象。把他人的产品拿过来进行制作和销售就如同这是自己的一样无论在伦理上还是在法律上都是错误的。然而,即便如此,还是有擦边球的情形。在软件的开发过程中,众多公司之间会有一系列的争论。也许最有名的例子就是微软和苹果之间关于微软的"视窗系统"的界面是否是从苹果那里盗用来的争议了。法庭最终裁决这没有侵犯苹果的版权,但微软明显地从苹果那里借到了许多很好的想法。

二、发展中国家的盗版

发展中国家的软件盗版问题更难分析。在此,所要求的一点是我们的第二种直观印象必须比照第四种直观印象进行平衡。在另外一个相关地区的例子说明了这一点。用于治疗艾滋病的药物是十分昂贵的。这些药物是如此的昂贵以至于发展中国家比如非洲的人们很少能购买的起。然而正是这些国家艾滋病却甚为流行。因此,这些国家的代表就指出他们国家的人民的公共利益重于药品公司的产权,而且,这些国家购买更为便宜点的药品是合理的,哪怕这些药品的生产违反了专利法。他们还指出,作为一种可替代的办法,如果西方的药品制造商坚持他们的产权,那么他们就应该在贫穷国家以一个可负担得起的价格出售这些药品,而主要靠在发达国家的销售来赚取利润。该观点的分量极重而且对大数人来说证明是可信的。然而,如果相关的考虑,——在这个例子中就是指公共利益,或者经济上的和商业上的考虑,证明是有道理的话,那么同一产品在不同的市场上价格却不相同就是不公平。

一些不发达国家提出了涉及软件的相类似的观点。信息时代是基于信息之上构建的,而计算机又是其心脏。除非穷国能够接近计算机和软件技术的核心,不然信息富国和信息穷国之间的鸿沟只会加剧以至于穷国受害。然而发达国家出售的软件的价格又使得发展中国家的普通大众难以得到这些软件。因此,发展中国家宣称以当地的人能够负担得起的价格出售的盗版软件对于该国人民的公共利益来说是十分必要的——既是为了人的发展也是为了缩小或者至少保持当前的差距不会进一步扩大。该观点与其所宣称的是一致的:一旦这些国家的经济发展到了普通大众都能以世界市场的价格买到这些软件的时候,盗版的理由就不存在了。印度的代表是该立场最坚定的捍卫者,而且宣称他们有权决定哪一类的货物或产品不受法律保护。

巴基斯坦的法鲁克(Farooq)兄弟也是持这种态度的例证,巴基斯坦不承认对软件的专利保护。他们在其售给外国旅游者的程序里边嵌入了一个病毒,该病毒可以破坏DOS系统格式化的磁盘。其目的就是要惩罚那些企图在巴基斯坦用极低的价格购买盗版软件以此来逃避本国版权法的西方人。④

长期以来,中国一直有这样的传统:把知识财产视作公共财产而非个人财产。大师的作品被复制并受到广泛的追随,而且,传统作为一种价值要比革新重要得多。将这种观点和中国的贫困以及新生的经济自由和发展的趋势相结合,对于中国市场上出售的盗版软件和录像这一情形就不足为奇了。⑤中国已经签署了许多打击盗版的国际公约,而且,为了加入WTO还加大了打击盗版的力度。在许多贫穷的国家,保护知识产权也是源自于外在的压力。再说一次,这里暗含的意思是社会的公共利益以及社会的发展优先于对知识产权的保护,这一观点还是有一定的道理的,不能简单地从伦理的角度予以抛弃。

三、复制的数量超出了许可的数量

该种类型也属于用于商业盗版行为的第二种直观印象,指一些公司按照其既定的公司的计算机数量购买某一商业软件的许可证,但是使用的数量却又大大超出了许可的数量而又没有额外付款。尽管基于我们的第三种直观印象这种行为可以被宣称是正当的,实际上却不是。因为购买软件的公司事实上已经承认了供应方对其使用一定数量的软件收取费用的权利而且接受由于大量购买的折扣率。因为它忽略了供货合约,而且,对于供应方来说这明显表明其许可证的可信度低。这种行为不能一贯被宽恕或者希望得以一般化或普及。

四、使得商业软件可以在因特网上免费获得

关于宣称所有权的第二种直观印象适用于这样的情形:阻止任何人获得某一商业程序后使任何想要从因特网上下载该程序的人都可以免费获取的行为。这样做的理由在于我们有权利认为,对于那

些用于出售目的的产品,其生产者和分销商拥有出售该产品的法律上的专属权利,那么一个人买了该产品之后,他没有权利将该产品不加区别地送给大范围内潜在的渴望要求拥有该产品的人。尽管这种情形不同于那种从销售中牟利的商业盗版行为,但它对于所有者的危害与商业盗版行为是相同的。这种潜在的大范围的不加区别的分发,在我们可想像的范围之内,是无法用我们的第三种直观印象来证明是正当的,既不能被视作"合理使用",也不能被认为是个人使用。因此,这些站点应该被关闭,而且应对从事这项活动的人采取法律行动,这才是合理的。保护这些站点的论调要么是对于软件的所有权保护都是不符合伦理要求的和不合理的,要么是这些软件太贵而且软件公司赚了太多的钱。前一种,我们已经看到,太宽泛了;而第二种论调宣称个体是产品价值以及他们应该花费多少的决定者,但这也是经不起推敲的,也未被其他的商业圈所接受。

五、复制程序个人使用

有些程序员喜欢与别人免费交换软件或者共享软件。这是完全合理的。有趣的是书的作者并不反对版权法,然而程序员却反对。两者态度不同的原因十分重要,而且应该给予比法官和立法者给予他们的关注更多的关注。尽管共享软件和商业软件的共生不是明显的不公平,对于社会的需要来说也并不阻碍生产的发展,给予商业软件的保护也决不会阻碍或妨碍共享软件或软件的发展。立法者和执法者对那些声称给予商业软件保护确确实实地阻止了某些软件开发的呼声一直置若罔闻。

市场上卖方的观点而不是那些从不出售但和别人共享自己编写的软件的程序员们的观点逐渐在两种直观印象冲突的领域中成为了普便接受的法律准则。

卖方的观点也压倒了市场上流行软件的用户的观点以及那些定制软件接受者的观点,而且被写进了法律。卖方还提出了涉及软件的法律上的权利要求作为伦理上的束缚。这些观点几乎被人们不加辨别地宣称为习惯伦理准则,甚至广为流传。用户,比如 Word

Perfect 和 Lotus 1-2-3 的用户,被告知与他人共用这些程序是不合乎伦理的,而且,甚至有这样一种企图:让用户觉得如果他们在家中不止一台的机器上使用了这些程序就会有一种负罪感。

借给朋友一本书不违反伦理规范。借给朋友某一软件据说是违反伦理的。为什么?通常的答案是借书给朋友与借软件给朋友二者不具备可比性,因为你的朋友获得了使用你的软件复制的机会,这很典型。因此,借给朋友软件就被比作影印一本书。反对借用软件的理由是基于和书、书面材料的版权以及合理使用原则(用于保护书面材料)的类比的基础上的。尽管借出的这些东西(书和程序)是毫不相同的,但关于复制的类比而非借出或共享的类比逐渐主宰了伦理上的讨论。然而书和软件之间的类比在许多地方又中断了,而且这些地方只有一部分受到了重视,尽管对于其他的一些区别的重要性还在争论。软件复制的轻而易举对于用户来说是技术上的恩惠,而且对于一个社会来说,有人以为,应该充分利用这一恩惠以使得知识和技术可以广为传播。然而,在版权的帮助下,技术的这一方面的特性也正是众多生产者希望阻止的。对于这个结果我考虑得不太周详。

把注意集中于上述的第三个直观印象,我们发现软件用户想拥有使用他们买的软件的权利。与其他许多产品相比,一个人如何使用他所买的产品取决于他自己。他可以出售该产品,改变它,诸如此类等等,而被禁止的就是复制并出售它以及与该产品的原销售者竞争。而许多情形下版权所授予的是原始销售的权利。因此,如果一个学生因为某一课程买了一本教科书,例如,他或她可以在该课程结束后卖掉她,当然这本书被再一次卖给学生。无论是出版商还是作者都没有收到任何原始销售之外的补偿。在短短的一段时间内出版商发现市场上充斥着大量的二手书,而且原书的销售戏剧性的下降了。为了保护他们自己的利益,许多教科书出版商和作者在三年或稍多一些的时间后就会推出一个新的版本,强力销售新的版本并致使旧的版本无用而不能销售。但是软件卖方会激进地宣称所有权并希望阻止这种软件的重新出售,这是基于他们宣称的他们出售的不是产品而是对于他们详细说明的特定领域里使用该软件的授权许可。

　　从法律的角度来说,他们特别强调这样的事实:一个人必须同意其购买的软件所附带的合约——而这是你买一本书时无需做的。然而,这个合约是在买者如果想要得到技术支持并在新的软件版本出现后选择升级——在付出400美元或500美元之后还必须接受卖方强加于买方的合约。而借用这些软件的人既无法得到这些文件也无法得到相应的服务——买书是不会有这些项目的服务的,而且这也帮助证明了软件的高价格是合理的。典型地说,一个人买软件是为了使用,而不是为了阅读。把版权法扩展到软件忽略了这些十分重要的区别。

　　由于软件的市场卖方无法有效地监管或执行合约或者阻止这些侵犯版权的行为,他们就试图通过伦理上的要求来保护其产品。通过包含在软件中的合约,他们有一种间接的企图:向人们灌输关于复制软件的伦理观。这种伦理上的要求并非是自动紧随法律领域的发展而发展的。并非任何一件非法的事情都是不合乎伦理地。复制软件或借出软件就其自身来说并不是不合乎伦理的。而这样做被宣布为不合乎伦理仅仅是因为这是非法的。但是,在这种情形下,一部既不可执行又不被执行的法律是否具有法律的效力,并且因此一个人是否在伦理上受制于这样的法律规定,至少是可以分开质疑的。源于与一个人买的其他东西的类比的证据为借出和复制软件为个人所用的正当性的争论提供了理由。

　　在软件上有商业利益的公司试图将其要求的权利最大化。如果所有的用户都为其家中的每一台计算机单独地购买了某一软件公司的软件,这家软件公司会十分高兴的。然而大部分人不可能这样做。软件公司不会愿意任何人把其软件借给其他人,也不会愿意任何人为个人使用的目的从他人那里复制软件。可是现在我们知道这种情形广为发生,尽管法律条文禁止这样做且那些软件销售商在软件上加了防复制措施以杜绝这样的事情,但是买者对此深有不满。卖方不但使得买方对于这种复制保护十分厌恶,而且还发现那些没有用加密锁保护的产品较之采取了加密措施的产品卖得更多——IBM就发现,较之于苹果的禁止克隆的办法来说,允许克隆的办法对于其市场地位来说更可取。无论是 IBM 还是苹果,其方法都是在伦理上不正确的。而且,其他公司从伦理上来说也是错的。但是两者的做法都是可以允许的,而且每一方都追寻一种不同的正当策略。但是由于允许克隆没有危及 IBM 在市场中的地位以及 IBM 本身,我们就有一些证据可以表明自己复制不一定必然伤及到该领域的开发者。实际上,那些被复制越多的软件就是那些市场上卖的最好的软件,而且该软件为其卖主提供了巨大的净回报。

从伦理的角度来说,没有什么证据支持卖方的利益应优先于买方的利益。相应地,我们可以用怀疑的眼光好好关注一下禁止个人为了在不同的几台计算机上使用软件而复制的情形。这是企图使用准伦理来代替法律支持的不可执行的合同。然而用户的复制并没有抑制大公司开发新的软件程序,如同我们注意到的一样,也并未阻碍大公司获取丰厚的利润。这为把"合理使用"条款应用于软件时重新解释"合理使用"条款提供了基础,代表着我所描述的第二种、第三种直观印象之间的妥协。

一个人拥有的法律意义上的软件的财产权利是财产和法律系统的函数,在这个系统中软件得以开发并被嵌于其中。正是商业上的可能性驱使着这些类比和定义。由于这样的原因,合理的问题不在于一些关于权利或知识财产的观念。权利问题是事情的当前情形是否使相关各方满意,而且是否对于社会来说最为有利,而且,如果不是的话,如何来改进。

一些人提出了一个实用主义的理由:除非生产软件的厂商既得到了补偿又受到了保护,他们就不会生产软件,而且,因此公众——那些潜在的用户——以及社会都无法受益到所能受益的程度。更进一步的宣称则是如果人们不互相借出借入软件,软件的价格将会下降。而这两种观点的困难都在于没有被检验过,更别提被证明了。然而,为此相反的证据却是强有力的。尽管据估计整个世界范围之内因非法复制而导致软件业的损失超过了 130 亿美元,该数字是基于每一个获取非法复制软件的人都按照该产品的正常价格购买了该产品,但是这个假设是值得怀疑的。因此,尽管由于盗版的原因计算机软件行业毫无疑问损失了一部分利润,但却很难说到底损失了多少。在有些情形下,软件公司甚至提倡学生们复制它们的软件,因为它们希望以此来牢牢地抓住这些学生使得他或她在毕业之后成为该公司软件的用户。

事实上,如果对于软件的保护的限度低得让软件的生产者和销售无法承受的话,我们不知道会发生什么事情。具有说服力的是,对于卖方最低限度的保护与社会的最大利益是一致的。困难在于如何确定这个最低的保护限度而不会让厂商停止有用的软件的生产和销售。作为一个社会我们没有尝试决定这个最低限度,反而简单地在对版权法做了调整之后将其运用到了对于软件的保护上。我们采取了这一理由:认为这样做对于社会整体来说是最好的办法。什么样的政策对于社会来说是最好的?现在这样的办事惯例倾向于使我们永远无法获得这一问题的答案。然而,从连贯性和类比的角度来分析较之于我们前边的分析更灵活,而且会得出多种多样的理由。对于限制软件销售商的一些要求以及在销售商和软件的编写作者和用户之间做出某种平衡的重要理由有很多。这些理由并未表明产权法是不公平、不符合伦理的。但这些理由真的暗示着有可选择的其他办法,这些办法较之于现行的版权法来说,可以使我们的几种伦理直觉更好的结合在一起;而且可以有一种不用版权、专利以及商业机密的基于社会利益最大化的软件保护办法。

第五节 受版权保护的物品的一对一的交换

这把我们重新带回了本章开始时所阐述的情形,在那里,我们用了把纳普斯特公司告上法庭的例子。

当下载 MP3 音乐文件(或者其他受版权保护的作品如数码电影)的时代来临时,大多数人认为这和把商业软件放在 Web 站点上任人下载并不是一回事。他们认为他们的两种直观印象是相互冲突的。一个是把一部受版权保护的作品让人免费获取既是不符合伦理的也是不合法的;另一个是即使在法律上没有权利把它买来的东西与朋友共享,在伦理上他可以这样做。

法庭判决纳普斯特公司以其中间人的身份为那些希望像交换不

受版权保护的音乐作品一样与他人交换受版权保护的音乐作品的人提供服务教唆众人违反版权法的行为违法。看起来它并未被比作录像机(录像机可以用来侵犯版权但照样可以合法使用)。是纳普斯特公司,而不是它的 8 000 万个人用户成了状告的目标。但是,关闭纳普斯特公司只是暂时性地解决了这一问题。因为用户很快就开发并共享了一对一的交换程序,该程序无需中间人,因为中间人可能会被确认并告上法庭从而程序被关闭。

伦理上的劝诫和可能采取的法律行动并没有阻止人们下载成千上百万的受版权保护的音乐作品。尽管把一首歌的复制给朋友可以宣称是合理使用,似乎也是合理的,尽管《1992 家庭音响录音法案》允许从一张 CD 上录制另一录音带作个人使用,比如在车上使用,但是在因特网上从不知名的人那里大量的复制受版权保护的作品,也很难说与上述行为视作相类似,尽管这一点还有争论。

对于这些行为的辩护并不是说这些音乐作品的生产者、销售者的努力不应该有所回报,许多这样做的人宣称他们其实愿意为这些自己想要的音乐作品付他们认为合理的价钱。但是这些音乐作品的销售者没有提供在线购买业务,而且许多音乐唱片公司的策略就是在一张 CD 上把一支流行歌曲和其他许多消费者并不想要的歌曲混在一起。消费者为了一首自己喜欢的歌曲就必须购买整张 CD,然而,对于消费者来说购买整张 CD 的费用大大高于他们所理解的一首歌的价值。而且,那些为上述行为辩护的人指出,音乐唱片行业自己把其作品送给 MTV 播放,或者提供给电台,或者以其他格式使得人们可以在因特网上获取。而计算机软件的销售者从来不这样做。如果音乐以这种方式免费提供给听众,如果录音机的使用在法律上是合理的,那么,以此类推,录制和下载音乐应该也是"合理使用"。

当然,这些理由不能表明免费下载你想要的音乐无论在法律上还是在伦理上都是正当的。但是音乐唱片行业的的确未能跟上技术的发展,而且音乐作品的销售方式上也确实有些畸形。随着录像机的出现,电影厂商发现他们必须采取不同于他们原来所依靠的销售策略的策略,而且发现他们可以利用录像机的盛行通过以一个合理的价格出租电影来增加其商业利益。

音乐唱片公司和艺术家们所受的损害的程度还是一个正在争论的问题。一方指出,很明显,那些可以免费下载音乐作品的人不会再花钱去买了。这剥夺了唱片公司和艺术家们的合法收入。这对他们有着极其不利的影响。此外,这使得对于其他公司和艺术家们制作更多的音乐作品的激励减小了,因为回报减少了。这反过来又意味着全社会可以获取的音乐作品少了,那么喜欢下载音乐的音乐爱好者可以获得的音乐自然也就少了。另一方指出,在许多情形下,那些下载音乐的人其实不管怎样都不会买唱片的,所以,那些公司就没有任何损失。其他一些人可能是下载来试听的,如果他们喜欢试听的曲子,那么他们就会购买这些艺术家的 CD,这又会增加销售,决不会减少销售。费瑞斯特研究院宣称纳普斯特公司的做法增加了销售。与 1999 年相比,2000 年第一季度的销售增长 8 个百分点。⑥论战双方都可以列举出一些统计数据。相似地,其结果对于社会来说仅是推测性的。一方指出这会导致音乐唱片行业的衰败,另一方指出这会解放迅速崛起的 5 家大唱片公司的创造性。但是哪一方的理由都不是以产权为基础的,尽管它们都受到版权法以及基于版权法而做出的司法判决的影响。

替代纳普斯特的一对一的技术迅速崛起的情形之下,音乐唱片业和立法者在所面临的问题是与此相关的所有法律都不具备可执行性。起诉一个从因特网上下载了一些受版权保护的音乐的人是不切实际的。哪怕是那些精于此道的被发现并罚了款,对于个人来说被发现的机率还是很小的,除非我们投入了大量的警力来监管和起诉这些行为(从社会的角度来看这样做似乎是负责任的表现)。可选择的另一做法是寻求一种解决方法以使得两种直观印象都得以满足:既可以保护唱片业主合法的商业利益,又使得喜欢音乐的人们可以以一个合理的价格得到它——就是说像其他的许多情形一样由市场来决定价格。尽管有些人质疑说当人们可以从因特网上免费下载音乐时人们是否还愿意付出一笔正常合理的钱去下载音乐呢?其实人们付费下载音乐还是有其内在的激励的。一对一的技术使得你的计算机可以通过因特网和其他任何人的计算机相连接,但当你从不知名的地方下载音乐时会冒着下载病毒的危险以及其他的危险。利用学院或大学提供的因特网快速通道下载音乐的学生可能会给其学校带来法律纠纷,如果学校禁止这样做的话可能该学生还会受到各种各样的惩罚。学校可能会采取措施既避免这种可能的纠纷又避免因学生大量下载音乐所导致的网络拥挤堵塞而不得不增加其带宽。此外,把下载的音乐在 CD 上重录需要一台 CD 刻录机,而你从免费下载中省下的钱又可能不足以以抵消购买 CD 刻录机的花费。而直接把音乐下载到硬盘上则没有 CD 机的便携性,也正是这种便携性使得 CD 机这么流行。

只有这点可以用立法来规范。让法律来规范任何技术对于社会来说其成本都太高了,比如,对于一对一技术,该技术一直承诺只是一项容易、便宜、方便的数码物品交换的技术手段。

在这个阶段,法律必须有所调整。现行的版权法在涉及因特网上的音乐和其他作品时是不充分的,而且,这种调整既是必要的也是现成的。重要的事情在于确认所有受到影响的各方的意见以及他们的要求和理由都被听取并给予了足够的考虑,而且确信没有给予任何一种直观印象特别的优势、考虑以及法律偏好。

信息的最大优点在于你可以在保存它的同时与他人无限度的共享。世界上的每一个人都是信息的潜在接收者,而且可以在不剥夺他人利益的情况下共享这种好处。因此,信息时代提供了以个体向团体迈进的机会:远离私人所有从而迈向公共利益共享。然而,自相矛盾的是,信息时代又通过强调信息的重要性来强调其商业价值。其结果就是试图控制信息用作商业目的而不是免费自由共享。就软件和其他数码形式的产品的复制品而言,技术和所有权处于不对等的地位,在一对一的交换中如此,在公开源程序代码中也是如此。

那么这个问题便分成了两方面。一方面问题是,如果成千上百万的用户在交换受版权保护的作品,即使这是非法的,现行法律是否能够执行下去。一部无法执行的法律还能是法律吗?长期以来的惯例一直认为那不是法律。另一方面问题源自于这样的事实:我们很容易越过国家的边界来下载东西。如果类似纳普斯特公司的技术服务位于别的国家,而该国又不禁止这种行为,其服务器就可在一个不同的司法制度下运行,尽管该服务器在美国会被认为是不合法的。

第六节 专 利

在美国,专利的法律基础和版权相同;而且,在伦理上,为维护专利权的合理性的理由也与维护版权合理性的理由相类似。专利是有美国专利和商标局管理的。美国专利和商标局把商标定义为"一个字,名字或符号,图案,用于在商品交易中表明货物的出处,将该货物与其他货物区别开来。"商标必须注册,而且可以用来阻止其他人使用这个商标或与此相似容易被混淆的商标,但它不能阻止他人以不同的标识出售相同的货物、提供相同的服务。

专利是授予发明者的专有财产权利,以防止他人制造、使用、提供或销售该项发明。很长一段时间专利的保护期限只有 17 年。后来,法律变了,许多新的专利从其投入应用的那一天算起拥有 20 年的保护期。这个期限,如同版权的期限一样,也有很大的随意性。支持这么长期限的理由是该期限足以使发明者回收他投资于该发明的成本并在没有受到那些无需任何开发投资就复制并生产该项发明的厂商的排挤的情形下赚到合理的利润。该期限对于所有的专利都一样(例外的是外观设计专利,它只包括某一物品的外观而非某功能或结构,而且,只有 14 年的期限)。因此,无论是一项耗时甚长、花费数百万美元的研究和测试,比如药品专利的情形,还是耗时相对较短、投资少的项目,二者之间没有什么不同。

专利可以被授予"任何新颖的有用的筋骨、机器、创作、或者合成物质,或者任何新颖的有用的改进",而"改进"包括"一道二序、行动或者方法"。可被授予专利的东西必须具备如下特征:(1)有用;(2)新颖;(3)对于"一个拥有与该项发明相关的技术领域的普通技能的人"来说具有创造性。

专利要向美国专利局和商标局申请,该局有许多检测小组,对于指定领域的技术有着裁定权。这些检测者决定着是否授予某一项申请专利,而且,如果某一项专利申请被否决了,他们必须用相关文献证明这一点,并附以证据。授予专利权并不保证专利项目的合法性,专利是否合法有效可能会在法庭上受到挑战。专利法规是由法院来解释的。他们认为,自然规律、现象以及抽象的理念是不能被授予专利的。数学方程、公式和算法也被排除在专利之外。另外,由于法院支持一些计算机软件的算法以及利用计算机和因特网做生意的方法的专利权,以至于正是法院而非立法行为导致了计算机界的争论。高等法院只发布了极少数的涉及软件专利的司法解释,而且这些司法解释涉及的方面很窄。

尽管专利的保护期限较之版权短,但专利给予保护的范围和力度都比版权大。如果一项发明被十分详尽的描述成文字并出版了,它可以获得版权。版权可以防其他任何人复制该文本,但版权不能阻止他人按照该书所述生产这种产品。而专利就可以禁止他人生产同样的产品。依靠专利的范围以及其包含的内容,专利权可以阻止源自于简单复制该产品的人的竞争。倒过来看一看该发明是怎么运转进而改进也是可能的。希望参与竞争的人必须用新颖的重要的办法改进这项发明,或者,他们通过付出一定的费用从专利持有人手里得到生产许可。

版权是保护计算机程序的有用的方式。但是程序并不仅仅是一系列的代码。我们已经明了软件在某些方面就像一本书,而在另一些方面又像一部机器。因此,版权只能包括以代码形式表述出来的想法;可软件可以像一部机器一样运转的这一方面怎么办?

多年以来,美国专利和商标局并未授予软件专利。从1940年到1981年,编程的基础技术已经完善了,但没有一项获得专利。因此,没有多少编程技术有历史文献资料,当专利局否决一项专利申请时,他们没有太多的资料来证明该申请项目不新颖、不显著。这也是有些混淆的部分原因,也是对专利软件增长的趋势的抱怨的部分原因所在。提姆·李伯纳就没有为他发明万维网寻求专利,而正是万维网的发明形成了因特网商务的基础。因特网的基础编程语言也未被授予专利,基于因特网开发出来的基础技术同样也没有被授予专利。

另外,编程涉及一个很基本的步骤,该步骤被称作程序的算法。数学算法阐述了解决一个给定类型的数学问题的步骤,是不能授予专利的。但是,据宣称,至少有一些计算机算法是更一般意义上的算法,而且是解决某一问题或完成某一目的提供入门的基础步骤。[⑦]在

1981年有了决定性的转变,在这一年,高院判决了Diamond-Diehr案。⑧该案涉及这样一个步骤:利用计算机程序控制人造橡胶的温度和时间从而把人造橡胶浇铸成橡胶制品。从此以后,美国商标局和专利局以及地方法院在处理软件的专利申请时在可授予专利算法和不可授予专利算法之间划出一条泾渭分明的界线,总的来说,控制硬件运行或作为整体发明的一部分的算法都被授予了专利。从1981年开始,软件专利的数量有了巨大的增长。单就1995年来说,美国专利和商标局就授予了6 000多项与软件相关的专利。而在1999年则是20 000件。⑨

有许多理由表明软件获取专利权是一个有争议的问题,但只有一个理由是依据计算机算法的定义和使用得出的。对于许多计算机编程人员来说,争论的焦点在于,有人宣称,即使有些过去的计算机程序无法提供书面证明文件,但对于过去就已经使用得效果显著的那些程序应被授予专利。支持这一观点的理由是,既然以前从不授予软件专利,那么就没有必要去挖掘历史的书面材料来证明软件的专利保护是合理的。因此,批评家宣称,规则已经在中途改变了。他们认为,专利被授予了对编程人员来说如此富于创造性的技术以至于它对于一份出版物来说已经不包含任何实际的东西了。

按照评论家比如自由编程联盟人士的观点,其结果就是对于小公司、中型公司来说新的规则是不公正的。下面所说的是其原因:其中之一就是搜寻所有已经授予专利的,你自己开发和使用受到禁止的技术的成本,如同侵权案例中发生法律诉讼的危险的成本一样。他们继续指出,那些大公司,如IBM(至1999年拥有900项软件专利)、苹果公司、微软、鲁斯特、索尼和摩托罗拉,如果被指控侵犯了其他公司的专利权,它们就会通过相互授权对方使用自己专利的形式来保护自己。而那些没有专利可交换的公司——通常是一些小型的或中型的公司却无法利用这种保护行为,它们不得不向专利持有人付出一定的费用以获取专利的使用许可。此外,一些公司,比如利菲克技术开发公司,只生产程序并对该程序申请专利,然后发放许可证收取费用。这种策略就是受软件的可申请专利性所鼓动,不会促进软件的开放或发明创造,而促进软件开发和发明创造正是宪法所遵循的基本理念。可是,阻碍软件的开发和发明的创造又是对于社会利益和公共利益的损害。

争论的另一个很重要的焦点是"商务经营方式"能否获取专利。瓦克数码(Walker Digitae)是一家以发明"商务经营方式"并申请专利然后收费许可别人使用该专利去发展业务的公司。[10]由于电子商务是一种新现象,几乎因特网上所有的经营方式都可以在某一种程度上被视作是种全新的方式,因为它涉及新的技术和软件。其结果就造成了对商务经营方式专利的抢注——在1998年是182件,1999年就达到了399件。[11]在1999年,当美国专利和商标局授予Amazon.com专利号5,960,411时受到了美国公众的广泛关注和媒体的广泛报道。其专利是授予"通过一个联系网络下定单的系统和方法"亦即著名的"一击鼠标就好"。它保护着亚马逊开发的在线定购系统,该系统使得消费者在购买时仅需点击一下鼠标即可。这使得亚马逊获得了阻止其竞争对手,如 barnesandnoble.com 使用"一击鼠标就好"方式的保证。这个程序使用了 cookies 技术,该技术使得亚马逊公司的专利提前了好长时间,十分有名。许多计算机程序员宣称,即使在亚马逊之前没有公司实际开发或使用过 cookies 技术,"一击鼠标就好"程序的开发也不具备创造性。自由软件基金会发动了一场针对亚马逊公司的抵制运动。2000年2月,亚马逊因其"基于因特网的客户介绍系统"又获取了一项专利(专利号为6,029,141)。运用这个系统其他的站点使用 Web 连接向亚马逊推荐客户后会得到最终销售额的一部分作为回报。这导致了超过10 000人签名抗议授予此系统专利权,因为此系统包含着成千上万的商人广泛使用的获取介绍佣金的技术。[12]杰夫·伯瑞斯(Jeff Bezos)——亚马逊的创建者和CEO——用一封公开信回复了众多的批评。[13]他没有放弃亚马逊拥有的招致争论的专利权,也没有撤销状告谷仓 & 贵族(即 barnesandnoble.com)侵犯其专利权的诉讼。但他承认"现行的控制商务经营方式和软件专利的规则可能会伤害到我们每一个人。"因此,他建议:修改现行的法律,使得这些专利的期限减短至3~5年;更短的时期会起到相反的作用;在一项专利被授予之前应先由公众评判。尽管所有这些都有人提过,但是从一个拥有两项有争议的专利的人的嘴里说出来的意义具有很大的新闻报道价值。这三点具有很重要的意义,而且无可辩驳地较之现行的体系更公平合理,同时,从伦理的角度来看更可取。

2001年3月,众议院议员哈伍德·L.伯曼和里克·布鲁切尔联合提出一个议案(《2001商务方式专利改进案》),"如果一项发明区别于先前的发明的地方仅仅在于它是一项并不新颖的计算机执行工具,就认为它不具备创造性,因此不能被授予专利。"这项议案同时要求美国专利和商标局对商务方式专利在授予并归档后公布18个月,这会形成一种方式:无需现在提起诉讼就可以挑战这些专利的合法性。

显然,美国的专利法只能覆盖美国本土,而其他国家的专利法又不同于美国的专利法。但所有的国家在专利问题上都面临着我们前边讨论过的情形。2001年3月,英国专利局建议只有那些特定类型的具有技术效果的软件可以授予专利,反对授予因特网上商务经营方式专利。并且,该局还向欧盟的其他成员国推荐这一最终的决定,并且特别提到了欧洲各国当前的法规在这一问题上的不确定性。许多国家在这一问题上都毫无作为。

尽管大家都同意专利法和版权法应该给予个人或公司足够的保护期限以使得他或它能够收回投资,而且还有一定的时间使得他或它能够从自己的努力中获取一些利润,还是有人指出,现在的计算机行业发展得很快,以至于这种保护相对于竞争的刺激所导致的发展来说其作用要小得多。那些公司,比如微软,必须不断改进其产品方能立于竞争之潮头。而且也只有立于竞争之潮头才能成功,仅靠专利所提供的垄断利润是不可能成功的。如果真的如此,就无需用对于软件的专利保护来刺激他人开发新颖的想法,而开发新颖的想法会促进了社会的发展和富裕。

计算机程序不适合传统的版权和专利模式,而法庭又被迫以类比的方式来让法律起作用。立法机关应当通过重视计算机和软件的独特特征并且给予其财产权意义上的合理的保护来帮助纠正当前的情形。我们已经看到了这些问题,而且知道了该问题各方面的理由。可我们却无法给出相应的建议,因为我们很难预见不同政策的结果。

由于无法预见不同政策的结果,因此也无法预见的革新时时刻刻都在出现。

另外,还有其他一些我们不曾提及的问题,比如:一个程序在什么情况下才能算作不同于另一个程序;如何精确地界定可以保护的界线。在1988年,苹果状告微软在其视窗系统程序中盗用了苹果的"桌面比喻"以及"看并感觉"中的部分原理,但是没有成功。两年以后,莲花公司状告宝兰公司盗用其程序的菜单以及其他部分,也没有成功。但是,无论是微软还是宝兰都没有盗用任何代码,而且一个程序的"结构、顺序和组织形状"是不包括在版权范围之内的。可是,十分明显,如果说微软和宝兰没有违反版权法也没有盗用任何东西的话,毫无疑问它们都从其他公司那里借用了一些东西。然而这是被允许的,也正是这样才能有进步。反对软件专利的一个原因就在于软件专利的范围太宽了以至于它阻止了在专利有效期内的这种借用。如果专利在编程技术和因特网正在发展的时期如此有效的话,编程技术和因特网哪一个都不可能像他们曾经发展的这样快速发展。

还有两个问题我们将在随后的章节里边讨论,它们是:与财产和因特网相关的特殊问题和国际法律协调的问题。

伦理问题是关于知识产权保护的合理程度的问题。而且,从伦理的角度来看,法律应该是什么样子并不清楚。该问题不仅仅是一个产权问题。仅靠获取既得利益的企业希望强有力的版权保护,但仅靠获取既得利益并不是一个长远的办法。⑭技术会迫使我们重新思考两个方面的问题:什么是社会的最佳利益?版权和专利所包括的产品的回报怎样才算是合理?版权和专利保护的目的符合它们的初衷吗?或者说版权和专利是不是阻碍了知识的创造性发展并且因此应该受到反思或改变?

知识财产的所有权问题越来越热门,而且由于技术使得信息的传递十分容易而且获取十分方便。在信息时代,信息是主要的,它对于公共利益的作用在于其无限共享的特点。因此,极具讽刺意味的是,在信息时代我们却试图通过更大力度的产权所要求的法律保护来限制、控制信息的融会和扩散。如何适当地平衡合法的商业利益和大众的公共利益是一个伦理问题,然而这个问题在国内还不曾受到足够的、公开的辩论,至于国际上就更不用说了。

我们可以得出什么结论呢?

1. 正如我们从工业时代的商业伦理中得到的那样,在某些情况下,由于市场的力量不会带来我们从伦理上渴望的结果或者无法在形成许多危害之前就足够迅速地带来我们期望的结果,立法就是必要的。在全球经济中,国际司法协调也是必需的,而且,合适的立法选择也需要伦理上的考虑。

2. 先期立法优于被动立法。在许多情形下,企业会开发一种商业模式或程序并从中盈利,而不会开发一种使所有人都受益或者尊重所有人的权利的商业模式。很明显,这时需要立法,因为在这些程序开发出来之后再来改变它较之与在这些程序成为商务经营的标准之前矫正它要困难得多。

3. 就信息和知识财产而言,迫切需要从伦理的角度重新考虑美国和国际上现行的版权法和专利法是否真的实现了其最初的服务于公共利益的目的,而且需要重新考虑是修正这些法律的不足之处还是在信息时代采取新的办法来保护知识产权。

企业伦理需要讲伦理的人民和讲伦理的公司。但这还不够,从伦理上说得过去的社会结构,尤其是从伦理上来说无可非议的立法——国内的以及边界两侧整合的,对于使该竞争性领域处于公平境地并保护这种公平来说是必需的,而且,这样才能保护各方的权利以及公共利益。

【注释】

1. 詹姆斯 V. 得隆(James V. DeLong),《商业发现产权》(Business Discovers Property Rights),《华尔街日报》,1999 年 4 月 26 日,第 A19 页。
2. 李斯特·C. 萨罗(Lester C. Thorow),《我们需要新的知识产权体系》(Needed: A New System of Intellectual Property Rights),《哈佛商业评论》(*Harvard Business Review*),1997 年 9~10 月,第 95~103 页。
3. 安东尼·克拉普斯(Anthony Clapes),《软件、版权和竞争》(*Software, Copyright, and Competition*)(纽约:法官出版社(Quorum Books),1989 年)。
4. 见安妮·W. 布兰斯柯伯(Anne W. Branscomb)《鲁特格斯计算机和技术法律

杂志》(*Rutgers Computer and Technology Law Journal*)第 16 期(1991 年),第 1~61 页。

5. 克楞格·史密斯(Craig Smith)《盗版:关注中国的贸易开放》(Piracy a Concern as the China Trade Opens Up),《纽约时报》2000 年 10 月 5 日;理查德·贝哈(Richard Behar)《北京向假冒伪劣品宣战》(Beijing's Phony War on Fahes),《财富》,2000 年 10 月 30 日,第 189~208 页。

6. 史旺·吐雷(Shawn Tully),《伟大的人物伟大的音乐》(Big Man Against Big Music),《财富》,2000 年 8 月 14 日,第 186~192 页。

7. 《新韦伯入门词典》(*Webster's New Colgate Dictionary*)。

8. Diamand v. Diehr, 450 US 175 (1981)。

9. 伊凡·莱特里夫(Evan Ratliff),《专利倒置》(Patent Upending),《有线杂志》(*Wired*)2000 年 6 月,第 208~224 页。

10. 日内瓦·萨普(Geneva Sapp),《电子商务为技术所有权而竞争》,(E-business Vie for Technology Ownership)《信息世界》(*Info-world*),2000 年 3 月 6 日,第 30 页。

11. 日内瓦·萨普(Geneva Sapp),《电子商务为技术所有权而竞争》,《信息世界》,2000 年 3 月 6 日,第 30 页;朱莉亚·安格温(Julia Angwin),《商业经营方式专利招致越来越多的不满》(Business-Method'Patents, Key to Priceline Draw Growing Protest),《华尔街日报》2000 年 10 月 3 日,第 B4 页。

12. 詹姆斯(James Gleick),《荒谬的专利》(Patently Absurd),《纽约时报杂志》(*New York Times Magazine*),2000 年 3 月 12 日,第 42~49 页。

13. 《杰弗·伯瑞斯就专利问题发表的公开信》(An Open Letter from Jeff Bezos on the Subject of Patents)可以在网上获取,请登入 http:/www.amazon.com/exec/obidos/subst/misc/patents.html/102-4553508-46088918。

14. 请参阅阿瑟·库夫里克(Arthur Kufik)《知识产权的伦理基础》(Moral Foundations of Intellectual of Property Right),摘自《拥有科技信息》(*Owning Screntific and Technical Technical Information*),新泽西,鲁特格斯大学出版社(Rutgers University Press)1989。

第五章 信息技术企业和网络企业中的伦理问题

第一节 DoubleClick 案例

DoubleClick 是纽约一家网络广告公司。它在 11 500 个客户网站上发布广告。如果有人访问了上述任何一家客户网站,DoubleClick 就会在这个人的硬盘驱动器上放置一个 cookies,它不仅能记录未来的访问量,而且把有关访问量的信息与从访问其他相关站点收集的信息联系起来。如果这个人在其他站点登记了他(她)的姓名和地址,这些信息就会被添加进来构成此人的浏览历史。客户利用这些信息向个人网络用户发送广告。

1999 年 11 月,DoubleClick 花 17 亿美元买下了一家数据库经销商 Abacus Direct,这家公司拥有从大量的零售店和邮购公司购买商品的 8 800 多万家庭的姓名和购物记录。DoubleClick 计划把这个数据库加入它的浏览数据库。它为这种行为做辩解说,这可以使在线广告商更有效地寻找潜在目标客户,因此,这对于它的客户及接受其服务的公司的客户都是有益的。拥护隐私权的人提出异议,他们认为 DoubleClick 在网上冲浪者未知或未经其许可的情况下跟踪其浏览历史,然后不仅通过其电脑的 IP 地址而且还通过姓名来识别他的身份,并将这些身份信息和有关用户网上冲浪习惯的大宗信息相联系。他们声称,把这些信息加入到 Abacus 提供的数据库中,侵犯了顾客的隐私权。2000 年 3 月,由于隐私权拥护者的大量控诉,DoubleClick 宣布推迟把它自己的数据库和 Abacus Direct 数据库关联。通过使用横幅广告和 cookies 来跟踪用户的浏览历史是非法的,把浏览信息和该用户曾在接受 DoubleClick 服务的网站上提供的姓名相匹配也是非法的,而且把网络信息和从其他来源(如 Abacus Direct)所获取的用户信息相关联也是非法的。

2001年8月,出台了一项修正的隐私策略,允许用户可以选择取消使用广告服务的cookies。在其策略中有这样一条说公司"可以改变它的策略"[①]。尽管DoubleClick称它的选择取消使用cookies策略足以保证用户享有符合他们意愿的隐私权,批评者还是指出大部分网络用户现在不知道,将来也不会知道这种取消的可能性,而且即使这种可能性成为现实也不能说明用户许可使用其私人信息。

所有这些提出可这样一个问题:像DoubleClick这样的公司,在用户未知的情况下,编辑个人网络浏览习惯信息,并把这一信息与出于其他来源和其他目的而搜集的信息联系起来,在当事人未知或未经许可的情况下,将这个新数据库用于营销目的是否合乎伦理呢?

每个企业都为了盈利而从事商品或服务的经营,并在此过程中雇佣劳动力。网络企业和信息技术领域中的企业在这方面和其他企业没有什么区别。这些企业也和其他企业一样面临同样的伦理问题和伦理困境。他们和其他所有企业和个人一样,受同样的伦理准则的制约,同样不能欺骗、偷窃、撒谎等。然而,在信息技术产业和网络企业中还存在一些特殊的伦理问题。而当网络企业引发特殊的伦理问题时,这些问题的解决方案就不像其他情况那样直观和明显。

电子交易是相对较新的概念,而网上经营也被吹嘘能为顾客带来巨大的实惠。电子交易包括通过网络在企业、顾客、职员和其他企业之间进行的各种交易,包括基于网络的买卖和客户服务。通常它被分为几种不同的类型,每种都有其自身的伦理问题。电子交易有两种形式,或者是企业对顾客(B2C)或者是企业对企业(B2B),后者是电子商务中发展得更快的部分。电子商务是电子交易中的营销和销售部分。

因特网是一个巨大的信息(包括待售商品的信息)源。可供居住在小城镇的顾客选择的商品不再局限于位于那里的几家专卖店,顾客也不再处于只能接受当地店主的随意要价的地位。随便说出一种商品,你都能在网络上找到大量不同的品牌、样式和折扣价格,通常还能得到免费的不同产品的质量评价和用户评论。如果你对有关某一主题的一本书感兴趣,你可以很快地在网上找到它,因而你再也不需要受当地书店有限藏书以及书商市场销路的制约了。

那些想在家购物的残疾人和老年人现在可以这么做了。那些平时无暇购物的人现在可以在白天或晚上的任何时间在网上购物了。在许多地方,你甚至可以在网上订购杂货,因而你就没必要离开家了。旅行信息特别容易找到,火车和飞机的日程和票价、航行、旅馆的预定情况(有时候还带有房产的展示、客房的照片、地图和其他信息)等。人们不再只是依靠旅行社来获取信息或服务了,类似的例子真是举不胜举。

一些在线交易只有在网上才能进行。亚马逊是最好的例子,而且它很快以可以用于查阅任何主题的书籍的网站而闻名。它在其他网站上做广告,在旅行网站上放置有关旅行书籍的自动播放广告,在历史网站上放置有关历史书籍的自动播放广告,并在其他网站放置相关书籍的自动播放广告。戴尔只在网上销售它的电脑,但它通过报纸、杂志和直接邮件的形式大量做广告。大部分企业,不管是何种规模,几乎都设有一个网站。一些企业既开展在线业务,也开展离线业务,如亚马逊的竞争对手巴恩斯和诺伯,它在全美有许多书店,同时也在网上开展销售,而其他企业只是为了交流信息的目的设有一个网站。任何规模的任何企业都有一个网站,非盈利性的组织、政府的办公署和许多个人也都有自己的网站。

电子商务的前景是不可估量的,但它也有自身的缺陷,因为在线购物有一些冒险、隐性成本和危害。有一些不合乎伦理的商人和黑客会窃取他人的信用卡,社会保障号码,存在无信誉的交易,搜集并出售私人信息的公司,强行闯入的色情网站和其他有非法的、不合乎伦理的和可疑行为的网站。

因此,伴随网络交易而产生的核心问题就是信用问题。

第二节 信 用

信用对任何商务交易来说都很重要,但在网络和电子商务中信用有了特殊的重要性。原因是多方面的。信用通常是通过人们之间的交往和相互交流而建立的。在面对面的交流中,人们得到对与之交往的人的一种了解。如果附近有一家新的店铺开张了,去那里逛一逛能迅速为你提供有关该店提供的服务、趣味和精确度等的大量信息,把人们已经了解的许多其他信息加入进来,立即构成了他们对该店的最初印象。他人的传言和经历,对其他顾客的服务态度的传说,在那个地方或市镇这家企业的存在时间,国家级企业的大体声誉,都会影响人们对企业的态度。人们也可以到当地的良好企业处、商业部或打电话给零售商可能会提供的证明人来查证。信用是建立在大量来源之上的,随着时间的延长而日益深厚。人们逐渐了解了可以信任什么公司,信任什么品牌,信任哪个旧车销售商或机修工,信任哪个医生或律师。员工同样了解在公司里谁值得他们信任,或者这家企业整体值不值得信任,供应商和为这家公司提供服务者也了解这一点,这家公司是否及时付款,还是总是拖延付款,它是否能履行诺言——所有这些都构成建立信任过程的一部分。

与电子商务相关的信用问题分为两类。第一类与一般的网站使用相关,第二类与顾客或顾客与特定的网络公司的关系有关。

一、信用和网络

对于任何种类的网上交易许多人有系统性的担忧,其中三种最具代表性包括担心信用卡被盗、信息信用问题和个人信息隐私问题。

第一个问题看起来是最简单也是引发问题最少的。许多人在电话上毫不犹豫地给出他们的信用卡号,他们把信用卡给办事员或服务员,而有时这些人会到另一个房间验卡并且划拨费用。许多人开始感到这样做相当安全,而且尽管存在盗用信用卡的现象,但这一般不是人们关心的主要问题。然而很多人不愿意在因特网上给出他们的信用卡号。他们的担心并不是没有根据的,因为网络自身的信用和安全还是不确定的。很少会在一个星期之内不出现电子邮件或其他程序遭到破坏的通知,或没发布任何警告,宣布发现了一个新漏洞或用于堵塞安全漏洞的补丁。报告是真实的,而并非是多疑的用户无端猜想的产物。任何个人由于这种程序漏洞受到危害的可能性非常小。但是这种报告的数量和持续性逐渐破坏了人们对因特网安全的总体信任。

除了这种一般缺陷之外,还有大量的有关黑客进入并从在线交易中窃取了成千上万信用卡的传说,这些都使顾客怀疑他们信用卡的在线安全。在打电话时,人们知道电话线是受法律保护的,这构成了最起码的安全担保。在网上,相关的规章还很少,即使有国家制定的法律保护,黑客也可以在世界上的任何地方进行非法操作。

所以因特网中防黑客攻击的安全问题还是制约人们对网上交易的信任度的关键。有许多方法可以减轻这样的担忧。有些公司允许顾客在网上订货,并且可以选择通过电话给出他们的信用卡号。有些公司让顾客在一次交易中传递他们信用卡号的第一部分,然后在另一笔交易中传递第二部分。许多公司用加密技术保护信用卡信息的传递,用一把锁或其他符号表示安全交易。顾客当然希望了解加密方式以及他们为什么应该信任这样的安全表示,这种表示本身就认定了对有些神秘的加密领域的信任以及安全符号的可靠性。

安全漏洞问题和黑客攻击网站并盗用信用卡号问题只是特定的与你有交易往来的公司信誉问题的一部分,因为不管多么认真,似乎也没有一家公司能完全避免这种问题。因此,网络安全问题不是个别公司的问题,尽管也存在个别公司问题,但是系统的问题在于因特网本身。

因特网还是一种新生事物。它的优点之一是它向所有人开放而且在很大程度上是没有规则的。但缺乏规则意味着没有安全保障。因特网的安全信誉和其他信誉一样,是随着时间的延续而建立起来的。因特网和电子商务出现的时间还不够长,还不足以促使人们产生像对电话和邮政服务等业务形成的那种信任水平。

在安全水平能得到整体提高之前,网上交易还是会有一些风险,对这种风险的担忧会制约电子商务的发展。

安全是一个问题,而信息的可靠性包括认证问题是另一个问题。

二、客户、信誉和电子商务

信息时代通讯爆炸导致了信息超负荷。取得的信息量太大,没有一个人能完全吸收。电脑使即时交流成为可能,因特网向所有人开放交流的通道,在这种环境下,每个人都可以说些什么,发布些什么。在网上发表言论之前无需同事评论也无需编辑评阅,而匿名性又使得发表者无需负任何责任。伴随着我们珍视言论自由的主张,越来越多的东西打着信息的幌子张贴在全球网上,以至很难知道该相信什么,哪些信息是可靠的,因此就产生了对认证中心的需要。在产业界的客户报告和类似的组织可以检验产品并提供独立的判断。类似的独立认证对下列信息而言是需要的,例如,哪个网站载有真实可靠的医疗信息,哪个网站不能做到这一点。如果人们想从信息中获益,这种类型的中心在所有信息领域都是必要的。

认证问题不仅指什么网站值得信赖,还包括什么样的认证机构值得信赖。网站的透明度并不特别大,普通用户对在屏幕背后的许多情况知之甚少,或者一无所知。尽管可得到的信息量大得惊人,但是有关个别网站可信度,包括认证者等的信息却特别少。有必要用搜索引擎来帮你查找。但是由一个特定的搜索引擎搜出的第一个网站,是不是由于向这个搜索引擎支付了一笔费用,才能名列榜首呢?或者排列顺序是依据规模或字母表顺序,还是依据日期或其他什么方法?通常搜索引擎并不指出网站排列依据的准则。一些搜索引擎会列举所有相关站点,搜索通常是依据各网站为识别自身提供的关键词而进行的。因此,信誉问题在几个层次产生。你应该信任哪些搜索引擎,这种信任意味着什么?用于在大量信息(如 www.mysimon.com 或 www.compdirect.com)中进行搜索的机器人或程序帮助你在网上查找待售产品的信息,并帮你比较价格。但他们并不能就他们列出的网站提供任何担保。那些给予客户反馈的网站(如 www.resellerratings.com 或 www.ratingwonders.com)也会是有益的。优秀企业局(www.bbbonline.com)的一个分支机构有一个"可靠性标志"程序和一个"隐私标志"程序,但他们也只能说明这个网站符合几个具体的要求,而并不能提供可靠性担保。其他一些不知名的认证者实际只能提供很少的保护。在出现的几家认证者中,有什么办法知道该信任谁呢?谁鉴定认证机构,如何鉴定,鉴定方法有多大的可信度?认证机构有什么偏见,他们的证明或认可标志有多大的客观性,它们是网站的隐私策略还是网站的另一个视点?因特网上可以得到的全部信息量是一把双刃剑。巨大的信息量以及几乎任何可以想像得出的服务都可以在网上得到。但是要了解可以相信哪些内容，以及从任何特定的观点来看哪些是最好的，都是很困难的。信誉是随着时间逐渐建立起来的，而且随着时间的流逝，一些网站会证明自己是值得信赖的。但人们在使用可能是不值得信赖的网站时承担的风险是个棘手的问题，因为这样会妨碍新公司的发展，并会制约电子商务的整体发展。

保持良好的信誉关键是要在信息与广告之间、在信息和强制灌输思想或人为操纵之间，在信息和个人利益之间划清界限。例如，如果你要到亚马逊去买一本书，你看到的书评就能解释这个观点。只有读书者能确信这个书评不只是该书的出版商花钱买来的，也不是作者的朋友编造的，亚马逊也没有因为推销这本书而得到什么报酬，惟一的方式这样的评论，这样的书评才能对他有影响。如果出现上面列举的情况，那么这个书评就会被认为是一则广告，和报纸上刊登的广告没什么区别。认证者的职能和广告商的职能必须区分开来。

然而，系统的担忧不是惟一的担忧来源。在处理个人网站问题时，信誉问题成为了核心问题。

当然，在网上，没有面对面的交流。人们不能形成对与其打交道的人的印象，评价他们的举止和外表。可以从10家、20家甚至更多不同的供货源去购买商品或服务的巨大优势不再是什么便利条件，有时候反而会成为一种不确定性和不安的来源。你对一件商品的标出的面值能在多大程度上予以接受？你能确信你购买的商品真能被送来吗？如果产品不令人满意，能退货吗，若是能，怎么退，要花多少钱？在网站上可能会对所有这些问题做详细解释。但你能相信这些网站的话吗？

多年来，人们已经了解了如何评判个人和企业。企业实体的出现，是融资能力的初始证明，而这种证明可能是由银行或其他机构审察个人历史和店主或开办企业的各方面的财产而做出的。任何人都可以很容易的建立网站。哪个企业才是值得信任的，我们该如何判断？给定了货源的多样性，我们如何才能找到他们，又如何判断哪一家更值得我们信任？这个过程很费时，因为传言、电子邮件和来自外界的评价有助于不同的网站建立他们的声誉。

人们通常能利用搜索引擎输入要查找产品的名称来查找谁卖什么产品。事实上,列举出的网站的数目可能非常大。正如我们已经看到的那样,人们必须依靠搜索引擎。哪个个人网站或网络企业是值得信任的,这种信誉又是如何建立的?多次成功的经历就能建立起信誉。但是信誉对于首次交往是必要的。

初始信誉问题为已经有砖瓦水泥建造的店铺的常设的公司提供了相对于只从事网上经营的企业的一种优势。一个常设店铺已经有了人们公认的名称,而且对一个已建立多年的公司给予一定的初始信任是比较合情合理的。这可以由下列的事实来证明,如果它根本不可信,那它早就不能维持运营了。在与一家成立多年的公司打交道时,它的在线服务通常与其离线服务是等价的。通常,如果某人网上购买了一件商品,但后来又对这件商品不满意,他就可以把商品退到附近的小店。如果这家公司只从事网上经营,购物者就不能这么做。因此,已成立多年的公司在其从事网上经营时有一种内在优势。

这就是航空网站和买卖飞机票的旅行网站能获得成功的部分原因。因为这个产品是一个已知的商品,人们可以很容易的比较价格,并且知道什么时候可以获得比常规价格优惠得多的折扣价或其他特别的超值交易。航空公司和旅馆一直在通过电脑订飞机票和客房。最近惟一的变化是通过网络将其预定业务向公众开放。

戴尔是一个已经有良好声誉并且只从事网上交易的公司的范例。它的电脑也经常得到电脑杂志的高度评价。通过杂志广告和直接邮件广告,戴尔已成为家喻户晓的名字。然而,即使是戴尔也必须克服一些障碍,包括潜在的顾客不能亲眼看见一台戴尔电脑,不能亲自判断屏幕的质量,不能在展示模型上触摸它的键盘,并且不能建立人们亲身体验新产品时所产生的那种对产品的信任。

如果一家网络企业销售一种服务或一个程序,它可以在网上进行所有交易。但是如果它要销售一种产品,那么即使是在网上订购这种产品,实际的货物还是要递送,而且可能会退返。网络企业的效率和信誉是和物品的递送相关的,他们对退货有什么政策,他们对送货要索取多少附加费,他们在处理因业务性质不同而不同的有关路线的抱怨问题上做得怎么样,这些问题和那些常规的由砖瓦水泥建造的店铺面临的问题一样。对这些问题的担心会困扰一些用户,并会使网络企业不像理论上所说的那样具有吸引力,也没有曾经承诺的对顾客的各种好处。

信誉是核心问题。那些既遵守伦理规范又能高效运转的企业比其他企业更容易获得成功。

第三节 隐私、跟踪、数据挖掘和一对一的营销

B2C营销中一个重要的问题就是客户隐私问题。担心失去隐私权已经成为制约B2C发展的障碍。若不能顺利消除这种担忧,B2C的发展就会继续受阻。然而B2C中有两种趋势还令人不安,引起了有关隐私的伦理问题,这个问题必须以某种方式解决,以保证顾客得到符合其意愿的隐私水平,而这种水平因人而异。一种趋势是数据挖掘;另一种是一对一营销。两种业务本身都没有什么非伦理问题而且两者都有法律用途。然而两者都曾以不符合伦理规范的方式使用。

数据挖掘是一种广泛使用在包括营销领域在内的许多领域的技术,它由使用各种数学和统计学算法和其他技术,如建模技术的计算机程序构成,用于分析数据库从而发现新关系和新信息。它可以用于指定的数据库,利用一些程序提高捕获大量以前未收集到因而也无用的信息的可能性。它可以用于揭示发展趋势并预测未来可能的发展趋势,扩展商家对其客户整体或个人的信息量,在某些情况下可以降低或发现漏洞,对因特网的用途以及如何使它更具吸引力和更具盈利性增进了解。

一个简单的与市场营销相关的数据挖掘的应用就是公司搜索它的当前客户数据库,找到用户的确切特征,然后搜索其他数据库,寻找具有那些特征的人,把他们视为潜在目标客户。

整体使用的数据挖掘信息通常不会造成什么问题。超市一直在做有关顾客最容易光顾哪些货架的研究,然后将他们最想推销的商品放到那些货架上。像沃马特这样的商店曾做过有关什么地区什么

商品最畅销的调查,并据此调整各地区、各分店销售商品的种类以适应当地消费者的消费需求。超级市场已经开始使用用于识别顾客身份的"购物卡"或"信誉卡",而且当在收款机旁出示该卡时,购买某些商品还可以享受折扣价。这种折扣价通常不比竞争对手索取的价格更低,而是比不使用信用卡的顾客所索取的高价相比更低。这些卡的目的是收集个人用户数据。一家公司运行了相关分析,发现购买大量低脂产品的顾客不购买薯片。当他们想这些顾客赠送购买低卡路里薯片的优惠券时,他们取得了 40% 的收益率,而不是像通常对所有顾客广泛发放优惠券时那样只获得 1% 或 2% 的收益。

网络上的信息收集与上述情况类似,只是更为细致全面。致力于数据挖掘的网站可以记录来访者在其网站上的任何举动。有关顾客何时点击"停止"按钮的信息可以让网站了解它提供的信息通道是否过于迟缓。它可以记录用户如何使用它的链接,用户对哪个网页、哪些广告做出什么样的反映等等。他可以获取来访者浏览器的信息,他是否使用调制解调器,连接速度有多快,操作系统是什么,它来自什么地理方位,用户需要多大的隐私权等等,并把所有这些信息和诸如具有这类特征的用户开支有多大联系起来。所有信息都可以用不同方式记录,以揭示消费模式和显著关系。所有这些信息对网络企业都极其有益。来自不同站点的信息可以加入到所谓的数据仓库中,所有数据都可以根据你的意图进行挖掘,揭示出可能的适用特定广告或经营方式的目标顾客群。然而,当数据挖掘个性化,与实时追踪相联系,并用于一对一营销时,潜在的问题就会产生。

两项技术特别容易引起隐私问题。一项是目标定位,有时也称为个性化或一对一营销。目标定位涉及通过某种形式的广告(或是横幅广告,或是在线跳跃广告,或是电子邮件,或是普通信件或电话交流)联络一个顾客群,书商可能会在提供旅游信息的网站上放置旅游书籍广告。这是一种目标定位,但从隐私权的角度不会引起别人的反感。然而,若根据从数据挖掘中获取的特征来选择目标顾客,由于要求用姓名来识别个人,问题就会产生。当顾客在他自己的网站上时,问题同样也会产生。

许多人愿意接受并且非常赏识个性化服务。如果当地的店主认识你，并在你走进小店时跟你打招呼并叫出了你的名字；如果他们使你注意到一种店员了解你喜欢而又刚刚到店的特别产品；如果他们能预计你的需求并采取一些措施来满足你这种需求，他们就可能得到良好的反应，生意就更可能成交。如果这种情况在砖瓦水泥式的传统经营方式下属实，那么在电子商务中怎会那么不真实呢？因此，一些网站密切追踪每个消费者的购物记录，他或她对什么感兴趣以及顾客的消费偏好是什么。如果通过数据挖掘，他们进一步判定具有某种特征的消费者易于拥有其他相关特征，这便可以尽可能提供最好的服务、预测需求、使消费者注意最符合其消费需求的商品等等。怎么会有人反对呢？

反对意见不是来自于一对一营销而是来自所用信息的来源——信息是如何获得的？它是否可靠，是否正确？当我们与当地提供个性化服务的店主做生意时，我们不担心他会把获取的我们的个人信息提供给陌生人，或者他会把拥有的我们的所有私人信息加以整理，并根据统计分析或其他分析方法推断信息。

我们已经看到了必须解决的隐私问题与信息许可、可能的信息滥用、在当事人未知或未经当事人许可的情况下使用个人信息并向他人销售或传播这些信息有关。在线采购并在一个网站上登记姓名、邮政编码和电子邮件是一回事，而当你在网上浏览时一家网站取得你的 IP 地址，然后把这个地址与你在另一家网站提供的信息关联起来，或通过跟踪你的浏览记录收集所有信息，并把所有这些信息加入到从大量非在线网络来源获取的数据库，如信誉历史、犯罪记录和公开记录的信息。所有推断的或关联的信息都会视消费者为潜在风险源，或将其视为无利可图的顾客，商家会对这些消费者打上记号，对他们不给予特别的关注，打消他们网上购物的积极性，甚至不鼓励他们使用网站或去该店消费，可能是通过对这种无利可图的消费者收取服务费用而达到这一目的。显然，这里的关键问题不是 IP 地址是私人信息，而是它可以被别人利用而积累大量的有关该用户的私人信息。

个人信息的价值是通过诸如 Free-PC.com 这样的公司来证实的。该公司免费向人们提供电脑，用于交换大量私人信息，如年龄、收入和兴趣爱好以及监视他们网络活动的权利,并且每当他们打开电脑时,必须忍受或多或少的在线横幅广告或其他广告的困扰。要求得到这种免费电脑的申请人的数目超过了公司预想的数目,这既说明公司搜集的信息的价值超过了为用户提供免费电脑的成本,也说明了有些人认为免费电脑比他们的私人信息或他们网络活动的信息更有价值。如果交易是光明正大地进行,事先所有的条件大家都知道,人们也同意公司收集并无限制的使用这种信息,就没什么理由来抱怨了。

当网络用户不知道有人跟踪他们的浏览纪录并予以识别,并且他们无意中成了一个私人数据库的研究对象,就会引起隐私问题。如果有人在网站上提供了一些私人信息,这并不意味着此人授予了该网站随意销售和使用这些信息的权利。有些网站设有供人查询的隐私策略,但只有在人们已经登陆了该网站,已经被识别了身份,并且通过这一简单的行为提供了所有信息时,才能查询该网站的隐私策略。而且这些明确阐述的隐私策略可信度有多大还很值得怀疑。Toysmart 公司在其破产时出售它的私人信息数据库,大部分是有关儿童的信息,尽管它在其政策中声明私人信息"绝不和第三方共享"[②],最终却惊人地引发了这个问题。亚马逊公司在其隐私公告中明确指出,如果发生了下述意外事件,即亚马逊公司或实质上的全部资产被收购,客户信息自然是一种可转让资产。

当前的形势一方面是技术要求的结果,另一方面是计算和信息技术超伦理神话的结果。实时跟踪、数据挖掘和其他逐渐发展起来的技术是快速计算机和廉价内存造成的结果。但仅仅因为技术可以被开发和利用却并不意味着他们可以以目前这种方式开发和利用。但是硬件和软件的生产者在制造产品时都没对他们的产品可能被付诸不当使用予以注意,也没有履行其伦理义务,预计并预防这种使用。信息可以收集和挖掘并不意味着人们就可以随意搜集和挖掘信息。1999 年 2 月,英特尔公司出产了奔腾Ⅲ芯片,并宣布它将给要求序列号的网站发送一个独一无二的内部序列号,以便验证网站用户的身份,此时它只考虑了网站的利益。它的公告引起了许多组织的愤怒,由于担心其隐私权受到侵犯,他们决定进行联合抵制。到那时候,英特尔公司才宣布它将在其产品中加入允许用户拒绝传输信息的软件,并鼓励计算机制造者在他们销售的机器上把这一功能的默认设置设为"取消"。

考虑两种对当前这种信息使用方式的替代方案,以解决可能出现的隐私问题。一种就是重新考虑"cookies"和类似技术。另一种是采用"选择不加入"而不是"选择加入"作为默认值。

Cookies 是一组网站放置在来访者硬盘驱动器上的一组信息,在用户以后再访问该网站时,这些信息就会反馈给网站。Cookies 技术是由卢·盟图利于 1994 年 9 月为 Netscape 公司开发的。正如约翰·施瓦兹所说的,"Cookies 技术从根本上改变了网上冲浪的性质,使这种活动从一种如同在大城市的街道上闲逛一样的相对匿名的活动变成了一种个人交易记录、行动甚至是意愿都可以储存、归类、发掘并出售的状况③"。Cookies 并不是帮助网站进行跟踪来访者浏览记录的惟一技术,但是,它们一旦被采用,就会无所不在。它们被所有浏览器采用,并迅速被网站利用。没有人公开反对,毫无疑问这是因为普通用户不了解它们的存在或用途。

根据 cookies 的三个基本用途,可以把它们分成三类。第一类是跟踪个人用户在特定网站上的交易,以便用户可以开始和终止交易并返回到它正在从事的工作中。Cookies 的这种用途是与仅在临时内存中放置而不写入用户硬盘驱动器的 cookies 相一致。交易结束后,这种 cookies 可以在完成它的任务后消失。对 cookies 的这种用途提出异议是没有理由的,因为这种 cookies 可以帮助顾客得到更好的在线服务,并且为交易提供方便。Cookies 的第二种用途或第二种 cookies 是由网站放置在用户的硬盘驱动器上,以便用户再次访问该网站时,该网站可以识别这个用户。第三类 cookies 就是所谓的"第三方 cookies",它们不是由用户使用的网站放置在用户的硬盘驱动器上的,而是诸如 DoubleClick 这样的第三方组织放置的。DoubleClick 通过使用它的横幅广告,记录用户的浏览历史。而通过这些横幅广告,DoubleClick 公司可以出现在 11 500 家广告商放置广告的所有网站上。尽管第二种 cookies 也会引起一些问题,但特别是第三种 cookies 更容易引发隐私问题。

新版的 Netscape 允许用户切断第三方 cookies,也可以选择拒绝所有的 cookies。但是用户必须知道可以这样做。默认值依然是接受所有的 cookies。在万维网协定的支持下,微软浏览器 6.0 在其内部开发并建立了一种隐私偏好平台。它允许用户选择不同的隐私商品,并预设为阻止使用第三方 cookies。也可设置阻止使用任何来自没有与用户选择的策略相匹配的隐私偏好策略的网站的 cookies。但是,在这种情况下,用户也必须知道可选方案是什么,而且了解各个方案之间的差异,为了得到明确许可,初始选择应该是拒绝所有 cookies。只有某人根据不同方案涉及内容的明确解释做出了选择,他才能声明他获得了明确许可。

对于 cookies 早期引入网络中使用,并成为广泛接受的惯例有三种异议。首先是 cookies 被放置在用户的硬盘驱动器上。任何人进入他人的计算机并用任何方式篡改其中的内容,包括在其中添加一组信息,都是侵犯他人资产的行为。然而,硬件和软件生产者丝毫没有考虑这个问题就把它加入到所有的计算机中。购买计算机的顾客在购买之前不知道,在购买之后也不了解他们在使用 cookies,而且放置 cookies 在个人电脑上的网站也无须告知用户他们采取了这种做法。这种做法只是简单引入而且被普遍接受本身就是计算技术和信息技术超伦理神话盛行的证据。Cookies 技术不是令顾客通过浏览特定的网站选购所需物品,进行网上购物的惟一技术。如果在用户未知或未经用户许可就把 cookies 放置在用户的硬盘驱动器上,正如我们分析的那样,确实是一种侵权行为,那么就应该去开发并实施一种不会侵权的技术。

第二,尽管如果用户知道可以控制 cookies,用户就可以寻求对 cookies 的控制权,并可以在各种方案之间进行选择(Netscape 提供了五种选择方案:接受所有的 cookies;只接受把信息传送回原服务器的 cookies;禁用 cookies;在接受 cookies 之前警告我;拒绝所有的 cookies),但默认设置还是"接受所有的 cookies"。人们必须了解存在这些解决方案,了解如何选择不同的方案(在 Netscape 中这些内容在偏好的高级设置部分,说明那些写程序的人不希望普通用户使用这个功能),并且了解选择不同方案的结果是什么。从隐私和明确许可的角度看,一种更可取的方法是将默认值设为"在接受cookies之前警告我"。因为 Netscape 本身会在用户的硬盘驱动器上放置 cookies,所以用户在首次试图登录网络的时候,立即就会得到一个 cookies 信息。然后,用户就可以了解什么是 cookies,如何使用,可供他们选择的方案是什么,以及如何改变原有的选择,并且允许他们选择满意的方案。这些就构成了非常接近明确许可的类似物,至少对于登录网络的初始阶段是这样。同样的分析适用于微软浏览器或其他浏览器。从伦理的观点看,如果有人真想保护个人隐私权并且寻求明确许可,恰当的默认值应为"选择不接受"。

　　第三种异议来自第三方 cookies 的使用以及把从个人访问的不同网站收集的信息联系起来。这种行为是 cookies 技术开发方式的结果,没有必要把它继续保存下来。第一步是在每个网站上把默认值设为:拒绝提供有关访问历史的信息和个人信息或把这些信息与从在线或离线的其他来源收集的信息相关联。那些想允许网站去搜集、收集、交换或出卖,整理、发掘或使用所收集信息的用户必须对每次使用给予具体的许可。除非得到明确的许可,任何跟踪个人浏览历史或企图进行个人身份识别都是非法的和可提起诉讼的。采用这些做法对企业造成的损失不会超过目前在砖瓦水泥建筑式的企业中采用的类似做法。没有办法说同样的理由不适用于网络企业。能够轻易的跟踪和拥有获取信息的潜力并不能作为网站和公司这样做的正当理由。我们都明了隐私的一般准则应该在网络企业以及其他各种企业中生效。不应保有个人的秘密记录,任何人事档案系统的主体都既要了解这种档案的存在,又要获准审查并更正其中的信息。只有在得到当事人明确许可的条件下,才能将这些信息用于当事人同意的用途。而管理这些档案的人应该对他们的使用和误用负责。

　　然而,一项尚存疑义的更好的选择方案就是根除 cookies 技术并且开发一项新技术,它可以做到所有用户想要做的事,并以一种对相关各方都比较透明的方式做到。并不因为 cookies 技术已被广泛采用但并不意味着它不能也不应该被其他技术取代。

第四节 网络企业、隐私和风险

我们已经从伦理的角度分析了隐私问题和网络企业。如果这种分析是正确的，正如我前文提到的，引发许多人关注的不是隐私问题本身，而是因为隐私这个词涵盖了他们对由于个人信息被误用和滥用而可能造成的各种伤害的担心。因此从风险评估的角度来考察一下这个问题将使我们受到一些启发。

风险评估通常包括伤害、危险或损害以及它们发生的概率等概念。概率通常以百分比表示，这个百分比是精确测定或根据经验判定的。风险评价包括三个问题：

1. 可以实现多大程度的安全？
2. 给定了成本和协定，我们想要多大程度的安全？
3. 我们如何实现在(2)中想要达到的安全度？

第一个和第三个问题至少在局部上是技术问题。第二个问题是个价值观问题，因而是不受技术解决方案影响的。

为了以一种理性的方式回答第二个问题，应该满足四个条件。个人必须：

- 了解或察觉到风险；
- 知道风险源以及危险有多大；
- 知道如何尽可能预防风险；
- 了解其他可选方案。

如果我们将这些应用到网络企业和隐私问题，不同的人就会选择接受不同程度的风险。有些人可能不顾虑个人身份被盗用，不介意记入其中的信息是否准确，不担心他们的信用评级遭到破坏，不担心他们被拒付保险或不接受他们的求职申请，也不在意因为基于网络交易和活动记载和推断的私人信息造成的不良后果。如果这种态度是理性的，那么他们必须还要知道面临何种风险并知道可能会遭受什么样的伤害。这个条件只是偶尔能满足。尽管媒体中有大量个人身份被盗用的报道，但并不是每个人都关注这样的报道，许多人浏览网络的时候都忘形地忽视了可能的危害。此外还存在着遭遇从用户个人或网络企业的计算机上窃取私人信息的黑客的风险。

第二个条件很难得到准确信息。大众所能得到的信息大部分是奇闻轶事。许多负面的事例都鲜为人知。如果一家公司的数据库被未经授权的个人使用并且使个人信用卡号码被盗,大多数公司并不会公开这一事实。很久以来,信用卡公司、银行或执法机构并未对身份被盗用这一问题予以严肃对待。但是,即使数字是准确的,那些由于网络使用而遭到不良影响的用户的数目与用户的总数相比也是很少的。其他类型的犯罪,如谋杀和盗窃也是这样。因此,个人愿意承担多大程度的风险可以被视为个性问题或个人判断问题。

不过,在许多情况下,重要的不仅仅是个人愿意承担多大的风险,而是可以得到多少安全。就建筑而言,我们知道存在着一些特定的风险,如房屋可能会倒塌或我们可能会由于线路故障而触电身亡等。许多社团和组织通过采用建筑法规来使得这种风险最小化,那些社团和组织只是说个人要自己决定他们想要自己的房间的安全程度,以及在安全由自己负责的条件下,决定是否进入摩天大楼。汽车、飞机和其他有潜在危险的产品也是这样。使用他们中的任何一样产品可能都会牵涉一些风险。驾驶一辆便宜的小汽车可能不如驾驶一辆有许多内置安全功能的昂贵汽车安全。但是许多社团采纳了一些法规,界定了所有小汽车都必须达到的最低安全系数。就网络安全而言,缺少的不只是某些法规,而是有关可以得到多大程度安全的准确信息。公司的客户记录应该有多安全,可以达到什么安全程度,又应该要求它提供多大程度的安全?尽管总可能会存在可能性的信息泄露的风险,但是应该有这样的合理预期,即客户通过从事电子商务所承担的风险已经由相关的网络企业最小化了。我们对cookies的讨论引发了问题的另一方面。如果我们认为cookies是恰当和不可避免的,那么使用网络必然会涉及一定量的风险。但是如果我们考虑cookies的替代方案,就会发现还有其他方式可以使用网络但不造成cookies所带来的伤害。

第三个条件寻求风险最小化的方式。再以cookies为核心问题讨论,存在许多可以用于控制cookies或在设定终止使用后将其删除的软件,可以购买,也可以下载,匿名浏览网络也是可以做到的。这些都是在现有的结构下,将风险降至最低的方式。他们通常是麻烦的并且要求许多人无法做到的特定的计算便利。但是另一种将 cookies 带来的风险降至最低的方式就是采用一种不使用 cookies 的技术,付出的代价可能就是商业信息将会减少,但是从社会和伦理的观点看,接受这种方案还是很值得的。

最后一个条件就是了解不同备选方案。不使用网络将会消除风险。但是这对于生活在信息时代的许多人而言不是一种可行的选择。现存的备选方案太有限,一种有益的方法可能就是询问还有什么目前尚未存在而技术上又可行的更可取的解决方案。当前的问题就是网络用户可以采用的解决方案设计出来是用来为企业的利益而服务的,却以大量用户的隐私被侵犯并遭受现实的或设想的损失为代价。

使用软件的一个类似方法就是权衡遭受时间损失和状况恶化带来的风险与使用各种可利用的计算机程序带来的利益。在使用网络和使用软件两种情况下,都可以运用风险分析来提供对大量用户事实上都使用上述两种产品这一事实的解释。

然而,尽管风险分析能够解释为什么这种选择是理性的,因而是可以理解的,它并没有解决是否存在更好的解决方案,以及网络企业和计算机行业的从业人员是否对提供更好的能降低风险的方案负有伦理责任。可以证明他们确实应肩负这种责任。

技术需要促使企业渴望并力求得到尽可能多的私人信息,并将其用于营销以及其他目的。之所以搜集这些信息,是因为能够搜集。造成的一种结果就是出现一些个性化的服务。但随着数据库容量的扩大,信息滥用的风险也越来越大。订货时填写个人的姓名和地址真有这么麻烦,以至于要利用网站或像微软通行证这样的第三方来把这些信息归类吗?人们已经被诱导去相信情况正是这样,但是那些论述很少提及这种实务的发展所牵涉的风险,这是计算和信息技术超伦理神话的又一实例。对这些实务的被开发、引进,只提供了有偏见的辩解,却在没有充足信息或讨论的情况下就使其融入到商业惯例中,似乎这种做法对决策和实务没有任何伦理影响。

第五节　企业对企业

企业对企业（B2B）这种运营方式在网络上获得了巨大的初创成功，因为它预示着效率的极大提高。通过使用网络，公司可以查询许多厂家的供货情况，并查询他们的报价。厂家公开报价并且了解客户会立即将他们的报价与竞争对手的报价对比这一事实有力的促使厂家对其产品报出非常具有竞争力的价格。

这种信息转移的便利和迅速会降低管理费用，因为不再需要层层的买主来寻求信息，逐个联络每家公司，并通过电话或亲自去协商价格。显然在产品大规模生产，并且生产数量有些标准化，而且规格易于比较的情况下，这种系统会运行得最好。并非所有产品都是这种类型，但许多的是这样的——办公用品就是最好的例子，电子设备和元件又是另一个有代表性的例子。中央交换所可以消除对中介的需求，使得用户可以和供应商直接联系。

B2B可以组建成面向横向市场提供服务的机构，所谓横向市场就是横跨许多产业的市场（如提供金融服务），也可以面向纵向市场，也就是专门为一个特定的行业提供其所需的各项服务（例如，汽车制造业）。两种新兴的组织形式就是那些使用拍卖方式的网站和那些只提供有关性能和价格的可比信息的网站。

不过，正如B2C这种形式，两种类型的B2B都依赖相关网站的诚实和信誉。任何形式的拍卖都存在操纵交易的风险。拥有信息的买方或卖方可能拥有了一种不公正的优势，网站自身也可能会因偏袒任何一方而得到报偿。没有了信誉保障和绝对公正，这种系统也无法运行。

如果网站是买方组建的，它就允许卖方展示他们的商品并进行竞争。如果网站是卖方组建的，他们就会联合起来，向大量小主顾兜售商品。如果买者多于卖者，卖方就处于竞争优势，反之，如果卖者多于买者，买方就处于竞争优势。所谓中立交易既不是由买方经营，也不是由卖方经营，而是由促成交易的第三方经营的，正如纽约证券交易所通过一个报价过程促进股票交易一样。

除了担心信誉和勾结问题,还存在其他风险。一些信息是私人信息并且特别敏感。谁从谁那里买了多少、什么产品,都是公司不愿其竞争对手了解的信息。保守机密是 B2B 中的重要信息。例如,要求一家公司完全通过网站来进行物资采购,从而排斥买者和卖者,可能会限制竞争。如果卖方利用其信息的集中,制止竞争者进入市场,我们就会再次遇到贸易壁垒。而且只按照订货单购物,会使公司面临不了解生意伙伴是谁的风险,在物资采购过程中,价格不是惟一的因素。了解供应商,与一家供应商建立联系,并了解他们是诚实的,一接到订单就会发货,并及时付款,都是采购过程中的重要因素。欺诈是要考虑的因素之一,而声誉和了解生意伙伴是另一因素。因此,一些网站专门负责及时付款和交货,维护数据安全,仔细核对买卖双方的身份和信誉。Ecredible,就是这样一种公司,它所提供的服务可以整合到 B2B 业务中。它核对交易中那些人的信誉,验证双方的身份,甚至可以为一小部分交易担保货款的支付。

在电子商务中还有其他方面可能会引起伦理问题,其中有两个问题值得在这里展开讨论。第一个问题就是其主要客户是商贩的那些商品在电子商务中的一个方面。

第一个问题是在砖瓦水泥式的传统企业中有类似物,但随着 B2B 业务的出现,开始引起人们的注意。大多数品牌产品都是由中间人、批发商店和不隶属于厂家的商贩来代销的,或是由厂家特许经营的。在任何情况下,都是生产产品的厂商把产品买给商贩,再由厂商卖给最终用户。杂货店和百货店是最好的例子。这样的商店一般不生产他们所销售的商品。他们或者会销售一些由不同厂家生产的不同品牌的商品或系列商品,或只销售一种品牌的商品。在这两种情况下,厂家的客户都是商贩。那么,如果一个制造企业进行网上销售又会怎样呢?厂家直接向最终消费者销售其产品,对商贩来说是否公平呢?这样厂家就将自己置于和它的初级客户——那些商贩,进行直接竞争的境地。而且,由于除去了商贩这个中间环节,它就能以远低于商贩为盈利而索要的价格销售自己的商品。最终消费者可以从中受益。但是,如果他们真要那么做,通常会以商贩的利益为代价,而消费者在网上购物的同时,可能到那些商贩的店里去了解和察看产品。

在砖瓦水泥式的商业模式中,当一个制造企业开一家商店,销售与百货商店销售相同的产品,而且由于库存周转快,他们打很低折扣时,上文列举的问题就会产生。为了不与其零售商直接竞争,许多公司只在相当偏远的地区开店,并且/或者只销售二手或略有残亏的商品,或前一年的样式。从而避免了与其初级客户,即零售商贩的直接竞争。

从表面上看,厂商直接与其初级客户竞争是不公平的,这也不是什么好事。然而,每个规模较大的厂商都想有一个网站。因为未来的市场可能是网络销售的日益增长,而这种购物方式可能最终会比经由第三方的销售更重要,所以在那个市场上及早站稳脚跟看起来是个不错的打算。如果有人对最终消费者收取低于普通商贩的价格,这对消费者而言是有利的。商贩为了让消费者在其小店购物而不进行网上购物,就必须提供优质的服务,使得消费者觉得在其小店购物是值得的。有些人争辩说,那些选择在网上从厂家购物的消费者与那些以砖瓦水泥式的传统方式购物的消费者不是同一消费者。尽管这在一定程度上是正确的,却不能代表全部情况,公平的问题依然存在。在这种情况下,公平是什么?

答案必须是对相关各方,包括最终消费者、厂家和商贩都公平的解决方案。如果厂家想取缔所有的商贩,像戴尔那样,完全在网上经营,那它就有了正当理由。但他们不能一方面靠其零售商做他们的初级客户,同时又通过对同类产品对他人收取比商贩低得多的价格来与商贩竞争。可采用的一种方法就是保有本企业的网站,但要列出零售商贩的店址,而不直接销售。如果制造企业要向最终消费者直接销售产品,那么就要确保不与商贩抢生意,不造成与其商贩的直接竞争。例如,如果他们的报价与商贩报价相当,那么他们就可以理直气壮的声明他们是为除商贩之外的另一个客户服务。

如果商贩也有一个网站并从事网上销售,情况就复杂了。在这种情况下,伦理问题就不再是与自己的商贩抢生意,并使制造企业的网站提供促进而不是妨碍商贩销售的信息。当一种产品同时由制造企业和其他商贩销售时,那些商贩必须完全了解他们销售产品的条件,在未做出警告和考虑对商贩影响的情况下,不能单方面改动这些条件。

然而,以传统方式经营的商贩还要与网络销售和拍卖竞争。eBay可能是从事网上拍卖知名度最大的企业。但现在有1500多种不同的拍卖方式。不仅个人要通过网络拍卖他们自己的商品,企业现在也要在网上拍卖其剩余存货,甚至有时还会拍卖现货,这为消费者提供了方便地比较价格和获取从前无法得到的信息的机会。因此,福特汽车的经销商要与其他经销商竞争,还要与从事网上销售非福特品牌的企业竞争,但他不需要与福特汽车公司本身竞争。

与网上拍卖相关的伦理问题是买卖双方的信誉问题和防止欺诈问题。这些都相当简单,并说明了我们上文讨论的信用问题。然而,新问题是网上报价归谁所有。有一些网站调查来自许多不同站点的某种特定商品的报价,然后将比较结果告知对这些问题感兴趣的人,证明谁出了最低价。在拍卖方面,也开发了类似的服务,问题是那些收集来自不同网站的同类商品报价信息的网站是否有权这么做。报价是客户开出的。然而,这些报价却出现在组织拍卖的公司的网站上。这些报价应归谁所有?这是一个法律问题,要由法院根据著作权法裁定。

从伦理的观点看,一个更重要的问题是搜集这些信息的网站的行为对谁造成了伤害。最终消费者不费什么力气,就可以通过访问各种不同的网站来了解他(她)想要知道的一切,因而节省了时间还了解了报价。那些想销售商品的企业知名度可能会提高,因为有人将有关他们商品的信息给了那些可能不会亲自去他们放置其商品的网站核对信息的人。但是,如果顾客能以更低的价格获得同种商品,他们就会丧失一笔交易。然而,在这种情况下,他们的交易是在买者缺乏对竞争信息了解的基础上进行的。当在其他网站上可买到更廉价的商品时,组织拍卖的网站就会损失一笔交易。但是这些信息确实是真的。因此,搜集信息的网站为买方提供便利,并使市场更有效的运行。造成的伤害取决于买方的无知和懒惰。不存在欺诈、虚报,也没有不合理的伤害。如果情况确实如此,那么就可以得出结论,拍卖是正当的,正如在非拍卖情况下网站执行竞争性价格一样。

拍卖网站提出的异议是这些信息歪曲了实际情况。与传播价格信息的第三方网站不同，拍卖从本质上讲是动态的。任何网站对任何商品的价格都是动态的，不是固定不变的，而且可能处于一种不断变化的状态。因此，任何企图获取并比较相关信息的第三方总会歪曲了任何特定时刻的真实情况。惟一一种不歪曲事实的做法就是实时同步比较所有网站信息，而这事实上就是完全抄袭那些网站，因此是一种侵犯所有权的行为。如果第三方实际上在信息比较中容许了时间滞后，那么他们就未能提供买者需要的信息，除非他们了解这个网站的做法。那么对歪曲事实的控诉就是正确的，而网站的行为就是不正当的。但是如果真实情况被准确地提供给潜在消费者，相对于没有网站的情况，那些消费者还是会获益，因为没有一个消费者可以同时浏览所有相关网站，所以当他（她）浏览某一特定网站时，一定会延迟对其他网站实际状况的了解。声称信息对比涉嫌抄袭是言重了，因为第三方只搜集公众应得的信息，而不是网站本身，正如说明中提到的，结论依然是拍卖在伦理上是合情合理的。

除了这些问题之外，B2B 发展中还引起了反托拉斯问题。B2B 业务在许多产业中蓬勃发展起来。他们为广大公司提供了一个可以进行商品买卖的中央交易所，实际上，他们创建了一个全国性的在线市场，取代了公司寻找其所需大量不同供货源的需求。B2B 企业充当了买方和卖方的中介。当竞争对手联合起来拥有其产业中的一个 B2B 时，问题就会产生。勾结、限价等种种风险就会变得更容易，可能性也更大。反托拉斯法禁止公司之间的勾结和限价，因为他们通过不公平竞争危害市场，对消费者也不公平。

B2B 的拥护者强调这种运营方式通过提供大量准确的价格信息提高了市场效率。B2Bs 的经营方式各不相同。有些像拍卖行，把商品卖给出价最高的人。有些由产业中的买方经营，有些由产品的卖方经营，有些由第三方经营。勾结是一个问题。排斥，也就是在竞争过程中淘汰一些竞争对手则是另一个问题。

Covisint 是第一家引起联邦贸易委员会注意的 B2B 企业。他将自己描述为"面向全球的，独立网络企业交易所，为汽车制造业提供一流的合作产品开发、物资采购和供应链服务，赋予它的客户降低成本和提高企业经营效率的能力。"④潜在的问题是他是由戴姆勒克莱斯勒、福特、通用汽车、尼森、雷诺汽车公司组建的,而这些公司往往是竞争对手。他们都将审视当前的价格,而这会在鼓励竞争的同时削弱竞争,进而会导致限价和其他不合乎伦理、不合法的行为。如果他们都使用相同信息,那么各公司不经过会谈或商议就能调整他们自己的价格。因为,这些公司控制着全球汽车产量的一半,联邦贸易委员会的担心是可以理解的。该委员会最终结束了它的调查,该调查表明这个公司还处于发展阶段,但它"保留了当公共利益对此有所要求时,采取进一步行动的权利"。⑤

第六节 垄 断

B2B拍卖不是美国反拖拉法的惟一潜在违规者。

当一种产品的一家供应商完全控制了整个市场时,就会出现垄断。垄断本身不是不合乎伦理的,也不是非法的。有一些合法的垄断是政府授予一家公司垄断的权利,并对它可以索要的费率和它可以赚取的利润进行管制。采用这种做法的理由是一些产业具有规模经济的特点,对这些产业而言,只要供应商不利用他的地位随意的尽可能提价,以至损害了公共利益,产业中只有一家较大的供应商对消费者是有益的。

在美国,在反经济干预的浪潮席卷而来之前,许多产业实际都是管制垄断。电话公司是一例,网络企业基本上也是受管制的产业,其中每个供应商在一个特定地区都拥有垄断权。从伦理的观点看,当垄断者的行为致使市场失去公正时,垄断就是不合乎伦理的。消费者被迫从一家供货商那里购买商品,而这家供货商对其商品索要的价格远高于存在竞争时的价格。如果消费者不买这家供应商的产品,他就买不到这个商品。电力是现代生活的必需品,如果一家电气公司是某一地区的惟一供电者,他可能会企图尽可能的索高价以谋求利润最大化。因此,需要一些规定来维护电力价格的公平。

有些人认为政府对垄断和现有的反托拉斯法的管制只适用于产业界,但不适用于计算机和计算机软件。他们给出的原因是在这些领域限制垄断的概念不适用,因为创新率太快而进入成本太低(特别是在软件领域),以至于妨碍竞争是不可能的。在这个领域里存在大量的有关从地下室和车库创业的公司以及在家中编写程序的软件发明者的事例。然而,垄断问题还是得到了一些关注,并在微软案件中引起了人们的重视。微软公司因触犯反托拉斯法于1998年10月被政府起诉。到2001年,高等法院裁定微软的确违犯了反托拉斯法,但没有判决如何处罚、如何补救。

从伦理角度来看让人感兴趣的是,微软遭到控诉这件事说明计算机产业中的伦理问题。这个案件最初只是控诉微软把它的浏览器,Internet Explorer 和 Windows 操作系统捆绑在一起。Netscape 作为网络浏览器的创始人和主导力量(占有80%的市场份额),控告微软的做法是不公正的。它提起控诉的主要原因有三个。首先,几乎所有的个人电脑(约占85%)都使用 Windows 操作系统,因此那些用户也自然而然地可以免费使用微软公司的浏览器。为了与之竞争,Netscape 也必须免费赠送它的浏览器。乍看起来这似乎是个奇怪的抱怨,因为消费者似乎成了微软行为的受益人。他们得到了一种免费产品,进而这又促使 Netscape 也免费提供它的产品。然而,问题还不止于此。因为如果微软要对其他应用程序采取类似的战略,它就会几乎完全控制整个微型计算机的软件产业。乍看上去,这似乎对消费者有利,但如果微软确实完全控制了这个产业,就会逐渐削弱竞争,并最终规定它自己的术语。

第二,如果把 Explorer 和操作系统捆绑在一起,那么用户将不能高效地使用没有整合到系统中而需要添加上去的其他浏览器,如 Netscape。有人可能还会争辩,这样的整合使得网络的使用,下载信息到用户的其他程序中,以及类似操作对用户来说特别容易,因而这对用户来说是有益的。但是反击还是因为微软操纵了整个 Windows 操作系统,它相对于其他想为微型计算机编写程序的企业和个人占据了一个优势。因为微软了解在其新版的 Windows 操作系统中正在做哪些改动,所以在新的操作系统尚未上市或开发应用程序的其他编程人员还不了解之前,它就可以把自己开发的应用程序,如 Explorer 整合进去。即使消费者在短期内能受益,这种行为依然会招致抑制竞争的危险。

第三，并非用户最初选择了微软浏览器，而不选择 Netscape，即便微软将其浏览器和 Windows 操作系统捆绑在一起。为了实现对该领域的控制，微软利用它对操作系统的支配力，开发了一种新的、更激进的营销战略。它在其操作系统的桌面上为 Explorer 浏览器设置了一个图标，并要求获准在其电脑上使用 Windows 的公司必须在其出售的电脑上加入这个图标，而且不能添加 Netscape 或其他任何浏览器。如果用户愿意，在电脑售出后，他们可以自己添加其他浏览器。微软对微型计算机生产者做出的这种"可以添加什么，禁止添加什么程序"的限制妨碍了竞争。随着案情的进展，对微软的控诉就不仅仅是它的浏览器问题，还包括微软的其他一些程序、它的许可策略和限制条件。

这导致人们开始要求把微软公司分解为两个公司，一个开发和销售操作系统，另一个开发和出售应用程序，包括 Explorer 网络浏览器。有人认为这样甚至可以公开竞争。在操作系统领域，目前已经存在着来自拥有自己操作系统的苹果计算机公司和可免费使用的操作系统 Linux 的竞争。Linux 的声望在不断增长，但还是很难使用，并且不能运行一些在 Windows 操作系统下可以运行的非常大众化的应用程序，如微软 Office。微软申辩说，这种竞争对手的存在说明其行为不是什么垄断。

法庭最终驳回了分解微软公司的请求。但本案的结果之一就是缓和了微软的一些营销策略，因为它能给予微机制造商更大的自主权，允许他们在其出售的计算机上添加任何他们想要添加的程序。

反托拉斯法的目的是保护竞争，其依据是竞争对消费者有益。重要的是消费者的利益。微软对其操作系统的报价是否比在竞争更激烈的情况下高还不清楚，而计算机和软件的价格这些年来一直在下降而不是上升。这个产业发展的如此迅速，以至于任何公司长时间取得并保持优势地位似乎都是不可能的。然而，还是存在着对任何一家企业操纵整个软件市场的合理担忧。

微软推出提供在线身份识别服务的通行证，只是加剧了许多用户的担忧。该服务允许用户在各种网络活动中输入他（她）的姓名和密码,这些活动包括付账和购物。批评者认为这种做法使其赋予了微软更大的控制网络身份的权利,因为无论用户登录什么网络都会被自动识别。这不仅使微软成了网上所有商业交易的中介,并且它还整合到微软的所有服务中。而且,微软网站要求用户注册时提供除姓名和 E-mail 地址之外的大量信息。微软可以汇总它从自己的每个网站上收集的以及作中介时收集的每个用户的信息。为了平息这些抱怨,微软公司修订了它的协议条款,同意保护用户的隐私。但它依然收集信息,而且在许多情况下,只有指头用户登录了微软通行证,才可以得到特定产品,如微软 Reader,这个程序是阅读一些数字版书籍所必需的。如此大的权利、控制和信息聚集在任何一家公司都不能不令人担忧。如何在消费者利益和消费者损失之间划清界限在技术和软件方面还是一个尚需解决的问题。因此,继续保持警惕还是有道理的。

第七节 电子商务,首次公开发行和新经济

20 世纪 90 年代后期,电子商务似乎成了未来的潮流,未来似乎还会如此。但是电子商务转化成了对涌现的几乎各种网络企业的盲目热情和投资。投资银行争相寻找热门的新公司,并将其风险资本投入其中。当一家公司公开上市以后,投资者购买其股票的热情也很高。网络公司股票的首次公开发行(IPOs),有时会成为狂热事件。人们争相得到部分 IPO,在第一个交易日,股票价值通常会飞涨。枫树网络公司的股票价格在第一个交易日从每股 38 美元涨至每股 270 美元。那些以初始报价为进价买入然后又卖出的人,当天就使其资产翻了 7 番。

这个所谓的新经济中最值得注意的是,那些公开上市发行股票而且股票价值迅速增长的网络企业,大部分从未盈利。最知名的网络企业,亚马逊公司,尽管销售量很大,但也直到 2001 年才显示盈利。人们得到的只是承诺。然而,2000 年 1 月股票市场的衰退结束了人们的狂热,因为许多公司破产了,致使其股票一文不值。那些在购买狂潮中遭到冲击的人们,没有经历 IPOs 的人们,以及那些没有

及时卖掉股票以达到迅速盈利目的的人们共同遭受了数十亿美元的损失。

如此多的人遭受如此惨重的损失,而只有一部分获得了巨大盈利以及把网络企业更现实的看成企业这样的后果意味着什么?新经济是否建立了一种新的企业伦理规范,就规则是否依旧适用?是否存在某些行为让我们至少在事后觉得在伦理上是有问题的?2000年3月号的财富杂志的一个专栏⑥指出许多有伦理问题的行为既是人们热衷于网络公司的原因之一,也是众多网络公司破产的症结所在。

一、公认会计准则(GAAP)的创造性使用

问题部分地在于用于管理网络公司会计事物的规则尚未制定。证券交易委员会委派了一个特别工作组去研制一套会计程序,但直到2000年他们还没有达成一个推荐方案。一个有争议的做法(因为它对投资者有潜在的误导作用),是收益的公布方式。杰里米·卡恩举了Princeline⑦公司为例,1999年,该公司公布其销售额为15 220万美元,其中13 400万美元是消费者因预定房间和航班直接支付给旅馆和航空公司的。它将1 800万美元作为其"毛利润"公布。但是这个数字通常是记为收益的,因为所有其他成本都要从中扣减,经过这样的扣减,公司实际损失了10 200万美元。证券交易委员会许可了这种做法,但这种做法引起了许多财务部门的异议。其他公司通过把本应记为"交易"的账务,如,拿网站广告换打印的媒体广告,记为收入而大大增加了他们的收益。然而,许多公司从未在网站上真正售出任何广告空间,所以广告的价值只是投机。于是最后的结果就是增长了刚刚创建的网络公司的收入收益,有时能增长50%。

这些行为以及其他一些行为使得网络公司的财务报告看起来比平常要好。财务报告进而就成为了构建公司及其股票声誉的基础,也为其股票升值打下了基础。

二、股票期权和 IPO 策略有争议的使用

"亲友"股票通常是在公司上市之前,由那些参与公司组建的人赠与亲属和朋友的股票。这些股票是以新公司上市时的首次公开发行价格卖给他们的。如果股票价格上升,如 1999 和 2000 年股票的首次公开发行时的情况一样,他们就可以转手卖掉这些股票。有时股票价格的上涨幅度是非常可观的。一天之内翻一番并不是什么罕见的奇闻。当这样的股票和股票期权赠与了客户公司的成员,他又在公司上市时,在股票上背书并高度评价这个公司,这一定是发生利益冲突的征兆,尽管实际并不一定会发生利益冲突⑧。大多数大公司为防止利益冲突,都有禁止员工接受商家馈赠的政策,然而这种做法却是合法的。

"K-tel 效应"是以名为 K-tel 的公司的名称命名的。1998 年,执行总裁菲利普·凯伍斯发起了一个宣传活动,发表关于公司将采用新的网络战略的声明⑨。这个谎言被大肆宣传,投机者蜂拥去购买该公司的股票,使其价格远远超过了其价值。随着价格的上涨,凯伍斯在股票价格回落到原始价值之前的 30 天内卖掉了其在公司中的股份。尽管卖掉某人在公司中的股票不是非法的,可是无故大肆宣传某种股票,然后在股票升值时再卖出确实有损购买股票的那些投资者的利益。如果高级管理人员可以卖掉他们自己的股份,他们就不再有为投资者提高股票的长期价值的动机了。

三、自私自利的董事会

董事会的传统职责是监督管理层,以保护股东的利益。这就是假定董事会对管理层进行一定量的监督,而且它和管理层又有所区别。由于有的小董事会只有几个外部成员,一些新的网络公司就得不到什么有效监督,当外部董事财务知识不足,而且他们又是由执行总裁精心挑选的,其审计工作和报酬委员会的工作就不能使股东满意。结果将是监督力度不够,还会发生诸如当股票价格低于约定价

格时，公司管理人员持有的股票期权就要重新定价等做法。尽管这样也不是非法的，但是这些做法部分地削弱了股票期权本应提供的激励，降低其他投资者持有股票的价值。

四、分析家的评论缺乏客观性

分析家应该就他们所研究的公司给出客观、无偏见的评价。客户常常请投资公司做股票分析，提供买进、持有和卖出何种股票的建议。当投资银行把他们的咨询服务卖给公司，然后做出关于那些公司的分析报告的时候，利益冲突就很明显了。但这种做法是不公开的，分析家也不公布。难怪，分析家会对那些与其银行或公司有财务关系的网络公司持非常肯定的态度。当分析家持有他们所评议公司的股票时，情况只会进一步恶化，因为他们提出的意见和建议不可能完全脱离其要求股票升值的愿望。

最终是法律未能赶上所谓的新经济的步伐。在网络公司的大泡沫时代，传统的种种限制被认为是不适用的。结果是初始公开发行中整体上对价格的高估。人们很奇怪，据说在研究某股票并了解其价值的人做出的股评为什么会与实际有如此大的偏差，以至在股票公开发行时，24小时内股价就会翻一番。人们还很困惑，为什么后来股东又清楚了股票的真实价值，并在股票贬值的时候抛售股票，而此时知情者已经将其手中的股票抛售一空，赚得了一大笔钱。

尽管股票期权这种由高科技公司深入研究的技术并非专归初创公司和网络公司使用，但它确实引发了人们对于这种做法对股东是否公平问题的关注[⑩]。股票期权变成了经理报酬的重要组成部分，也对就业于高科技企业和网络公司的员工产生了吸引力，这些员工愿意工作时间更长一些，而报酬却可以低于在其他公司可能得到的报酬。一个百分点的股票期权可以使微软的10个工人中出一个百万富翁，至少理论上是这样。但是，期权对股东而言代表着一种成本，当员工行使他们的股票期权时，公司就要发行新股票，进而就会使已持有该公司股票的人手中的股票贬值。随着股票份额的增加，每股所代表的公司资产的份额就会减少。问题是尽管期权确实代一种成本,但他却无需记录在公司的账面上。为了防止其公司的股票过渡贬值,以至向每股支付的股利过低,公司会买回自己的股票。这就构成了公司的一种成本,它可以从利润中扣减。但根据公认的会计准则,这笔款项只在年报中用一个脚注说明,指出如果扣除期权成本(根据指定的布莱克·舒尔斯模型确定),收益将是多少。这里的伦理问题不是指期权本身是不合乎伦理的,而是指期权价值的公布对股东非常不清晰。公平的最低要求并不是让公司停止发行股票期权,而是要求他们用一种清楚明白的方式公布期权价值,使有意购买该股票的人,无需借助一些不大被人注意和重视的注脚就能了解公司的资产净值,它的资产和负债。

第八节 网络企业的税收

在美国,各州和各地方的销售税都是相应政府收入的重要来源。大部分商品都是在购买的时候缴税,而且税款是由购买商品或服务的消费者支付的。如果消费者不是直接从商店而是通过邮购的方式购买商品,那么只有在消费者住所所在州有商家的一些物理设施的时候,才征收销售税。所以那些居住在其他州的消费者不支付销售税,这是公认的惯例,通常被视为是公平的。一个州只有权就在其境内买卖的商品征税。因此,这条规则依据的推理就是本州的买者从本州的卖者处购买商品与面对面交易进行相仿。然而,如果商品卖到了本州之外,那么它就无权向居住在其管辖范围之外的消费者征税。尽管这看起来不太公平,因为居住在本州以外的消费者可以免税购买商品,因此比居住在本州的消费者付出的价钱要低,但是正是本州的居民才能享受税收带来的好处,而本州以外的人不会因本州税收而受益。

如今不通过邮购而选择网上购物,人们通常也不用缴税。这公平吗?税收和网络问题最初是美国一直悬而未决的问题,直到网上购物的地位和重要性以及与此相关的问题日益明朗化。美国国会于1998年通过了网络免税案。该法案禁止对三年内的网上购物征税。

这个问题有几个方面。一是对其他形式的购物征收销售税,而对网上购物不征税是否公平。这对于那些从事非网上经营的零售商人是否公平,因为他们被迫对其出售商品索取高于网上类似商品的价格。这是否给予网络企业一种不公正的优势,即使那些在网上购物的消费者也必须支付运费,而这笔开支通常与州销售税和地方销售税相当?邮购要征销售税而且购买者还要付运费。所以网络企业似乎又拥有了一种相对于邮政企业的不公平的优势,至少应该指出这种优势存在的正当理由。

第二,当地社区和州政府不能得到非网上销售情况下可以得到的销售税。如果网络销售只占销售总额的一小部分,这一点就不重要了。但是如果网络企业的销售占总销售额很大比重,那么整个社区和政府就必须寻找其他的收入来源以取代销售税。另一方面,城市和州政府不必向零售商提供服务。没有销售税收也没什么不合乎伦理的,因为还存在其他为城市和州政府需要筹措资金的渠道。

第三,一些州和城市担心联邦政府加入征收销售税的行列,并可能决定最终对网络销售征收国家销售税,而禁止向其征收相应的州政府和地方销售税。这是个政治问题,而非伦理问题,应该在政治中寻求其解决方案。

第四个难题是个法律权限问题。州政府只有权在其管辖区域内征税。网络经销商位于何处?他们可能在任何具体的地理位置都没有实物资产,甚至可能是国外企业。通常他们请位于美国各地甚至世界各地的企业运送他们销售的商品。计算采用不同税率的不同地区应征税款的技术难题已经通过一种软件解决了,该软件使用邮政编码来计算相应数量,并输出应归相应地区的销售量和税收。向一些采购者征税,而不向其他采购者征税可能会引发公平问题,但是不同行政区域的税率和政策差异却是合理的,因为不同地区有不同需求和资源,而且不同地区也提供不同服务。

对延缓支付网络税收可以提供三大理由。第一是它制止了"字节税"或对每封电子邮件和下载图片及信息征税。这被视为一种保护网络发展和抑制许多意欲向其辖区内的所有网络用户征税的地区欲望的手段,这种做法也被证明是正确的。免税的电子邮件和网络使用促进了两者的繁荣发展,同时也能证明这对整个社会是有益的。

第二个理由是网络企业刚刚起步,因此,至少在其发展的初期对它免税,将构成对它的扶持,促进它的繁荣发展。网络企业看起来似乎将来还会是未来的潮流,社会最好在它发展的初期对它予以扶持。对于新兴产业,这并非罕见或陌生的公共政策。各地也经常对他们认为有益于社区发展的企业给予暂免税收的优惠来招商引资。这个论断假设暂缓支付税收是有限期的,而且这样的免税不是长久之计。对社区或州政府造成的任何伤害都会通过电子商务的发展对全社会带来的利益而弥补。这个观点至少是看似有理的。

第三个理由是如何向网络企业征税,网络企业究竟是否与其他企业完全可比,是否需要对它区别对待,是否要征收特别税等问题都尚未达成一致意见。暂缓支付税收赋予了各级政府一个在采取个别的可能引发冲突的行动或致使网络企业在创业期就由于税赋过重而破产倒闭的行动之前,进行研究、讨论、设计和合作的机会。其他地区政府的行为和决定都可以研究,也可以与他们进行协商。因此,三年暂缓支付税收的决定被证明是明智的公共政策,具体方案是需要研究和规划,而不应贸然采取行动。

延长免税期也同样是合理的,因为三年后,所有问题尚未全部解决,联邦政府,其他国家的政府、各州和各地方社团的代表的讨论尚未达成一致意见,也没有提出统一的执行方案。各州和各地方社团追求收入以及传统的砖瓦水泥式企业的说客追求他们所谓的平等对待的利益纷争应依据全社会从不同渠道获得的利益来权衡。有一点很清楚,那就是任何"字节税"都不会达到预期效果,而会阻碍信息时代的发展。

销售税通常是递减的,因为这种税的征收是不分贫富的,对穷人征收的税率与对富人征收的税率相同。但因为穷人要把他们所有的收入用于生活开支,而富人还可以将相当数量的收入用于投资和储蓄,所以相对而言,穷人比富人支付的多。使问题更加复杂化的是,有些人认为,富裕的消费者比贫困的消费者更有可能拥有计算机和上网机会,因此,对网上购物的免税而对在当地商场或街边小店进行的采购征税,就迫使穷人比富人承担了更大比例的税赋。这显然会引起关于如果从销售税取得的收益不能满足社区和州政府的需要,是否有更能体现公平的其他税种的问题。

显然,伦理问题是复杂的,不存在显然正确的惟一最佳方案。税收应该对大家都是公平的。不管是网络企业、传统企业还是邮政企业都应平等参与竞争,社团和政府要履行社会要求和期望他们履行的职能就需要收入。网络税收问题引发了许多问题,并要求人们提出具有创造力的解决方案。

第九节　信息技术产业

信息技术产业拥有众多具有各种专业知识和技术水平的多样化人才。它包括硬件和软件制造商,以及就职于信息技术和信息服务领域中的各种规模的企业和机构的许多人。它既包括那些只是将数据录入计算机的人,也包括设计和生产软件、硬件以及管理计算机、网站和整个信息系统的人。有些是工程师或软件专家,但许多人只是拥有一定的数据录入或常规编程技能的普通员工。所以很难对这个产业和就业于该产业的人做一番整体概括。

因此,很难讨论和合理归属责任。计算和信息技术超伦理神话的结果之一,甚至也可能是导致这种神话的原因之一。尽管我们可以有针对性地谈论全体医生的责任和义务以及个别医生的责任和义务,对律师我们也可以做到这一点,但对那些从业于信息技术产业中的人就很难做到这一点。尽管有人说会指出存在一个计算机工程专业,但确实不存在计算机技术专业。人们想要做程序员,并不一定要有一个计算机工程的学位,尽管大多从事计算机设计的人很可能是工程师。

问题是如果我们就从业于信息技术部门的人的共同行为对社会产生的影响,或就他们率先控制、调整和引导信息技术部门,使其以造福社会而不是危害社会的方式发展,谈论从业于信息技术部门的人的责任,就很难断定是什么人或什么组织的责任。医生和律师在从业前必须接受特定种类的教育,并通过特定的考试,而在信息技术产业中情况就不是这样。这并不意味着从业于信息技术产业的人对其领域的所作所为及其对社会的影响没有责任,只是责任很难归属,甚至从业者本人都不清楚他们应该承担什么责任。一种方法是那些自认为是信息专家的人率先鉴定自己的身份、能力和职责。在计算机工程领域和诸如计算机专业社会责任组织（CRSP）这样的机构都已在尝试这么做了。这些组织的职能是建立该产业的职业伦理规范，宣传并在可能的情况下去实施这些规范，并担当信息技术的发展带来的反社会问题、情况和趋势的监督者。计算机专业社会责任组织已成为试图保护个人隐私的先锋。除以上问题外，还有许多其他问题。

尽管全面归属责任很困难，但我们还是可以做出一些整体评论，并可以对许多特定的情况归属责任。

整体评论之一就是，从业于信息产业中的人处于维护公共利益不受该产业的伤害的最有利的地位。他们最了解可能的进展和当前的进展，因而最适于及早就该领域的进展发出警告。他们可以引发公共论坛的讨论，让公众了解这些问题。他们可以作为科学家、工程师、技术人员和大众的中间人，把技术性讨论转化成人们可以理解的语言，并且解释伦理问题及其影响。我们看到了对人类生殖技术这种技术问题的公开讨论，但很少有对多数信息技术问题的公开讨论。即便是推荐的法案也很少有人关注或公开评论。

正是该领域的人于1997年2月发现了一个事实，那就是奔腾Ⅲ的芯片包含一个"独特识别器"（处理器的系列号），每当用户登录网站时，它就能自动识别计算机。各组织联合起来，共同发起了对英特尔的联合抵制，这次抵制最终于2000年4月取消。微软Office97，在所有Office文件上都放置了一个"独特识别器"，也引发了类似的强烈抗议，所以微软发布了一个补丁程序，阻止这个识别器的插入。在上述两种情况下，消费者的隐私都受到不为客户或顾客所知的创新的危害。

这两件事说明的问题是在软、硬件中所做的大量更新都不为消费者和广大用户所了解。在上述两个例子中安装"独特识别器"的目的都不特别明确，尽管两家公司都声称这样做是为维护用户的利益，这种言论在上述两种情况下都很可以。英特尔和微软显然要对他们安置在其产品中的识别器负责。它们无疑也应负责将其产品所做的更新通知给消费者。如果它们确实是为消费者着想,它们就应该通知消费者。不通知消费者,至少让人觉得这些识别器不是供消费者使用的,而是在消费者未知或未经消费者许可的情况下他人要使用的。用户有权了解他们购买的商品可能对自己造成伤害的地方。不通知他们就如同欺骗。尽管有人会申辩不是所有的用户都想了解他们所购买的设备或程序的全部技术细节,那并不意味着不应将可能影响隐私或安全的产品问题通知用户。

另一个概括就是这样的,产业应在追求发展的时候把公众的利益放在首位。技术要求可能会引导技术向各方向发展而不顾对公众的影响。这一产业应该限制这种要求意味着就业于该产业的人应考虑预想的技术可能带来的各种影响,比如他们可以从何处入手,如何预防这种技术的负面影响,以及他们如何才能在公众论坛中发布可能影响公众利益的问题和趋势。

第三个概括就是,信息时代要真正成为一个现实,并对公众利益做出贡献,它就应该尽可能的便于用户掌握和使用。计算机和相关技术应该更易于使用。功能日益强大的芯片和廉价存储器的开发在这方面做出了有益的贡献,因为使用的便利总是要求复杂的程序。有关计算机功能和人们想要执行的任务的命令的直观化也是向这个方向迈进的一步。可以拿基本的电话做范例,因为其功能已经成为一种对所有用户都很直观的标准特征。

一、责任和软件

那些生产和销售软件的人应对他们的产品负责。这应该是很明显的,因为那些商品制造者要对他们的产品负责,对产品的正常运转负责,对产品可能造成的伤害负责。然而这个显而易见的道理似乎不适用于软件生产者。这个产业中的人似乎不能承担这些责任,而公众也未对此提出要求。这些都是计算和信息技术超伦理神话的例证。

软件漏洞显然是典型的不对自己产品负责的范例。软件错误(据说这个名称起源于 1945 年一只飞蛾飞进了美国海军的计算机中,导致信息中转的堵塞)是位于软件程序中的一些错误,在适宜的情况下,这些错误会导致计算机不能运行、系统崩溃或者做一些非程序本身想要做的事。在冗长而复杂的程序中,错误是不可避免的。那么说,商业软件的制造者要对他们程序中的错误负什么责任?用户首先而且显然要做出的声明就是编程人员应该负责查找并修正他们程序中的补丁,而且在产品售出之前就应完成这项工作。对用户而言,这是非常明显的,因为他们认为购买的软件应该与他们购买的其他产品一样具有质量保证。

特定领域的技术发展水平规定了消费者可以提出的合理要求。他们的要求是购买的产品具备其声明的功能,可以安全地使用并正常运转。他们希望产品在出售之前,就经过了测试,并修正了所有缺陷。他们通过法律坚定了信念,其中有一条法规指出产品的制造者要对其产品造成的任何伤害负全责。然而,这些要求和完全责任对软件却是例外。

有两个结论非常明显。首先,贩卖软件的商家不应发售包含已知错误的软件,然而现实中出售带有错误的软件却非常普遍。问题是在一个复杂的程序中修正一个错误并不容易,而且任何修正都可能造成新的错误。因此,许多商家宁愿发售带有瑕疵的产品,以便使其尽早上市,然后或者晚些时候在发布一个用于修正那个错误的补丁,或一直等到发现并更正了所有错误时,再一并发布补丁,从而导致出现一个新的和改良版的程序,此时那些想要最新版的用户一定会购买。这个惯例导致一些用户延迟购买任何软件的最新版本,因为这种软件通常是正在调试中,其中还有很多错误,而最终这些错误在以后的版本中会得到修正。这样的态度反映了一种与顾客对所有其他商品的要求所不同的现实。顾客多多少少接受了计算机原始程序的劣质但并不能证明这种做法是合理的。

第二个显而易见的论断是软件供应商应主动公布软件错误,并对这些错误负责,并且免费更正这些错误,确保把给消费者带来的不便降至最低。不应由注册的用户去寻找用于修正产品错误的补丁,而应由厂家与注册的购买者联系,一得到补丁,就应尽快免费提供。这样才像是令人满意的买卖,也是合乎伦理的做法,但却不常见。

用户安装的计算机程序导致计算机崩溃的频率往往超出人们的预期。有时这种崩溃要求重新安装操作系统，并且用户在自己的计算机上安装的所有程序和专用功能也都要重新安装。如果用户自己能完成这些工作，这会很费时间，而如果用户需要他人的帮助，这会需要很高的费用。然而，这样的损失和伤害却没有任何合同担保。因为软件不是你购买的一种商品，而是按制造商规定的条款授权你使用的一种物品。这些条款通常都包括拒绝承担由于软件的使用所导致的所谓"引致损失"责任的声明。

应该承认，有时系统的崩溃的确是由于新程序和用户硬盘上已安装程序的不兼容引起的。但是，如果用户遵照惯常的指示，关闭了所有应用程序，程序还是不能正常运行，那就说明程序代码有错误，或者是软件供应商应对其负责的其他一些原因。

漏洞、错误和程序故障是制造这些程序的人的失误，然而这些失误造成的时间、金钱上的损失却全部要由消费者承担。这与其他产品不同，从表面上看这也是不公平的。

安全漏洞不是平常意义上的错误，而是一种程序失误，其后果是在用户登录网络时，允许未经授权的人访问用户的计算机，很可能是操作系统，读取其全部文件。在 Windows95 中，这样的漏洞非常常见，但是在最近版本的 Windows、Linux、Unix FTP 服务器以及 MacOS 上却不太常见。黑客可以闯入一个系统、窃取数据、破坏网站或造成其他损失。很显然，那些致使计算机易受黑客攻击的操作系统和其他程序的制作商有责任保证他们所提供的软件的安全性。如果后来发现了一些漏洞，他们有责任提供恰当的补丁，并且以最便捷的方式将其发布给用户。人们往往不愿公布这样的漏洞，因为这样做是有损名誉的。结果是用户的机器易受外来攻击的时间就更长些。使用这些系统的公司也有责任密切监视最新的安全漏洞并及时堵塞这些漏洞。然而研究表明许多大公司对这样的漏洞非常不敏感，任凭它们的计算机和客户信息遭受攻击。

安全漏洞问题从某种意义上讲是个系统问题，其最好的解决方案不仅要靠个别公司，还要靠整个产业。目前尚不存在向所有用户发出有关这些问题的通知的标准方法，不存在关于这些问题的中央信息仓库,也不存在解决这些问题无争议的程序。有些公司在对漏洞做出反应、及时提供补丁并立即通知用户方面比其他公司做得好。

二、许可协议

问题的一部分在于软件的性质。我们已经看到就所有权而言,软件不像其他产品那样受版权或专利保护。尽管消费者可能认为当他们购买程序的时候,他们买下的就是那个程序,但是实际上他们仅仅买下了使用这个程序的许可。

交易的条件是卖方订立的,如果你买的是软件包,就会在软件包里的许可协议中陈述,或在用户使用程序之前,出现在屏幕上的初始声明中。如果是在软件包中,这些许可通常是封装在附件里,所以事实上人们是在不明交易条件的情况下购买了该程序。通过使用程序用户默许了这些条件。有时,在用户获得使用程序的许可之前,相关条件会出现在用户的电脑屏幕上,然后用户通过点击"我同意",与商家达成明确协议。

这样的交易公平吗?通常,如果买卖双方都可以自由参与交易,并且双方都能得到与交易相关的必要信息,这样的交易就被看作是公平的。就软件而言,第二个条件显然不满足。尽管若用户不接受规定的条款,可以把软件退回并取得退款,但用户是在软件售出以后才知道这些条款的。有人也许会争辩,不管是什么软件,大部分条件都是类似的,所以用户如今对他们应该非常熟悉了。但是,我们即使能把它视为构成了解相关信息的适宜渠道,这一点本身也会引发另一个问题。这种类似性说明这样一个事实,那就是所有程序的使用都是依卖方制定的条件为前提的,并且所有卖方的利益都是相同的。这样的条件自身能从公平的角度予以评价吗?答案是肯定的。

用收缩性薄膜包装的商业软件许可协议(以及与之对应的"点击"式许可协议),通常限制软件在购买者拥有的 1~2 台计算机上使用,禁止将程序转卖或赠与他人,并且对使用该程序造成的损害,损失或损伤不负任何责任。事实上,卖方要求了与产品销售相关的所有权利,却不承担任何责任。当这样的许可协议在法庭提起上诉的时候，它们经常被裁定为不具法律效力。因此，他们的合法性至少是非常可疑的。

然而，这种情况于 1999 年随着《统一计算机信息交易法》（UCITA）的出台开始发生变化。该法案是由全国统一立法委员会制定的，这是各州立法机构都可以采纳的一个示范条例。该条例曾遭到许多组织的攻击，因为它使得软件许可协议中许多被法院裁定为不具法律效力的条款具备了法律约束力。如果当地的立法机构采纳了《统一计算机信息交易法》，那么在这个州，用收缩性薄膜包装的商业软件许可协议就具备了法律约束力，即使其中有些条款可能非常不合乎伦理或不公平。这个法律有效的庇护了软件贩卖者，使其免于就其软件错误、漏洞以及缺陷造成的损失承担责任。有 26 个州的首席检察官、消费者联合会、科研图书馆协会和其他许多组织对《统一计算机信息交易法》提出反对[11]。许可协议可能会无视版权法的规定，限制"公平使用"，界定用户可以使用的功能。在购买软件之前，许可协议还是不得而知的。截至 2001 年 4 月，马里兰和弗吉尼亚已经把《统一计算机信息交易法》作为本州法规。

《统一计算机信息交易法》显然维护了商业软件产业的利益。如果采纳了它，它就具备了法律约束力。但这并不意味着我们不能从伦理的观点批评它，说它对消费者及其利益是不公平的。

三、法律责任

我们已经了解了，就版权而言，软件有时被视为图书处理，有时被视为机器处理。法庭在软件的法律责任归属上，也采用了类似方法。

如果软件程序控制了一台机器或机器的一部分，或嵌于机器中，因此从责任角度看，它就被视为一台机器。机器上的软件故障曾造成人身伤亡、导弹失误以及类似事故。

内嵌于机器中或操纵机器的计算机程序的生产商和供应商应该对这些程序造成的损失负责。这样的机器可能会也可能不会危及生命。如果是前者，谨慎和伦理要求，要特别注意尽量保持程序简单，尽可能少依赖他们,尽可能增强整体安全性。当对生命的危害不是特别大的时候,应用的规则也就不那么严格了,尽管与机器使用相关的责任还适用。

在另一种极端的情况下,有些程序显然可比作一本书。有些情况下,它们确实就是书,如大不列颠百科全书可以在线阅读,微软的电子百科全书可以在光盘驱动器读取一样。在这些情况下,那些发布程序及其内容的人要与书商负同样的责任。法庭没有强制作者、出版商和书商对书中的错误信息负责。他们争辩说,要求出版商和书商去阅读和查证他们经销的所有书中的信息是不合理的。也不强制专业人员对他们提供的服务绝对负责。不存在大规模生产,也不存在大批消费者,而这都是要求绝对负责所必需的。

商品或产品的质量保证或隐含的质量保证意味着这种产品至少是中等质量并符合消费者在购买这个商品时的一般要求。如果产品有缺陷,就可以退换。消费者也可以就产品造成的损失和特定类别的损伤提起诉讼。质量保证涉及的只是商品,却不包括书中的信息。所以,如果你买了一本缺 15 页的书,你可以换一本页码齐全的新书,但如果书中包含的信息并非你想要的,或有一些错误,即使你按照书中的指示去行动会对你造成伤害,你也得不到任何保证。

要证明生产者或销售者失职就必须指出,其过失导致了用户由于使用这种产品遭到了损失。在失职情况下可向制造商索要的赔偿要比一般的质量保证多,包括赔偿精神损失和经济损失。

绝对责任不要求证明商家存在失职行为或有意违规经营,它只要求证明有缺陷的商品对消费者造成了损失。它适用于大量销售的商品。绝对责任的合理性包括以下观点:这是一种自我保护,因为制造商可以通过稍微提高单位商品的价格,把成本转嫁给消费者;制造商承受损失的能力要高于单个消费者;这样的责任为制造商提供了一种激励,使其更注意保证产品的安全;而且制造商最容易迅速更正任何错误,而且如果被提起诉讼,也最有可能这样做。但是绝对责任不适用于服务、信息或书籍,所以不适用于类似书籍的程序。

但是什么程序不是和机器一样运行,又不仅仅是书籍的等价物呢?许多程序不仅提供信息,也能付诸应用。而且,正如我们已经提到的,许多应用程序不会造成物理损失,而会导致计算机出现严重功能障碍或系统崩溃,因此需要付出时间和金钱来重新安装计算机使其正常运转。这还会造成"引致损失",因为用户不能准时送货,或履行合同条款,或履行职责。

我们可以说,程序导致的伤害,尽管不是对身体是伤害,但确实是一种与劣质产品造成的伤害相当的真实伤害。如果程序是大规模销售的,那么适用于其他产品的绝对责任合理性的论断也适用于计算机程序。迄今为止,法院还不承认这一点,并且,如果《统一计算机信息交易法》被采纳,就会阻止用户就程序招致的损失提出索赔要求,免除用收缩性薄膜包装的商业软件许可协议或"点击"式许可协议的责任,但是,有人强烈申辩,反对把绝对责任扩展到实际与书籍不可比的软件程序中。

第三类程序显然既不是书籍也不是机器。文字处理软件就是这样一种程序,税收编制程序是也是这类程序。税收编制程序是否也应该与专业的会计师或税收编制人员一样,符合相同的标准呢?这样成本自然会少得多,服务仅限于处理录入的数字。这是使用程序的人的责任。在这种情况下,程序可能就只是作为工具,而不是能承担法律责任的专业人员。诸如文字处理软件或账目分析表或数据库这样的程序能执行一些功能。人们经常把文字处理器和打字机放在一起对比,打字机的制造者当然不对打字机打出来的东西负责。如果打字机坏了,并且商家同意予以赔偿,那么赔付的情况也取决于购买打字机时提供的质量保证书上规定的一个有限的时间范围。同样,有人会争辩说,应该保证这样的程序能像宣传的一样正常运行,并能确保一定时期的质量稳定。在那段时期,担保人通常允许更换损坏的商品,但他不弥补由此造成的损失。如果你用打字机打了一份合同,而当你需要用它时,它却不能工作,因而你丢失了合同,质量保证书是不会弥补这种损失的。同样的类比分析也适用于文字处理软件和计算机。

客户定制的计算机程序又有是另一回事。如果它们导致了伤害或死亡,那么如果能证明是失职,责任就不仅包括弥补损失的成本,还包括对用户遭受的伤害和痛苦予以赔偿。

绝对责任适用于可能造成伤害的大规模生产的产品。尽管有人强烈要求把绝对责任应用于大规模生产的计算机程序,证明和评价由产品造成的伤害的困难使得其实施起来特别困难,以至于这种做法不太现实。这并没有削弱设法阻止这种伤害的伦理要求。

最后,有些程序,不是替代一种产品,而是替代一种服务。我们前面曾提到了税收编制程序和提供信息。对医生和律师来说,对劣质服务的补救可能就是控告他们渎职。如果程序可以取代医生或律师,制造商不对劣质信息(如书,甚至是医疗书籍)负责,但通常要对不良行为或玩忽职守负责。使用专家系统或其他程序的专业人员可能要承担责任,但程序本身不承担任何责任。

结果是,计算和信息技术超伦理神话和技术要求弱化了从业于信息产业中的人的法律责任和一定程度上的伦理责任。情况本不应该是这样,人们也不应该继续接受这种现状。随着孩子逐渐长大成人,他们就应该对各自的行为负责。随着计算机和信息产业逐渐成熟,社会对它也有同样的期望和要求。

【注释】

1. 参见 DoubleClick 的网页。
2. 联邦贸易委员会,2000 年 7 月 10 日,(http://www.ftc-gov/opa/2000/07toysmart.html)。联邦贸易委员会中止了这笔交易,然后与该公司和解,允许它将其数据库出售给将遵从 Toysmart 向其用户承诺的隐私策略相同的策略的合乎条件的买主。据报道,其他公司如 Boo.com 和 Epidemic.com 也在其破产时以拍卖的方式出售了其用户数据库。
3. 约翰·施瓦兹(John Schwartz),《赋予网站记忆力,使用户失去隐私》(Giving Web a Memory Cost Its Users Privacy)《纽约时报》,2001 年 9 月 4 日。
4. http://www.covisint.com/info/about.shtml.
5. 联邦贸易委员会文件号:001 0127,2000 年 9 月 11 日发布。
6. 《财富》,2000 年 3 年 20 日,第 82~120 页。
7. 杰里米·卡恩,(Jeremy Kahn)《说变就变,销售量巨大》(Presto Chango! Sales Are Huge),《财富》,2000 年 3 月 20 日,第 90—96 页。
8. 梅勒妮·沃纳(Melanie Warner),《用期权引诱潜在消费者》(Wooing Potentiae Customers with Options),《财富》,2000 年 7 月 10 日,第 139—146 页。

9.《财富》,2000年3月20日,第110—116页。
10. 参见贾斯丁·福克斯,《令人震惊的股票期权把戏》(The Amazing Stock Option Sleight of Hand),《财富》,2001年6月25日,第86—92页。
11.《UCITA 情况说明书》,参见:http://www.cpsr.org/program/UCITA/ucitafact.htm.

第六章　因特网上的伦理问题

第一节　DITTO 公司和视频搜索引擎

　　因特网是个巨大的信息宝库。它不仅包括有关你能想到的几乎任何主题的文本材料,还有数以百万计的视频图像。人们一直使用搜索引擎来查找信息,但只是最近才开发出了用于查找图片的搜索引擎。图片可以受版权保护,正如文本受版权保护一样,从本质上说,版权对文字和图片的保护是无差异的。复制图片要受到与复制文本相同的正当使用条款的约束。当搜索引擎帮助用户查找文本的时候,没有人抱怨。可是,一个艺术家对一个查找图片的搜索引擎时,就出现了对 DITTO 公司表示不满,并控告了该公司,因为该公司不仅引导人们登录某图片出现的网站,还显示出拇指大小的图样,以便浏览者可以判断这是否是他们感兴趣的图片。

　　这似乎是为出于各种原因寻找图片的人提供的服务。但是,摄影师莱斯利·凯利却控告 DITTO 公司侵犯了他的版权,在未经他许可的情况下,出于商业目的复制了他的照片。这也使任何人都可以很容易的复制那张拇指大小的图样,并用到他或她自己的网站上,而丝毫也不考虑版权问题。DITTO 公司声称以拇指大小的形式再版图片并把那个图片和原始图片出现的网站建立链接,这样的做法是正当使用。只用文字来描述图片的状况,对正在寻找一个特定图片的人是一种拙劣的替代物,只向浏览者推荐一个除了用户正在寻找的图片之外,可能还有数十万张图片的网站,弱化了搜索引擎的功能,而且不能满足那些寻找图片的人的需求。但是凯利申诉说 DITTO 公司不只做了那些,通过点击拇指图片,用户就可以获得一个完全可下载的图片。

　　联邦法院的裁决有利于 DITTO 公司。但凯利提出上诉,并上诉到加利福尼亚的第九巡回上诉法庭。

孤立地从法律观点看,DITTO公司以及类似图片搜索引擎的做法在伦理上是合理的吗?

第二节 因特网

因特网的使用已变得如此平常,而它在商界的使用也是随处可见,这种事实使人很难相信就我们所了解的网络本身直到1982年才出现,而万维网直到1991年才推行使用。

因特网是计算机系统的全球网络,它不归任何人所有,也不受任何政府、企业或组织控制、也不是为了盈利而运营。因特网使许多活动成为可能,包括收发电子邮件、召开网络会议、电子公告板、聊天室,信息提供者和商业活动。万维网(WWW)是特殊的网络服务器系统,它支持超文本链接标示语言(HTML)格式的文件[①]。

因特网存在的目的不是为了盈利,也不为任何机构所控制这一事实就我们所知对网络非常重要,同时也反映了它的历史。情况本来可以不是这样。因特网起源于美国国防部高级研究项目署的网站(ARPANET)[②]。最初它是面向研究和交流的。尽管是由美国政府资助,但大部分是在大学和研究机构开发的,起初它是一个开放型的联合企业。软件开发是开放式的,任何用户都可以对软件进行改进。1983年,高级研究项目署(ARPA)采用了TCP/IP(传输控制协议和网际协议)协议,从此变成了因特网。新的网络开始在美国和世界其他国家建立。由于基本源代码是开放的,所以不存在所有权,其他人可以开发也可以扩展它。1990年ARPANET解散了,从此因特网日益商业化。政府资助和开发被商业利益所取代,1993年,第一个网络浏览器,马赛克(Mosaic)推出,使得登录不同的网页或网站更容易了。1994年,Netscape推出了它的浏览器,一年以后,微软又推出了Internet Explorer。目前已有2亿多网络用户,而且这个数字还在不断增长。

万维网的发展和管理受万维网协会的监督,该协会创建于1994年,目的是监督和协调支撑技术的变化和改进。它已拥有500个会员组织,包括企业和非盈利组织。

略看一眼用于识别网站的域名,就能了解使用因特网的不同组织的范围:政府(.gov),教育机构(.edu),非盈利组织(.org),军事机构(.mil),商业企业(.com),网络组织(.net),以及每个国家的标示符[如,加拿大(.ca)]。

因特网是全球化的,并且它既不是完全商业化也不是由政府控制这一事实意味着网络和它创造的信息空间以及它所存在的信息空间是一个开放的空间,它允许那些拥有计算机的用户和服务提供者自由访问,并提供访问途径。每个人都可以创建自己的网页。因此,有人说网络处于一种无人管理的混乱状态,它使得用户容易受到在有组织的社会下不回经历的侵犯。因此,信息空间就成了人们进入的一个独特空间,并且尽管在其中发现的一些伦理问题,如诈骗和行窃,这还比较常见,而其他一些问题还是新发现的。尽管如此,我们也不能被使用的词所误导。适用于社会其他领域的同样的伦理和伦理规范也适用于网络。我们要讨论的问题如下:因特网的管理和其中企业的功能;安全和加密;被网络改变的所有权问题;并以色情文学为例,讨论自由和审查制度问题。

第三节 因特网的管理和其中企业的功能

一、因特网及其管理

因特网在某些意义上是开放的,也就是支持它的技术的开发是开放的,所以不存在软件所有权,而且从原则上说,任何人都可以自由访问,这样的事实是非常重要的。人们可以很容易地设想一种完全不同的情况,如果因特网不是由政府、大学和研究机构共同创建,而是由一个私营企业建立,这个企业拥有网络所有权和使用权,并可以对访问和使用网站收费。它还会把一些网页只授权给那些它所选择的付款足够高的那些网站使用。同样,如果它完全是由政府资助的,它也会与如今的情况大不相同。正因为它在某些方面是开放的,它才会对世界众多地区的如此多的人的日常生活产生巨大的影响。

这本身就构成了具有说服力的论断,即,如果要提供网络的倡导者所设想和承诺的全方位的社会利益,保持网络访问的自由开放是必要的。

然而,网络的运营是要付出成本的,其中很大一部分网站已经商业化了。不仅有很多网站是商业网站,还有很多网站是不能自由访问的需要付费的网站。尽管因特网是可以免费访问的,要访问因特网还必须有一台电脑,需要一个调制解调器将电脑和网络连接起来,以及有一个网络服务供应商(ISP)来完成实际的连接。企业,中小学和大学以及许多机构都为其员工和成员提供登录网络的接口。个人可以向 ISP 供应商,如美国在线(AOL)购买网络登录服务。美国以外的其他国家的人也有类似的需求和服务供应商。尽管公司职员和学生不必为通过其所属单位提供的服务来使用网络付费,但是那些组织机构必须为网络连接和服务器需要的工作人员付费才能维护和运行他们的服务器。此外,他们还必须支付与备份和存档使用记录相关的成本以及类似成本。从这些方面来说,因特网并不是免费的,网络的开放程度也因社会而异。

尽管从理论上看,登录网站不受限制并且是向全球开放的,网站的数目也非常大而且日益增长,混乱却没有扩大。一个约束是技术规则本身。如果每个国家或每个服务器或每个用户都可以使用他们选择的协议,致使不相容、混乱以及不能运行出现,混乱就会扩大。如果大家都可以访问世界各地的网站,后者显然必须是相容的,遵从相同的协议,使用相同的或彼此可以理解的计算机语言。

任何特定的政府或任何公司控制网络、决定其内容和登录,显然是很危险的,也是人们一直在回避的。因为任何企业控制或企图控制因特网都是明显违背公众利益的,因此,也就是非伦理的。

然而因为存在着与运营网络相关的成本,那些支付费用的人可能会希望把费用降至他们可以承担的范围内。政府网站是由州基金承付的,并且是一项公民通过税收支付了费用的服务。教育机构为服务器付费,正如其为图书馆和实验室支付费用一样。但是许多网站和许多服务器通过在他们的网站上放置广告寻求收入。美国在线,Windows Explorer 和 Netscape 都在其网站上大量使用广告,尽管

Windows Explorer 和 Netscape 不对它们的浏览器软件收取费用。不使用大量广告,它们本来也可以承受得起,因为由于它们的广泛使用,它们已获得了许多间接收入,比如可以免费观看的网络电视节目,是由商业广告来付费的。

商业利益的支配地位引起了众多的关注。有时在学校登录网络是免费的,但代价是当孩子们浏览网络的时候,会有广告出现在电脑屏幕上。学校自然可以拒绝接受免费服务,为其网络连接付费,但当学生使用搜索引擎或访问各种网站的时候,还是会遇到繁多的广告。

万维网协会有大量的公司做会员,每年每个公司会员要缴纳5万美元的会费,政府和非盈利组织只付5 000美元。个人只能有准会员资格。协会是民主经营的,但是人们可能还是会担心企业利益或政府利益或任何特定国家的势力占据了支配地位。我们已经通过 cookies 技术的推出,了解了商业化的影响的一个方面。在 cookies 出现之前,网站是一个人们可以匿名浏览的地方。自从网站推出以后,网上冲浪就变成了一种与从前不同的活动。正如我们提到的,网络的发展本可以不走这条路,而且这条路还是可以倒转回来的。但是当社会成员讨论网站是否应该由企业、政府或用户(个人)控制,还是根本不应该对它予以控制的时候,我们应该记住控制是从许多方面实施的。

企业对免费登录网络有兴趣,因为那是使数以百万计的人们使用网络的惟一方法。如果要对网络的使用收费,那显然会限制用户的使用。有许多不同的支付方式,也有许多方式会置用户于危险之中,提供个人信息和付款一样是一种代价。Cookies 也不是惟一的危险所在。当用户在网上冲浪,浏览到一个新的网站时,用户的浏览器就发送一个标题,列出用户来源网站的 URL。这是一些公司用来向前一个网站收取一小笔推荐费的手段。但这也有助于新网站对冲浪者及其浏览习惯增进了解,它通常可以把这些习惯记录下来,也确实经常这样做,可以把有关个人的信息,至少是计算机的 IP 地址加入它的信息库,IP 地址通常可以与个人信息相关联,可以了解用户下一步浏览的网站也是有可能的。

控制的伦理标准和这种做法的合理性是尚未明确提出的问题。

但企业为维持网络的自由开放和避免其完全商业化做出贡献的这种社会和伦理责任是一个应该讨论的问题。

显然,如果政府控制了因特网,并和企业一样跟踪所有用户的浏览记录,只是更细致全面,并把这一信息与它从其市民那里获得的所有其他信息汇总到一起,很容易设想一个受控制的社会,正如小说《1984》描述的那样。老大哥真要监视我们了。对这种情况的担心可能是不允许政府控制网络的强烈原因,尽管这样的控制在许多国家都在执行。一个开放的社会应该抵制这种冲动,尽管政府实施的一些管制是很合理的,正如我们将在后面看到的一样。

网络一直被用于集结各种抗议,发起对企业的联合抵制并推动大量事业的发展。企业和政府已经在网站上有了一个发泄的机会,不应该对其进行压制。如果网络被企业或政府控制,就有被遭到压制的威胁。然而,如果不对因特网采取任何控制,也会导致不良后果。如同在社会生活的其他领域一样,如果要维护全社会人的自由和利益,那么对于可以接受什么,社会允许做什么就应该有所限制。这要求政府干预、企业和自由市场操作、公众参与的共同作用,将因特网作为一种社会和公共财产予以发展和维护,为全人类的共同利益服务。

因特网的实际监督人是将网站分类列举的搜索引擎网站。没有这些搜索引擎,人们就找不到网站,这些网站就会被淹没在众多的网站中。为了在商界求得生存,网站必须有搜索引擎来推介,为发挥作用,非企业网站也必须能够被搜索。因此,雅虎、Google、Excite、Infoseek 和其他搜索引擎就变成了网络监督人。它们可以筛选出那些恐怖主义者和其他非法网站,至少可以使它们很难被找到,尽管他们不能干预这些非法网站的存在。用户要依靠这些监督人的准确性、客观性、全面而又专业化的覆盖面。它们起着关键性的作用而且是商业化的企业,尽管它们不对列举网站收费。但它们必须讲求信誉和效率。在任何列表中,制作列表的人必须决定用什么准则来排列那些名单。

任何选择,不管是按字母表顺序、最常用还是最符合要求等等,都会对先出现的那些网站赋予一定优势。如果一些公司为使其名称列在首位或前几位,而向搜索引擎付费,就会歪曲列表的客观性,除非搜索引擎明确指出它的政策。然后,用户就会明白,当搜索任何信息或特定类型的企业的时候,这就是搜索引擎采用的排序准则。这能使用户了解到一些信息,但大多数情况下,不是最相关的或用户最想要的信息。因此,它们更希望搜索引擎采用其他准则。如果搜索引擎要取得信任,那么它们就应在搜索中,列举最符合用户要求的网站,而不是付费最高的网站。如果以后者为标准,就应明确列出,以免混淆识别器和广告商的功能。无论采用什么标准,它们都应由搜索引擎列出,以免误导用户,使用户在错误的预期而非自然预期下工作。接受网站的付费而违背规定的准则是不合乎伦理的行为。幸而,大多数规模较大而且常用的搜索引擎都了解这一点,并且它们都不接受网站为在列表中的位置付费,尽管它们确实使用多种准则,而且公司可以采用一些技术使其接近列表的首位。

二、域　　名

网络管理涉及到名称的分配和所谓的计算机占位。要搞清是哪台计算机连接到网络,需要依靠一个四地址数字集(如,201.123.89.12),也就是所谓的每台连接到网络的计算机的 IP 地址。一个特定的主机名和那个名称和数字相关联,尽管我们既可以通过名称也可以通过那些数字找到特定的网站,大多数人还是用名称(如 www.ibm.com)作为登录网站的方法。1991 年,国家科学基金会接替了美国国防部的任务,负责管理域名的分配,他与网络解决方案公司(NSI)签订了协议,由该公司来实际操作域名的发布(军事和政府域名除外)和数据库的维护。其他国家来管理他们自己的高级域名。1998 年,一个非盈利组织,网络域名和编码分配公司(ICANN)成立,它逐渐接管了先前由 NSI 履行的任务。其目的是为了允许网络社会实行自我管理,而不是由美国或其他政府操纵。ICANN 这个国际化组织,经授权制定所有相关细节,包括授权其他组织接受域名注册。ICANN 包括商业组织、非商业组织和其他相关组织。它是国际化的、自我管理的、代表广大成员利益的、不受政府管制,是非盈利性组织这些事实都特别重要。但只有这个系统是公正的而且也被大家认为是公正的时候,它才能运转,这意味着它必须向公众解释它的各项决策。

当新的高级域名(如.biz 和.info)被提议而且刚被 ICANN 域名支持委员会(DNSO)接受的时候,就有许多人提出异议说,为什么不选择申请其他域名。一些曾力争取得注册其他名称的美国企业宣称他们的申请遭到了不公正的拒绝,因此,他们游说美国国会要求改变这个系统。

给企业的域名分配引发了大量伦理问题和有关公平的争端,任何人都可以申请域名,这个域名必须不同于其他域名。只要支付一小笔年费用,申请人就有权专用此域名一年(或其他约定的时间范围),此后还可以续用这个域名。只要支付得起,个人可以注册任意多的域名,大公司通常使用他们公司的名称作为域名,比如 microsoft.com 和 ibm.com。

计算机占位是将通用名而不是自己的名称注册为因特网的地址。大多数人容易认为著名公司、电影和娱乐明星、政治家和体育明星等会有一个用他们的名字做的标识,并有用.com 或.net 做扩展名的网站。因此,这些域名对这些公司和这些名人就特别重要。如果有人先申请了这些域名,那么这些知名公司和名人就要说服这个初始的域名持有者把那个域名卖给他们,如果他们的要求特别迫切,他们就会出很高的价钱。

因此,计算机占位者就会抢先注册一些他们认为会被迫切要求得到这些域名的公司或名人花高价买走的域名。新的高级域名(如.biz)的出现,诱使一些人注册大量理想的域名,以期将来高价卖掉它们。事实上有一些域名经纪人网站,他们列举出已经注册的域名并公开发售。

计算机占位曾被比做敲诈勒索。尽管事实上它不是敲诈,但可以证明用一个显然适合一个著名公司或名人的域名自己注册一个,然后再企图卖掉它以赚取一笔丰厚的利润,这种做法是不合乎伦理的。这样做的惟一意义是以知名公司或名人的利益为代价,利用域名分配规则谋取个人利益。1999 年,美国通过立法规定这种做法是不合法的[③]，而且 ICANN 也采取了类似的方案禁止计算机占位。然而即使我们承认计算机占位是不合乎伦理的，也还存在一些困难和擦边案件。

美国的立法把焦点放在注册一个类似于商标的域名，"企图从那个商标中谋取利润"。如果有人选择了一个著名的商标来注册，以期日后卖掉它来获取丰厚的利润，这种做法就违背了域名注册的目的和域名对公众的效用。如今，这条法律将这种做法视为侵犯了商标法。但是法院从此就认为商标保护没有对所有和商标类似的域名授予完全的专利。被称为"Strick"的 James Strickland 于 1995 年注册了域名"Strick.com"。1997 年，拥有商标"Strick"的 Strick 公司控告 James Strickland 使用了该公司的商标，但是法院裁定 Strickland 的行为不属于计算机占位，因为它并没有企图通过出卖域名获利，而且依法首先注册了那个域名。

亚马逊公司提出了大量的诉讼申请，控告他人通过使用他的域名侵犯他们的商标权。其中包括一个韩国人注册的 Amazon.NE.Kr 和希腊最大的书店注册的 Amazon.Com.Gr。第三种情况引发了另外一个问题，也就是两家竞争的书商注册了 Amazon.com 为域名。他们利用用户的拼写和打字错误，引导想要买书的消费者登录他们的网站。

而且，商标不是惟一的问题。企业赢得竞争对手想要注册的一个域名，从而阻止了竞争对手用这个明显的域名为其网站注册是合乎伦理的吗？政治家为阻挠其对手注册明显的域名以及个人注册一个显然是各种名人想要选择的域名是合乎伦理的吗？注册一个与不管是商界、政治领域还是其他领域的竞争对手的名字只有一字之差的域名，企图引导那些打错了字的用户登录你的网站，这种做法是合乎伦理的吗？

显然，后者是不合乎伦理的，因为你企图欺骗和利用那些打错字的人。你明知道他们并不想访问你的网站，而是要访问另一个网站。不管你的目的是想要推销你的产品，还是提供有关你的竞争对手网站的假情报，还是想要他们对其目网站形成敌对态度，你最终是要利用他们的错误达到你的目的。另外两种情况也是一样。域名不是一个竞争的领域。他们是向公众和注册者提供的一种服务。剥夺任何人、任何企业注册消费者或相关各方想要访问他们的网站所需要的明显域名的权利，是破坏系统的在盈利或各种形式的个人利益方面的效率。没有人想要把这样的行为一般化，当综合考虑相关各方的利益时，整体结果是消极而不是积极的。

另一方面，注册一个能明显反映个人对一种产品意见的域名，即使它包含生产者的商标，也不是欺骗，而是言论自由的表示。在一家公司有过一段不愉快的经历，因而对公司非常不满的员工或客户是否有权注册一个能表明他的立场的并听起来比较消极的网站，言论自由的权利保护这些人表达自己意见的权利。

Verizonreallysucks.com 是由一个黑客机器，以 2600 注册的域名。Verizon 从前曾注册过 Verizonsucks.com 这个域名。当然，没有人会受骗，认为注册的网站 2600 是 Verizon 的正式网址。品牌或公司名称或商标都不能阻止对相关公司的批评。

那么如果有人预先抢注某人姓名或企业名称的消极域名又如何呢？那是合乎伦理的吗？它是否妨碍了言论自由？我们已经证明注册明显域名是不合乎伦理的，但是注册消极域名与注册明显域名的情况不同。不存在与之意义完全相同的明显域名，因为表达对一家公司、一个品牌或一个人的消极态度有无限多的方式。但是，已经注册的域名，是不能再注册和使用的。这样做还是破坏系统的行为。所以一些公司注册其公司的消极域名来引导用户访问公司的主页。尽管用户可能不会访问一个他们认为是消极的网站，但他们也并不想找到任何具体的东西，与想要访问公司的法定网站的那些人不同。而且，通过列举这个消极网站，公司实际上给自己做了负面广告，如果大量的消极网站出现在搜索引擎上，结果可能就是比公司预先抢注的任何消极网站危害更大。总之，尽管这种做法不是不合乎伦理的，但似乎也很难广泛采用。

第四节　安全和加密

加密是一种试图将文本的内容对除收件人之外的他人隐瞒的技

术。这种技术至少可以追溯到恺撒时代,当时送给罗马军队的情报是通过把字母表中的每个字母转换成另一个字母进行加密的。要读懂这份情报必须有密码,说明哪个字母表示哪个字母。这种简单的置换加密技术如今已经发展到非常复杂的程度了。在第二次世界大战中,美国破译了日本的密码,因此就可以读懂日本人用密码发送的情报,而日本人原以为这种情报非常安全。

加密技术在战争中的应用已有很长的历史了,并且有明确的军事用途。政府也在使用这种技术。但是它在企业和个人中的广泛应用还是最近的事,究其原因还是由计算机和网络造成的。计算机使得迅速破译密码成为可能,也使得1972年开发出的一种新的加密技术成为必要。因特网的易损性使得加密技术成为防止敏感的私人数据和信息泄漏给他人的惟一选择。

传统加密技术中的两个薄弱环节是,计算机可以很容易地以惊人的速度通过强力测试出置换方案,从而破译密码;并且必须给收件人发送密钥。如果密钥被拦截,选定的密码就会泄露。第一个困难可以用计算机生成冗长的用于建立和破译密码的密钥(二进制或比特数据流)来克服。1974年,IBM生产了一种有128位密钥的加密芯片。主管加密技术的国家安全局(NSA)建议IBM把密钥的长度降为56位,因为它认为这种保密度对实现商业目标已经足够了,但如果这种技术被恐怖分子、盗贼、间谍或他人滥用,NSA又足可以破译它。1976年开发了公开密钥加密术,从而克服了密码的第二个弱点。发起信息的人有两个密钥。他将第一个密钥公开,使所有那些想给他发信息的人都可以使用那个密码,这样就将这种信息加密了。但是要解密还要求有第二个密钥,这个密钥只有发起信息的人自己有。所以就不存在把密钥传送给想要发信息的人的时候,以及破译密钥被盗的危险,因为第二个密钥只有原发人知道。密钥的保密程度还取决于它的长度。

当试图个人在通过因特网发邮件或发布他们的信用卡号码或社会安全号码时想要得到的安全与政府想要通过拦截并读取由罪犯和危害国家安全的人发送的信息来维护的国家安全之间进行权衡时,伦理问题就会产生。

我们已经了解了在网络企业和电子邮件及因特网的使用中信用的重要性。除非消费者信任供货商会履约发货，供货商信任消费者会如约付款，而且双方都信任因特网，否则交易就不会发生。因为电子邮件是以多种不同的方式发送，途中可能会在许多站点被拦截和读取，然后再由服务器存档，所以任何想发送私人邮件的人都更希望只有预定的收信人能读到其邮件内容。因为电子邮件更适宜比做明信片，而不是信件，因此，想要为它加一个信封是可以理解的。那些途经的站点还能看到 x 给 y 发了一封邮件，但不能读取信件内容。同样，由于很容易进入传输系统的黑客和盗用身份者的存在，导致人们在得不到数据传输系统信誉和安全保证的情况下，不愿意在因特网上使用信用卡或提供社会安全信息或类似的敏感的私人信息。

美国政府意识到企业和个人在这方面的立法要求。然而，美国政府认为除非它能够破译数据传输的加密，否则，这就会妨碍它打击犯罪、贪污、恐怖主义行为和其他危害美国安全的行为。因此，多年来，美国政府不只禁止将保密度很高的加密技术出口到特定国家，如利比亚和伊拉克，而且还对保密度很高的加密技术的出口予以管制，并极力主张在美国采用的加密技术的保密度要保持在这样一种强度，即它认为这种强度对维护大部分商业安全就足够了，并且它还能破解。它还鼓励使用具有两个密钥的芯片，只要这个密钥的复本被分成两个部分，分别存放在政府指定的两个机构，以便如果得到法律许可，政府机构可以用它们去读取加密材料，这种做法和窃听情报的做法类似。

尽管这是个似乎合理的政策，反对者提出三条反对理由未反驳它。第一是这种做法赋予政府过大的权力和过多的信任。尽管现任管理层可能会遵纪守法，但我们很难保证未来的政府成员也会这么做。第二，它使得出售加密技术的美国公司与外国公司相比，处于一种不利地位，所以它导致了像微软这样的公司把它在美国加密技术的保密度限定到可以出口的程度，以至于使它无法做出不同版本的"Windows"。第三而且是最重要的是该法律在实现它的目标时是没有效力的，因为恐怖主义者、罪犯和其他任何此类人员都可以从国外获得强加密技术。

1999年美国改变了它的政策。2000年,美国推荐采用Rijndael算法作为新的高级数据加密标准(长度有128位,192位和256位三种)用于政府和商业用途。它还允许在经过商业部的初步审查之后,无须任何授权,就可以把任意长度的密钥出口到除伊朗、伊拉克、利比亚、叙利亚、苏丹、朝鲜和古巴之外的任何国家。

强加密技术使得企业机密或银行转账数据和其他敏感数据不会被第三方拦截和滥用。它很显然有伦理上的用途,而这就是其合理性所在。但是,它也会被用于非法目的,用于掩盖不合乎伦理行为以及非法行为,在这种情况下执法机构很难像其他情况那样进行追踪。我们再一次取得了技术要求驱动的发展。对下列问题没有展开公开讨论,是应该以这种方式发展加密技术,还是应该以其他方式保护私人信息的隐私权,用其他方式保护交易和银行转账的安全是否更为明智等等。随着防恐怖主义需求的增长,我们不清楚,在国家安全需要和保护合法的商业交易不受干预、盗窃和危害的需要,以及个人保护私人信息的需要之间进行合理权衡的结果是否会导致美国乃至全球政府政策的改变。无论结果如何,个人必须考虑在其日常生活和因特网的一般使用上采用加密技术这一事实表明技术要求和计算和信息技术超伦理神话扭曲了公众对正常行为和可以接受行为的认识。

一、加密、安全和企业

在目前情形下,公司可以并且应该采用各种措施来保护其信息系统中的文件和档案。从伦理的观点看,这种做法对客户的信息,如信用卡号,尤其正当。相关措施包括加密技术、防火墙、认证和授权、侵扰探测和病毒防范。破坏安全和违犯隐私权可能来自于公司内部,也可能来自公司外部,并且公司必须同时防范两种类型的违规行为。

内部的违规行为可以采取多种形式,包括公司员工出于好奇或无知,有意或无意地寻找他人电脑屏幕,其内容可能是私人的或机密的,并且只有公司中某些人才有权登录,还包括员工直接参与阴谋破坏行动和盗窃行为。前者可能会在有人正在使用计算机,这时他人偶然经过时,或员工离开办公桌,但在电脑屏幕上还有内容显示时发生。应该教育所有的员工防范私人信息,如员工履历,和公司的机密信息被盗用这种简单而又容易被人疏忽的违背隐私权的行为。

通常,只允许员工读取公司信息系统内的特定信息,而且登录公司的信息系统要求查验身份和输入密码。在公司内部,许多公司不太重视查验身份这个程序,任何知道他人用户名和密码的人都可以获取相关信息。这种简易的方法对公司的大部分信息是可以接受的,但对于应该保密的材料就不适用了。原因是这种登录方式太容易破坏系统了。安全要求定期地甚至是频繁地更换密码。但是,如果员工不得不记住许多不断更换的密码以登录不同的系统,也就难怪他们会把这些密码记录下来并存档于他们的计算机中。把写有自己密码的贴纸张贴在计算机屏幕上不是什么罕见的事,但这显然是违背安全操作的行为。维护个人履历的私密性和公司机密是公司所有员工的职责。荒谬的是,有时随着公司层安全意识的提高,个人用户的安全意识却降低了,因为对于非专业用户,这太复杂了。公司有责任安装适宜的系统并培训员工。员工有责任采取必要的防范措施。公司应该区分不同种类的信息需要的不同安全级别,并花更多的精力维护更为敏感的信息。

网络安全是一个特殊问题,因为会有许多用户出于不同的原因登录网络。常规信息的收集与涉及机密数据和文件的交流是不同的。加密和身份验证系统是最广泛采用的方法。但是这些方法又容易成为双刃剑。加密通常用于维护公司信息的输出,它在公司内部并不常用,尽管有时也会采用,特别是对于那些敏感性的材料。该方法可能希望读取其员工的电子邮件和网络使用记录。然而,如果信息被加密,他们就能保持私密性,因而不能检查,除非管理层要求它有一把可以破译所有员工使用的密码的密钥。

关于网络的使用,员工可以使用匿名服务器,从而使其在网上的搜索和交往不被识别和跟踪。这个系统为每个用户提供一个用于收发邮件和发送信息的匿名地址。因此,到达的邮件就没有发件人的姓名和地址,也就无法追踪。这样做防止了从外部进行跟踪,但它也可用于阻止内部追踪。雇主是否允许使用这种匿名服务器取决于管理层对员工登录和使用网站的控制有多严格。管理层应就此做出决议,并向员工公布。匿名服务器有时也会被发送垃圾邮件的人利用,来隐藏他们所发送的广告来源的身份。匿名服务器可以和加密技术共同使用,也可以不使用加密技术。

遗憾的是,窃取数据不再是专属计算机领域内一个无足轻重的行为。现在已经有为想获取密码的人列出密码或提供破译程序的网站。

安全和隐私有时会不一致,有时又会巧合。同时为两者提供担保的信息系统工具不断开发出来,这将有助于对两者提供更安全的保护。但是同时,技术发展得如此之快,以至于许多人都很难赶上它的发展步伐,这就加剧了已经存在的对安全和隐私的威胁。

二、匿名、机密和因特网

前面我们已经看到,诚实是支撑信息时代的必要美德和价值观念。没有了信息时代造就的诚实和信誉,本应发生的交易就不会发生了,错误信息将和信息占据同等地位,导致了无效和负面结果。一直特别积极的获取因特网信息的企业,要运用双重价值系统,因特网的发展方式也会产生内在矛盾。企业希望它所依赖的用户信息是准确的,或至少是大部分准确的。如果情况不是这样,消费者 A 声称其年收入有 10 万美元,但实际上其年收入只有 2 万美元,那么对他的目标定位就是错的。如果消费者 B 是个未成年人,但他却装作成年人,那么给 B 发送的任何促销信息都投错了方向。如此类推。企业寻求的消费者和潜在消费者的信息应该适度准确以保证其实用性。但许多企业,在期待并依赖他们的顾客提供准确信息的同时,并不让顾客了解他们获取那些信息所采用的方法,并通过他们的隐私策略和其他声明有意无意地蒙蔽消费者,这些声明技术性过强、过于复杂、费解、冗长、不完善,用户很难了解他们到底采用什么方法以及他们是否应该选择不接受。我们已经了解了一项需要用户选择是否接受的策略将是尊重用户的正式许可权比较好的近似法。而且,信息、广告和社论之间的界限在因特网上比在报纸、杂志上更为模糊，例如广告在哪里贴着标签呢？企业在因特网上对其行为的公布通常是不透明的，甚至是不存在的，这就进一步破坏了信誉。

因特网的发展方式意味着类似的矛盾也遍布在其他领域。电子邮件服务供应商允许用户选择自己的名字，通常还允许用户选择一个或多个化名。除了计算机占位，人们一般只有一个名字。演员可能会有艺名，一些作家用笔名发表作品。但拥有和使用化名的观念与犯罪相关，因而有些可疑。人们为什么要用化名？为什么他们要用假名从事一些活动？他们想要隐瞒什么？这些问题起因于这样一种观点，即人们使用真名是可以理解的，因为社会有足够的自由空间，人们在这种社会可以隐姓埋名的活动，保护自己的隐私，并且无须伪装身份就可以实现自己合法的目标。如果社会发生了变化，那么人们对化名以及伪装身份的一般态度就会与现在不同。如果社会与现在不同，那么信誉等级将会降低，人们就要不断地提防受骗或以他们不情愿地方式被别人利用。

现在让我们来考虑因特网、电子邮件、聊天室、新闻组以及其他论坛和其他在线交流和通讯方式。电子邮件供应商通常提供化名选择并且许多人使用化名这一事实在很大程度上体现了因特网的作用。企业和专业人员通常使用他们的名字作为电子邮件地址，因为他们想被别人认出，而且希望他们的地址很容易记。在商务生活和职业生涯中使用化名将造成混乱和功能失调。真诚，在这种情况下就是不用其他名称来确认自己的身份，推动了企业利益和相关人员的利益。

为什么在因特网的其他领域的情况就不是这样呢？答案似乎是人们在日常生活中享有的那种匿名权在因特网上得不到。这不是因为这种匿名过去得不到，现在也不可能得到，而是因为网络是由企业和其他利益集团组建，并为其利益服务的，他们力求获取关于网络用户的无限信息。

大部分人不用他们的化名、笔名和虚构的身份从事任何非法行动。他们在因特网上和在现实生活中一样遵纪守法。原因是多方面的，不同的人可能出于不同原因使用化名。有些人可能是用化名来回避和识别垃圾邮件;有些人是在聊天室聊天或在公告板及网站上张贴帖子时用化名来掩饰身份;有些人是想尝试新的身份,避免被人歧视,希望人们不依他的外表而是他的言谈来对他进行评判;还有人想要保护他们的隐私,保护其私人信息,或感觉这样更安全。无疑还有许多其他原因。

无论是什么原因,因特网作为一种信息源本应促进诚信,但事实上却助长了伪善、谎言、误解和欺诈。在一定程度上,这些都是正当的防卫策略,并在伦理上是正当的。因为他们普遍使用,人们应该知道他们是化名而并非真名,那些人可能并非是他们伪称的人或装扮的人,因此,并没有发生真正的欺骗。但是这种防卫如果成功,就会表明在作为信息时代基本原则的真诚和因特网的实际结构和功能之间存在着深刻的内在矛盾。这种做法进而不仅导致了化名的广泛使用,而且引发了从匿名器到认证者过滤器的各种形式的电子防护,这些工具都可以买到,尽管有时也会免费提供。

三、兜售信息

尽管因特网不是为了盈利,而且其大部分内容都是免费提供的,但因特网的每个用户都被企业认为是其潜在客户,不管他们是否知道这个企业。

遗憾的是,大部分用户并不了解他们在因特网上的活动在多大程度上是公开的而不是私密的。如果有人在公告板上张贴了信息,或参加了与名单上或新组织的其他人的讨论,他应该意识到那个信息或评论或谈话是公开的,而且可以被访问那个网站的任何人看到。很可能是人人都能看到。很多人没有意识到他们的信息或评论被存档和储存,没有意识到存在一些程序和网站,它们可以检索数据,如Deja 新闻在 15 000 个公告板和新闻组中编制索引,并可以根据访问频率和类型对个人记录进行分类[4]。经销商对信息的这种使用可能会令许多用户非常吃惊。你是否发表过赞同民主党参议员的言论?如果是,民主党可能就会向你募捐。你访问的网站也会提供有关你感兴趣的信息,然后把这些信息用于商业用途。你最近调查过污染水平问题吗？如果有，你就会被大量的抗组胺剂产品的广告包围。

正如我们所了解的那样，Cookies 技术使得网站所有者可以记录一个特定的人访问该网站的频率。网站将一个 cookies 放在接受者的硬盘驱动器上，所以网站的经理可以知道你从前曾经访问过这个网站，还可以记住你访问的次数和你浏览的内容。有人申辩说，这种做法对用户是有利的，因为它可以节省用户的时间，使用户可以获悉一些私人化信息和用户感兴趣的广告。然而，网站经理可以把那个信息和用户提供的任何注册信息以及用户的其他信息融合在一起，然后把这个信息卖给对此感兴趣的经销商。

这种记录的结果之一是直接营销，结果之二就是垃圾电子邮件，有时被称为"傻瓜广告"（"spam"），发送这种垃圾邮件的行为被称为"兜售信息"。⑤

尽管有人认为"兜售信息"并不比发送垃圾邮件更不合乎伦理，但两者之间还是有重大差别的，因为垃圾电子邮件还要人们花时间去阅读和删除，而许多用户是要为登录网络的时间付费的，而普通的垃圾邮件都来自邮局，可以很容易的投到垃圾箱，收信人无须向收到垃圾电子邮件的人那样为处理这种信件的时间付费。普通的垃圾邮件要求发信人为寄出的每封信付邮资，电子垃圾邮件几乎可以同时发送给成千上万的收件人，而不给发信人带来任何附加成本，尽管这确实给服务提供者带来一种成本，他进而会把这种成本转嫁到用户身上。因此，发信人没有理由去限制其发送邮件的数量，因为发送邮件的成本全部转嫁给了收件人，显然并没有得到收件人的许可。每封邮件给用户带来的成本可能都是很小的，但这种成本会随着垃圾邮件的增长而增加。这个问题对于那些每天要收到一百封或几百封垃圾邮件的用户来说尤为严重，因为这不仅浪费他们的时间和金钱，而且会使他们的邮箱阻塞或超负荷。此外，从伦理的观点看，许多发送垃圾邮件的人应受指责，因为他们盗用电子邮件地址，使用伪造的寄信人地址隐蔽他们的真实身份，还提供误导性信息，告诉用户如何才能把自己从名单上删除，而事实上这个做法根本就不起作用。如果发送的信件是攻击性的或只是为了骚扰收件人，堵塞收件人的邮箱，或者破坏收件人对电子邮件或网络访问的合法使用，那么这种企图和这种行为都是不当的。

除了上述种种行为之外,如果垃圾邮件是大批发送的,还可能会而且确实会使系统不堪重负。1998年,垃圾电子邮件超载致使太平洋贝尔因特网的电子邮件服务系统崩溃。花了4天的时间才修复了整个系统。不难设想这将使太平洋贝尔公司付出多大的代价,又将给使用该系统的用户带来多大的不便,甚至是损失。美国在线预计其邮件系统中有40%的邮件是垃圾电子邮件⑥。

理想的情况是,这样的邮件应该发给那些有相关信息需求的人,而且如果用户不希望接受此类服务,他就应能很容易地把自己从那种名单上删除。信息来源应该准确无误。

从伦理观点来讲,现有系统的缺陷就是许多行为用户并不了解,或未经用户许可。这种毫无顾忌的网站管理的潜在危害足以造成严重问题。但即使是守法经营的经理,也会在谋求利润或向潜在用户宣传其产品欲望的驱使下,采用一些用户不了解或许多用户还想深入了解的技术。许多人愿意拿有关他们兴趣的信息交换广告和折扣。那些做出这种选择的人可以被识别,也可以自己验明自己的身份。然而对于那些不希望被识别和跟踪的用户,应该在他们被跟踪时给予通知,应该让他们选择不准许跟踪。有两种防范措施。其一是在登录新闻组网络或在其他可收发电子邮件的公共场所时,只使用化名,并且立即删除用那个用户名和电子邮件地址收到的所有邮件。另一种方法是使用垃圾邮件过滤器对各种邮件进行身份验证,将他们删除并转移到一个特殊的文件夹。有必要使用上述任何一种方法都表明系统可以并且应该改变。

聊天室通常只要求有一个电子邮件地址就可以注册。所以用任何名称或化名都可以。因此人们会选择昵称。聊天室提供给孩子们的而且被其他许多人采纳的建议是,绝不要透露你的真实姓名。所以聊天室实际是匿名的,有一点除外,那就是如同在因特网的其他领域一样,在用户未知或未经用户许可的条件下,用户的访问记录可能被跟踪。聊天室存在的危险很多,最明显的一个就是性骚扰者会利用聊天室安排一次现实的约会,并且遭到冒犯的可能是儿童,也可能是成年人。如果进入聊天室的人必须用可考证的真名和真实地址,儿童或青少年还必须输入他们的真实年龄,聊天室的功能就会减少吗?显然,大多数聊天室都没必要创建。然而,没人被迫进入聊天室或被迫去聊天,而且言论自由支持对网络活动施加尽可能少的约束,只要这种言论不伤害他人。由于用户使用化名导致的匿名性在两方面起作用。一方面,它保护那些易受攻击的人免于遭受潜在的危害、歧视、垃圾邮件等类似情况,因为除非他们透露自己的身份否则别人不能认出他们。另一方面,它也妨碍了识别那些骚扰者或发送垃圾邮件的人。无论如何,像其他网络事物一样,聊天室也引发了匿名性、安全和因特网的责任问题,这些都值得进一步分析和讨论。接受现有的系统也就是接受计算和信息技术超伦理神话并承认技术的主导。

四、匿名、安全和责任

网络的现实发展改变了常规的匿名协定,尽管情况本来可以不是这样。在任何规模的普通空间,人们都可以匿名地从事各种活动,也就是大部分人不知道他们的身份。人们逛商店、购物、开自己的小汽车等等都不需要出示自己的身份,也没有人会这样做。教给孩子的一条通用规则是"不要和陌生人说话"。尽管我们有时也会在公共汽车、地铁或餐馆里与邻座的人攀谈,但我们通常只和熟人交谈,而且与陌生人交谈时,很少会互通姓名。然而,如我们所知,在因特网上浏览器不是匿名的。我们的 IP 地址会被记录下来,cookies 会被放置在我们的硬盘驱动器上,我们经常被跟踪并用姓名来识别我们的身份,有关我们的信息会与从其他来源搜集的其他相关信息相关联。在发送常规邮件的时候,我们使用真名,但在发电子邮件时,我们使用化名,赋予我们自身一定的匿名性。我们在聊天室和陌生人交谈,并与对方一样,用假名确立自己的身份。交流这种私人行为在一种非私人的环境下进行,同时我们所说的话会被允许登录聊天室的所有人以及公众看到。现实世界中的匿名性在计算机空间里变得可以辨识,在现实世界可以辨识的变成了匿名的,尽管在某种意义上在计算机空间里还是公开的。

注意这并非对它的好坏进行评判。但它确实与现实生活不同,而且这种情况是可以改变的。如果用某些查验程序进行身份鉴定,那些儿童和青少年网站可能会更安全些。在邮递或讨论组中,许多人确实用他们自己的真实姓名,有些讨论组不仅接受监督而且对提供这项服务的特定组织以外的成员封闭。对于聊天或对话而言,匿名性并不一定必要,只知道别人的名字不会与使用他们杜撰的昵称相比,不会有助于他们真正了解你。但前者的出发点是人都是真实的,而且对自己所说的话负责,如今这两点都不存在了。

日常生活中的匿名并不排斥责任和义务。我们对自己的行为负责。如果我们在公共场合做了危害社会的事,我们周围的人就可能会要求我们对自己的所作所为负责,他们可能会出面干预,也可能会诉诸政府当局。

因特网上的匿名性容易削弱权利和义务。有人通过匿名电子邮件散播谣言和诽谤或影射他人,包括社会名人,企业以及其他人。在聊天室和讨论组,成年人可以伪装成儿童,儿童也可以装成是成人,人们可以伪称具有某种他们实际不具备的专业技能,也可以伪装成任何一种人。人们对自己的言论不负任何责任。因此,很难谈论什么负责的话题。整体后果就是降低了因特网的信誉和可靠性。有些时候,有些情况下人们需要伪装和隐蔽,因特网具备这种功能,并为这样的交流提供了适宜的网站。与来自其他国家和文化的人交往和交流对双方可能都会有益。当这种交流建立在信任、真诚、可靠、责任和安全的基础上,而不是怀疑、担心、警惕甚至是猜疑的基础上时,双方可能会有更大的收获。然而,由于不存在我们在整个现代社会所享有而在计算机空间却被摒弃的合法的匿名权,因特网在很大程度上是以那种方式构建的。

上述讨论不能被误解为因特网应该关闭,或者只对特定的人和组织开放,或者限制性更强。开放性是因特网的重要优点。但是开放性一定要伴随着缺乏责任感是毫无道理的。人们应该自由地表达自己的观点,但言论自由并不意味着不负责任的言论和没有责任感的匿名言论。

第五节 因特网上的信息和资产

我们已经了解了在信息时代与资产相关的一些问题。由于因特网能够如此方便地为人们提供大量信息,而且使得搜索、浏览和复制极其容易,因此,它就会引发更多的问题。在因特网出现之前不可能发生的事如今引起了版权法尚未提供答案的问题。立法机构在力求弥补这些不足,法院一直将旧法律应用到新问题中。我们将以美国"数字千年版权法"为例,讨论美国高级法院对数字信息版权的几个裁定之一,以及网站开发所引发的几个问题。

一、数字千年版权法

网络之所以成为现实,是因为数字化信息的使用。它能以惊人的速度通过电子信号包的形式传输这些信息。任何可以转换成数字形式的信息,包括文本、图片、电影和音乐都可以传输。数字形式的副本和原始版本一样的逼真,不会像翻印或复制的照片那样有品质降低的现象,也不会像录像带那样出现磨损。

1998年批准的《数字千年版权法》(DMCA)的宗旨是使美国法律与世界知识产权组织于1996年召开的一次会议上签署的国际条约相一致。但是它的限制性条款至今还存在争议。它最初关注的焦点是保护软件代码,进而就是试图保护版权所有的材料。它遭到了科学家、图书管理学专家和广大学者们的集体反对[7]。引起争议的不是保护版权所有的材料的意图,而是它所采取的方式。它禁止对版权所有者用于限制他人使用而采取的任何"技术保护措施"进行干预,包括口令和加密技术。它还使得破译保护性密码成为非法行为。它还取缔了密码破译软件的开发和销售(有一些例外情况,如测试程序)。批评者说,这种做法间接地把版权保护扩展到密码编写者意欲保护的一切,而不是版权法本身规定要保护的材料。大家一致认可的是,如果有人破译了一个电子网站或文件的保护性密码,并确实违犯了版权法,后者将是触犯法律的行为。但是,反对这个法规的人申辩说,通过将攻击代码视为非法,版权法妨碍了安全和加密技术的研究⑧。他们声称,这个法规过于概括,并把版权保护和电子安全措施混淆在一起。美国是采用这种方法的惟一国家。

然而,从积极方面来讲,这个法规确实规定了从前只是由法院解释的网络服务供应商,包括图书馆和教育机构的合法行为。在该法案的特别条款下⑨,只要网络服务供应商严格守法,而且不知道有触犯法律的行为发生,那么其对因网络用户违犯版权法,张贴一些材料造成侵犯版权的行为不负任何责任。因此,只要大学不知道有任何触犯版权法的行为,它就不对其学生或教职员工张贴的任何东西或可能侵犯版权法的行为负责。

如果说一方面这个法规过于宽泛,但在电子复制这个领域内,它对很多问题都没有澄清,只是允许公共机构,包括图书馆,可以制作不超过3份的受版权保护的作品的数字保存本。而不能解决电子出版物引发的其他问题这一事实,致使法庭承受了解释法律并将其应用于该法案没有明确涵盖的领域的负担。

二、Tasini 与《纽约时报》

问题之一就是当某作家公开发表的作品,比如在报纸或杂志上发表,后来被出版商转换成数字形式,并发布在因特网上时,作家要求赔偿的问题。这种做法是媒体形式的转换呢,还是构成再版呢?高级法院裁定了一个例案,其裁决让人觉得有些违反直觉。在Tasini 状告《纽约时报》一案中⑩,法庭认为,为报纸和杂志撰写文章的作者,只将作品的出版权作为原始集体创作的一部分出售,除非他也出售了其作品的电子版权。使这个判决引人注意的是法庭认为,原报纸或期刊的电子版的发布侵犯了作者的版权,因为每个自由作家的文章可以分别读取,而不是作为原始版本的一部分(如报纸的原始页码,报纸的缩影胶片版就是报纸的完全翻版)。因此,《纽约时报》申辩说,在《纽约时报》或其他报纸或杂志上发表的所有自由作家的文章,由于当时都没有取得电子版权,因此公众就再也看不到这些历史记录的电子版了。造成这种违反直觉的推理的是因特网提供了直接方便的读取那些原印版很难得到的资料的可能性。人们无须去寻找一个可能拥有某报纸缩微胶片副本的图书馆,就可以方便快捷地读取电子版的文章了。当新版权法生效的时候,《纽约时报》面临着将1980年以来的所有自由撰稿人的文章全部删除的艰巨任务,纽约时报向所有作者提供一种决定是否将其文章保留在称为Nexis的数据库中的选择权。那些未得到作者许可的文章必须删除。

很难说,法庭对版权法的解释是否反映了该法案的宗旨,因为该法案从未考虑电子出版物和出版后的读取问题。作者观点的核心取决于这样一个事实,尽管印刷的出版物购买了出版自由撰稿人文章的权利,版权只是对集体作品而言(例如,发表的文章所属的那一期出版物)。作者保留了将自己的作品用于其他用途的权利,除非作者明确转让了这个权利。因此,作者可以出卖文章的其他形式,如其自己的作品选集,但报纸和杂志却无权这样做。准许文章作为报纸电子数据库的一部分等价于把这篇文章作为独立的实体卖给他们,报纸可以赢得额外收益,但是作者却丧失了劳动报酬。

在Tasini判决之后,对印刷出版公司来说,明显的解决方案就是在他们向自由撰稿人购买出版其作品的权利的同时,就向其购买电子版权,对电子出版商或原创出版商而言,最佳解决方案就是向自由撰稿人购买在其数据库中刊载他们作品的权利。这是最简单的解决方案,除非国会更改这条法规。争论的主题是已经发表的作品。无疑,公众应该可以在网上得到诸如纽约时报的过刊这样的物品,并且不仅可以读取和下载由报社记者撰写的文章(这些记者的作品归报纸所有,称为"受雇工作"),而且也应该可以读取和下载在报纸上发表过的由自由撰稿人撰写的文章。如果只能在图书馆的缩微胶片上找到,显然公众就不太容易读到这些文章了。但是如果报纸有偿地授权一家公司如Nexis制作过刊的电子版数据库,作者本人是否也应该得到一部分补偿呢?

在给定这个规则的条件下,如果图书馆想要保持出版物的完整历史记录,那么他们就不能只靠电子数据库,因为此后这种数据库可能是不全面的。他们必须继续储备硬复制和缩微胶片,这些必须亲自到图书馆才能得到。

图书馆也对正当使用的解释奋力抗争,因为这种解释可能认为在线借阅受版权保护的资料是非法的。这甚至会威胁馆际互借。如果图书馆让读者借阅书刊,那么读者可能就不会去买那些书刊,除非他们会经常使用或想要做标记,否则就会危及那些书对其他读者的用途。图书馆的存在无疑造成书刊销量的下降。现在图书馆要提供书刊的电子版,同样允许读者借阅。如今,不是每次让一个借书人借阅一本书籍或刊物,而是许多读者同时阅览同样的书刊。在线读者不需要影印一篇文章或一本书,而只需下载那篇文章或书籍,然后将其打印成硬复制就可以了。这些变化与图书馆的常规业务有本质区别吗?把一本书依次借给100个顾客与允许所有100个人同时在网上阅览同一本书有本质区别吗?如果允许读者借阅有形书籍,为什么不允许读者通过电传或网络分享书刊及其章节呢?反过来说,如果后者是不被允许的,为什么出借书刊和馆际互借书刊是允许的?答案可能是在网上的东西人人都能看到,因而可能会降低书刊的销量,而馆际互借往往又麻烦又费时,所以其对图书销量的影响是很小的。但对于绝版的作品这个论断是不成立的,因为这种商品不再出售了。在这种情况下,什么才构成正当使用呢?如果一些公司决定数字化绝版的作品,并向版权所有者支付一笔费用,情况会有所改变吗?那么图书馆是否必须为其读者使用那种资源呢?因为制作自己的电子版将是一种不公平的竞争,而且也会使那家公司和版权所有者丧失收益。两个独立但又相关的问题是:法律怎么说,伦理要求又是什么?

　　这些争议的核心是作者、出版商和公众的公平问题。自从版权法制定并生效后,法庭就一直在解释它。这是不同于判断制定的法规是否对所有人都公平的一项任务。立法者应该决定什么才是对所有人都公平的,以及是否要改变版权法来反映变化了的信息实体和信息渠道。其间,曾尝试过各种方案。例如,1996年,全国作家协会创建了版权交易所,向一些出售期刊文章、书籍和其他文本的在线网站收取版税。这保护了作家的权利,同时使得这些资料可以在网上得到。然而,与在图书馆查阅资料不同,要对下载的每种资料收取一笔费用,通常还是相对高的费用。

三、网　　页

如今，每个人都可以创建和拥有自己的网页。各种公司和网络服务供应商都为用户提供简单的程序用于创建网页。而且，这些网页很容易制作成具有多媒体效果的网页，可以随意地添加文本、图片、背景图案和音乐。创建网页的简易性，以及在因特网上复制从文本到声音再到图片的一切媒体形式的简易性，引发了侵犯版权行为盛行的问题。

我们现在才开始认识的版权法通常是很复杂的，只有了解了大量的法庭判决，才能确切的知道什么是被允许的，什么是不被允许的，什么是合法的，什么又是非法的。许多流传下来的判决都是高等法院做出的非一致性裁定，以及高等法院推翻了初级法院的裁定。这些事实表明，什么是许可的行为是不明确的。在网上冲浪并创建自己的个人主页的普通人，不管是成人还是儿童，总是错误地认为网络上的一切都是免费使用的，除非有明确的收费要求。不需要使用版权符号来标识某作品是受版权保护的。有些作品可以免费复制，但有些不能。除非有明确的说明，否则很难断定哪些可以复制，哪些不能。所以大学和学校以及许多网络程序倡导的简单规则就是，认为一切都受版权保护，除非有不受版权保护的明确声明。

事实上大多数人对印刷品都采取了这种态度。但是在那种情况下，复制一些东西，然后将它完好无缺的粘贴到自己的作品中是不太容易的。而且，在网络上，复制是如此容易，以至于很多人错误地认为这样做是合法的。这不仅适用于图片，而且适用于文本。有人认为在开放的聊天室发表的言论或在新闻组网络系统发布的言论是公众言论或不受版权限制，事实并不是这样。通过电子邮件收到的信件，如同普通信件一样，也是受版权保护的。

链接有时也会引起伦理和法律问题，大多数时候，链接不会引起任何问题。人们可以在自己的网页上添加一个链接，链接到包含一些浏览者希望查阅的信息的其他网站。但是关联到包含浏览者想要查阅信息的内部网页的链接时，就不应该直接引导用户登录到内部网页（而不是主页），即使这样做可以逃避网站的安全付费系统，或能避开支持这个主页的广告。用户也不应该链接到声明不允许链接的网站。

尽管在网上访问、读取甚至是下载信息供个人使用通常是被允许的，但复制和张贴通常是不被允许的。我们再次遇到了大量丰富信息的存在、读取和复制这些信息的便利性以及与之相抵触的控制自由使用的合法限制的矛盾。在知识产权法与信息的自由使用为公众带来的利益之间进行权衡变得日益复杂。采取限制复制的技术保护措施是可能的。然而更紧迫的任务是一个伦理问题，也就是判断如何才能既能保护合法的权利，又能为社会创造最大利益，这个问题至今尚未引起公众注意。

第六节 审查制度和色情读物

除了因特网的所有权之外，因特网的内容也会引起伦理问题，例如，暴力、指导如何制造爆炸及其读物。我们将以色情读物为例来讨论可疑内容的问题。

据估计在因特网上有 100 万个色情站点。这包括网站、新闻组网络系统中的新闻组、公告板、聊天室和 FTP 服务器。色情读物也通过电子邮件传播，并通过对等数据共享技术来共享。有些人甚至宣称色情网站在开发网络资源用于商业目的方面是最富创造力的。有些传播色情读物的网站过于冒昧，它们在其他网站上做广告，并以自动弹出的方式出现，有时会出现在用户认为与色情毫不相关的网站上。儿童用搜索引擎搜索"玩具"，就会遇到名为"性玩具"的目录，而且在其他与色情无关的目录下（如，女孩儿、男孩儿、小狗、传教士、海狸）性网页也会出现，因为这些网站被网页用大量的关键词来识别。

有三个问题:(1)色情读物与审查制度,(2)色情读物与儿童,(3)儿童色情读物。第一个问题触及言论自由问题。第二个问题提出了控制渠道的问题,第三个问题是在许多裁决中如何判定非法材料。

当然,色情读物不仅限于网络。但是因特网把它作为一个鲜明的问题提出,因为在因特网上可以方便的读取大量的信息,并且儿童也很容易接触到这些内容。

一、色情读物与审查制度

还不存在具有法律效力的色情读物的定义。人们对什么是色情文学和色情图画的看法差别很大。对有些人来说,任何对全身赤裸的描绘都是色情描写,而另外一些人认为只有对性行为的露骨描述才是色情描写,还有一些人的观点介于两者之间。对一些人来讲,内容很重要,而对其他人来说,企图激发人们性欲的意图才是关键。

色情读物本身并不是非法的,在美国它还受宪法第一修正案承认的言论自由的保护。但这并不意味着所有的色情读物都是合法的,事实上,有一些甚至很多都是非法的。那些淫秽下流的部分(那部分到底占多大比例还有争议)就是非法的。

关于淫秽的权威法律定义来自于1973年高等法院就米勒与加利福尼亚一案所做出的判决[⑪]。要确认为淫秽,有关资料必须通过一个三部分测试。陪审团必须判定:"(a)根据当前社会公认的标准,一般人是否会判定整个作品会引起淫欲,(b)这一作品是否公然地描绘或描述由适用的政府法律专门定义的性行为 (c) 从整体上看,这一作品是否没有重大的文学、艺术、政治和科学价值。"

根据批评家的观点,要采用这种方法有很多困难。谁是"一般人"?我们都是一般人吗?还是要设想出一些一般性的集体观点?两种方法都有明显的困难,因为人们对性及其描述的看法差异很大。每个国家对什么行为是必须禁止的,什么行为是可以接受的都有不同的法规,而且有些国家没有关于淫秽问题的立法。在一个国家和地区是合法的行为,在其他国家和地区可能就会被认为是淫秽和非法的。这使得淫秽变成了一种相对的事物。它还意味着某人在网络上发布的在其所属行政区域是合法的作品,会被另一个行政区域的其他人看到,而这个作品在这个行政区域是被视为淫秽和非法的,而发布这个作品的人也就犯了销售淫秽资料制品的罪。第三个检验不是社会检验,而是国家意志,然而它的阐述过于含糊,可以有多种解释,容易造成严重的分歧。不过,任何材料如果通过了前两部分的检验,而没通过第三部分的检验,根据陪审团的决议,也会被判为淫秽和非法的。此外,儿童色情读物,或有关儿童性行为的展示,都被定义为淫秽和非法的。

问题是要在言论自由和色情传播之间进行权衡。

许多人认为凡是色情读物就是不合乎伦理的。它的目的是激发性欲,而且蓄意染指婚外性行为,这些都是不合乎伦理的。购买色情作品的人与制造和销售这些作品的人一样,其行为都是不合乎伦理发,尽管后两种人的行为比前者更加恶劣,因为他们在腐化他人的思想品质。一些女权主义者认为所有的色情读物都是不合乎伦理的,因为它使得妇女成为性侵扰的目标,使她们人格受到侮辱,致使她们在现实生活中遭到男人的虐待。还有一些人认为它会造成恶劣的后果,如,性虐待、强奸、性价值观的败坏、对看到这种作品的人产生不良诱惑,对异常的性体验的认可等。那些持赞同观点的人说,色情读物对读者不造成伤害,而且提供所描绘行为的人不是被迫的,不对任何人造成任何危害,因此,总的来看,是利大于弊。

不管人们对色情读物本身的观点如何,认为它不合乎伦理但并不要求在法律上将其明令禁止。任何企图这么做的人都会侵犯他人言论自由的权利,它维护每个人在一定限度内通过谈话的方式或被认为是表达方式的其他媒体来表达自己的观点的权利。言论自由的权利可以剥夺,但只有侵犯了其他更重大的权利的时候或对公众权益造成严重危害的时候,如在拥挤的剧院高喊"失火了",或通过言论煽动暴乱,方能动用这种手段。那些想要查禁所有的色情读物的人与想要允许它存在的人争论的焦点是他们各自对允许色情读物流传可能造成的伤害的看法。总的说来,迄今为止,有关这种后果的研究和经验数据都不具说服力。

因此,现在许多国家都采取权宜之计。色情读物与淫秽制品不同,只要能够得到有效控制,并且只有同意接受这类作品的成年人才能读到,就准许其存在。色情作品不能在网络电视上播放,但可以在一些地方的付费专用有线频道上播放。在许多书店和报刊摊上都没有这种制品,但有些书店和报刊摊就出售这种制品,通常只卖给成年人,而且其封面图形非常隐晦。其目的不是防止接受这些作品的成人看不到,而是防止孩子们或认为这些作品冒犯他们尊严的偶然经过的消费者或浏览者看到。

然而,这种权宜之计遭到了因特网的破坏。尽管有些人认为,人们还是要主动去搜索色情作品,但这些作品如今比以往任何时候都容易得到,而且数量大,种类多,可能会通过使用搜索引擎无意间看到,有时还会通过电子邮件、自动弹出或误导性引诱的方式发给那些没有主动索求而且并不希望收到这些作品的人。而且,因为因特网不受地理国界限制,在因特网上从任何国家、任何地区以任意多的方式发布的图像和文本都可以在其他国家和地区看到。但是,在一个地区可以接受的东西在另一个地区未必能接受,这就使得可得许可的问题,色情读物定义甚至是淫秽的定义问题进一步深化,并且实施任何限制淫秽的法律都变得更加困难。

随着1996年美国通讯行为法的公布,色情读物和言论自由的矛盾问题到了摊牌的时候。该法案不仅把因特网上的淫秽而且把下流作品(以及非淫秽的色情读物)判为非法。其宗旨是防止孩子们接触到任何形式的色情读物。

二、色情读物与儿童

因特网不同于电视,因为电视是一种被动的媒体,收看电视的人可以选择频道,但不能选择在那个频道上所能看到的节目。而且,电视网上的电视节目和基本有线电视节目通常全家都能看到。也就是,不存在露骨的色情镜头,也没有正面全裸的镜头。当然,也有一些暴力镜头和少儿不宜的节目。但是,一些收视率评级系统会提醒家长,而且大部分电视台会为家长提供一种防止他们的孩子收看某些频道的节目的方法。隐晦的色情节目可以在某些场所的收费频道看到。因此,如果把色情传播看成是电视上的一个问题,这个问题已引起社会的重视。进入家庭的报纸不含有色情内容,如果有其他的色情印刷品,通常也只有18岁以上的成年人才能得到。

因特网提出了一个特殊问题,因为色情读物太容易得到,而通过信用卡来控制访问者的年龄也不能完全控制住。许多色情资料都可以免费得到,而且正如我们提到的,他们很容易通过搜索引擎找到。在那些无伤大雅的主题上搜索,似乎也会诱导孩子们不经意的访问色情网站。因此,批评者认为对因特网上的色情传播也必须像电视和印刷品那样进行管制。反对这种规定的人认为不应该让孩子们接触色情读物。大家一致认可的是确实不应该让孩子们接触色情读物。他们争论的焦点是如果成人愿意看色情读物,他们就可以看。色情不同于淫秽,一般而言是合法的,而且受到言论自由的保护,因而在因特网上不应该被查禁。只允许成人看准许孩子们看的内容,就是对成人的权利加以限制,在某种意义上等同于剥夺他们言论自由的权利。此外,他们申辩说,与电视不同,人们必须积极的在因特网上搜寻色情资料。而不能通过点击频道而突然显现,因为不存在频道。人们必须要求特定的网站或点击特定的链接,才会看到色情内容。

赞同因特网上的色情传播的人进一步辩驳说,防止儿童登录色情网站有许多方法可用。有诸如 Surf Watch、Cyber Patrol、ChildSafe 和 Net Nanny 这样的程序。后者追踪网站、新闻组和聊天室,封锁色情资料、憎恨文学、爆破教育等家长们想要封锁的一切。它提供了一个日志,以便家长可以了解其子女曾访问过的网站。它允许不同家庭成员根据成熟度选择不同的网络设置,而且可以设置为封锁因特网上私人信息(如姓名、通讯地址、电话号码和信用卡号码)的传播。ChildSafe 允许家长从可以收发电子邮件的任何地方知道他们的孩子正在做的事。这样的工具并不贵,又提供了家长们想得到的保护。所以即使孩子在搜索"玩具"的时候,碰到一个会引导孩子登录色情网站的程序,Net Nanny 也会封锁这个通道。而且,许多色情网站要求在得到登录许可之前,出示年龄证明。即使那些可以自由进入的网站,也会提出警告,说明该网站有描绘性行为的图片,并要求登录者点击一个声明,表示接受那些条款,其中包括登录者要在 18 岁以上的条款。当然,孩子们可以隐瞒他们的真实年龄,点击声明并登录。但是,评论者说,那是他们自己做出的决定,而监督孩子们的行为是家长的责任。没有人强迫他们。

尽管有这些安全措施,NetValue,一家网站研究公司,在其2000年9月进行的一次调查中还是报道说,孩子们在色情网站上花的时间比在游戏网站上花的时间多64.9%,有27.9%(大约有3百万)的17岁以下儿童访问色情网站,而其中有21.2%的儿童年龄在14岁以下[12]。反对色情传播的人得出结论:因特网上的色情传播必须用立法来控制,维护言论自由的人得到的结论是:如果家长门担心他们要负责运用各种可以利用的过滤工具和封锁工具来监督他们的孩子,他们就不应该指望政府以牺牲成人的利益为代价替他们做这份工作。

迄今为止,法庭认为1996年颁布的将下流行为以及因特网上的色情读物判为非法的通讯行为法是违背宪法的,也违背受宪法保护的言论自由。

学校和公共图书馆也在努力解决这个问题,他们对是应该封锁因特网,因而既要进行审查,又有可能封闭合法网站,还是应依靠教育和监督来解决这个问题产生了争议。2000年,63%接受调查的教师表示他们在课堂上使用一些过滤程序和封锁程序[13]。提倡在图书馆和学校使用过滤器的人认为如果孩子需要或想要登录合法网站,如过滤器可能会封锁的探讨乳腺癌的网站,老师或图书管理员都可以撤销过滤器。

2001年4月,美国通过了儿童因特网保护法(CIPA),它要求根据图书馆服务和技术法或者初等教育和中等教育法的标题Ⅲ接受一般服务折扣或资助的小学、中学和图书馆必须使用封锁或过滤技术防止孩子们去接触下流行为、儿童色情读物和"对未成年人有害"的视觉描绘。由地方校务委员会或其他地方当局决定不适宜内容的范畴[14]。从1998~2000年三年间,5 000个图书馆接受了来自指定联邦机构的1亿9千万美元的资助。

这个法案有几个方面需要提及。首先,它不仅要求封锁对成人来说是下流的东西,而且要封锁17岁以下的儿童不宜观看的网站。第二,在校务委员会或其他政府机构是否适宜的决定权。第三,它对用于封锁或过滤的具体工具没有特别要求,而把这个任务交给了当地负责人。第四,该法案只适用于那些接受指定机构捐赠的学校和图书馆。它的覆盖面比通讯行为法的覆盖面窄得多。

然而该法案还是被美国图书馆协会(ALA)和美国公民自由联盟(ACLU)提起诉讼。ALA宣称,首先,不存在有效保护儿童的过滤技术,因此它们的使用会造成一种安全的错觉。第二,孩子们应该看什么,不应该看什么的决策以及这个目标如何实现应该由当地政府做出,而不需要联邦政府授权实施封锁技术。第三,该法规限制了人们获取受宪法保护的信息。第四,该法规迫使图书馆,特别是那些位于贫困而偏远地区的图书馆在资金需求和强制审查之间做出抉择。

ALA和CIPA的其他反对者都不赞同让孩子们接触色情读物。问题是用联邦立法来查禁否则将不是非法的资料,并且控制限制儿童登录的方式。是否能制定一个既能防止儿童浏览网上的色情资料,又能尊重成人在网上获取合法的色情资料的权利还是一个有待解决的问题。

因特网是信息时代的中心,当所有人都能免费获取信息的时候,信息是最有用的。如果是这样,那么被查禁的内容就应降至最低水平,只要能维护所有人的权利和安全就可以了。尽管认为任何人在因特网上放置的一切都是可接受的这种观点有些极端,但是在一些国家在政治言论方面的政府干预还是明显过火了,而任何政府干预都冒着过度管制的危险。在诸如淫秽这样的问题上,判断构成淫秽行为的标准应由当地政府决定,全国禁令将针对最苛刻的领域,而不是最自由的领域。然而,这并不是伦理问题的最后一个方面。那些在实际地点提供色情服务(非淫秽)的人也受到各种管制。这些法规不应冒犯不经意的消费者。色情录像带通常存放在出租录像带的店铺的受控制部分,或携带这种录像带的店铺常常被限在城市或城镇的特定区域。对网上的色情传播也应采取相应的限制措施。网站的主页不应包含任何与色情相关的内容,并应明确指出该网站有裸体图片或性行为资料,指出有些人可能会认为这些资料会冒犯他,并且这个网站仅适于成人。理想情况下,那些能证明他们是成人的人才能登录这样的网站。现在已有成人身份验证系统,但未成年人很容易取得资格证明。不过,这种做法给未成年人施加了一种负担,这

238 意味着应该有一个教育程序,类似于讲解性教育的程序,通过这个程序向孩子们讲述色情的危害以及如何避免它。

　　家长应该负责决定安装程序的种类和他们认为适宜的过滤等级,应该监督他们的孩子使用网络。正如一些城市把色情读物限制在特定区域一样,为载有明显性行为资料的网站开辟一个专门的域,并禁止他们使用.com、.net 或.org 或其他不能说明其携带内容的域名。成人网站也应实施限制,不应使用诱导网上冲浪者无意间登录其网络的手段,这样做是欺诈行为,也是不合乎伦理的。搜索引擎应该把色情网站和载有明显性行为资料的网站与讨论有关性问题的网站、玩具网站或有关其他事项的网站区分开来,应该明确指出这一点,或拒绝在不适宜的类别下或容易误导浏览者的类别下列举色情网站。网络内容选择平台(PICS)是一个网站评级系统,相当于在个人电视上使用的"V-chip"技术,用于过滤包含特定程度的暴力、色情或裸体内容的程序,可以开发用于帮助限制网上色情传播。

　　社会已经发明了许多方法来平衡现实世界的言论自由和色情传播,相应的方法和伦理分析也可以成功运用于计算机空间中的色情传播。

三、儿童色情读物

　　第三个问题,儿童色情读物,不像前两个问题有这么大的争议。但是它引起了两个问题:一是定义问题,二是跨国有效性。

239 　　没有人公开为儿童色情读物做辩护。界定淫秽言行的高级法院决议自动认为儿童色情读物属于淫秽的范畴,视其为非法而且不必经过判定淫秽所必须的三阶段测试。反对儿童色情读物的理由是因为这显然是在利用儿童,由于年幼无知,不能对其被迫就范的性行为给予明确许可。这侵犯了他们的权利,而且对他们造成了直接伤害,构成了非常明显而且非常严重的不合乎伦理行为,足以构成违法行为。

　　认为儿童色情读物非法的其他理由包括:会对参与性行为的儿童造成伤害,因为成千上万的读者可能会看到这些材料;一般会败坏孩子的声誉;它与专门摧残儿童的恋童癖者相关联,并拿大量的相关材料进行传播和交易;而且它毫无社会价值。

1999 年在美国旧金山第九巡回上诉法院宣布 1996 年"儿童色情读物禁止令"(CPPA)的有关"虚拟"儿童色情读物的部分是违背宪法的,该法案⑮将儿童色情读物定义为:

> 有关性行为的任何可视图像,包括:照片、影片、录像带、图片、计算机图像或图片以及由计算机制作的图像或图片,无论是采用电子的、机械的还是其他方式制造还是制作的,满足下列条件:(a) 这种可视图像的制作,牵涉到利用参与性行为的未成年人;(b) 这种可视图像,描绘的是或看起来像未成年人在参与性行为;(c) 这种可视图像经创作、改编或修饰使其看起来像一个可辨认得出的未成年人在从事性行为;(d) 这种可视图像以这样的方式用于广告、推销、展览、描述或发行,以至于给人造成一种印象就是这种图像包含对正在从事性行为的未成年人的视觉描述。

法庭认为上述定义中如下措辞:采用计算机或其他方式制作的但没有利用真实的孩子的图像,包含看起来像儿童的成人的图像,或给人造成未成年人在从事性行为印象但实际上并不牵涉任何未成年人的图像,将受第一修正案保护的资料判为非法,而且其表达方式过于含糊,过于概括,不符合宪法规定⑯。

持反对意见的法官认为另外两个法官只考虑了对儿童色情读物牵涉的实际儿童的危害,这种危害足以证明应该取缔它。然而,政府在试图消灭儿童色情读物时,还要关注其他问题。他认为,虚构的图像对社会造成的危害和现实图像一样严重。要求只取缔有实际儿童参与性行为的色情作品使得执法极其困难,因为这要求辨认出具体的儿童来证明他们不是虚构的形象或者要求孩子的面部要在另一个人躯体之上。这就造成了一个色情作品作者可以、愿意并一定会利用的一个法律漏洞。而且,反对者申辩说,国会历史表明画像和类似的描绘不在司法范围内。该决议上诉到高级法院,最后维持原判⑰。

当我们跨越美国的疆界时,情况就更复杂了。大多数国家都有某种抵制儿童色情读物的法规。但这些法规差别很大。在美国,法律规定18岁以下属于未成年人。在其他国家,年龄界限可能会低一些,如17岁或16岁。有些国家对虚构的儿童色情读物是明令禁止的,另外一些国家却不是这样。在大多数国家,生产和销售儿童色情读物是非法的,但一些国家持有儿童色情读物却不算违法。在一些国家,网络服务供应商要对制止或消除他们网站发布的儿童色情读物负责,但另外一些国家,网络服务供应商对此不负责任。在多数情况下,法律对在线儿童色情读物和儿童色情出版物一视同仁,但还是有例外。在一些国家儿童裸体被认为是色情的表现,而其他一些国家认为这种行为是可以接受的,在不同文化背景下,地方标准差异显著,而且一定会比在同一国家内部的差异要大。

2001年1月,联合国教科文组织(UNESCO)召开了国际专家会议,讨论"儿童性骚扰、儿童色情读物和因特网上的恋童癖"。会议的宗旨是设计消除儿童性骚扰和因特网上的恋童癖的方法。因为儿童色情读物的流传和销售遍布全世界,联合国教科文组织正确地认为,执法、罪行侦察和罪犯的引渡必须在国际协调和合作的前提下开展。

控制儿童色情读物的需求是非常鲜明的,但是难于执行是由于全世界都可以登录因特网造成而提出的法律问题的一个范例。在因特网上,谁的法律适用?是发送者所属管辖区还是接收者所属管辖区的法律,抑或是两者都适用?不同行政区域对言论自由有不同法规,对控制还是不控制儿童色情读物也有不同法规。

法律的相似性使得执法更容易。应该更改谁的法律在许多情况下取决于伦理论据,而不只是法律或企业论据。缺乏充足的有国际背景的机构,如法律机制和执法机制,在这种情况下是非常突出的,并且提出了对国际标准以及治安部门、政府和非政府组织、网络服务供应商以及与因特网直接相关的其他组织和公众的协调的需求。

因特网有巨大的发展潜力,对企业的未来发展也有极大的影响。但要实现这种发展目标,企业一定不能忽视在现实生活中适用的伦理准则,还要将其运用到因特网上。因特网不是19世纪尚未拓荒的美国西部,如果要把因特网视同那时的美国西部,便一定会妨碍它的发展。

【注释】
1. 计算机技术中使用的技术术语的定义,参见 Webopedia(www.webopedia.com)。
2. 关于,参见 http://www.dei.isep.ipp.pt/docs/arpa.html 上迈克尔·胡本 (Michael Hauben)的"ARPANET 的历史",和 http://www.securenet.net/members/shartley/history/arpanet.html 上的"因特网的历史",其中还有很多其他在线历史。
3. 由克林顿总统于 1999 年 11 月 29 日签署的《反计算机占位消费者预防法》(PL106－13 的标题Ⅲ),该法案修正了 1946 年贸易法的第 43 款(15 USC 1125)。
4. 马修·霍恩(Matthew Hawn),《现在很容易对用户的网络记录做标识》(Easy Now to Keep Tabs on User's Internet Postings),《纽约时报》,1997 年 1 月 6 日。
5. "Spam"有几种含义。通常它指的是通过电子邮件或邮局发送给某新组织的不受欢迎的广告,尽管邮件的内容和组织目标无关。参见伊丽莎白·吉宾斯 (Elizabeth Gibbens),"嘿,布林肯莱茨博士,想要垃圾邮件吗?"(Hey, Das Blinkenlights, Want to Get Spammed),《纽约时报》,1997 年 6 月 2 日,p. C4;另参见 http://spam.abuse.net/spam/whatisspam.html
6. 罗伯塔·弗格(Roberta Furger),"垃圾邮件!它是如何发生的,如何击败它" (Spam! How it Happens and How to Beat It),《计算机世界》(*PC World*),1999 年 11 月,pp. 147－154。
7. 参见《数字千年版权法》(*The Digital Millennium Copyright Act*),http://www.gseis.ucla.edu/iclp/dmcal.html。
8. 爱德华·费尔顿(Ed Ward Felton),普林斯顿的一位教授,撤消了一篇描述加密系统缺点的会议论文,因为担心违犯 DMCA。参见劳伦斯·莱辛(Lawrence Lessig),《数字时代的监禁时刻》(Jail Time in The Digital Age),《纽约时报》,2001 年 7 月 30 日。
9. 《在线版权侵犯责任规定》(The Digital Millennium Copyright Act),参见 http://www.ala.org/washoff/osp.htm,ALA 华盛顿办公室,《数字千年版权法》。
10. 2001 年 6 月 25 日判决的"《纽约时报》对 Tasini 一案",121S. Ct. 2381,533 US (2001),有关判决的正文参见:http://a257.g.akamaitech.net/7/257/2422/28jun20011200/ www.supremecourtus.gov/opinions/00pdf/00－201.pdf。

11. 《米勒对加利福尼亚》(*Miller v. California*),413 US 15(1973)
12. 据全国儿童和家庭保护联盟报道:当前统计数据参见:http://www.nationalcoalition.org/ stat. phtml? ID = 53。
13. 全国儿童和家庭保护联盟。当前统计数据参见:http://www.nationalcoalition.org/stat. phtml? ID = 53。
14. 参见美国图书馆协会,"美国图书馆协会就儿童因特网保护法提出诉讼申请"(American Library Association Files Lawsuit Challenging Children's Internet protection Act)和 Multnomah 县图书馆新闻信息中心,"儿童因特网保护法:问题和答案"(Children's Internet Protection Act: Question and Answers),参见 http://www. ala. org/cipa/coparpessrelease. html.
15. 《美国法典》(USC)18,第 110 章,2256 节。
16. 参见《自由伪造:第九巡回法庭宣布虚拟儿童色情禁令违犯宪法》(Free Fakery: Ninth Circuit Declares Virtual Child Porn Ban Unconstitutional),中关于目前的事态:法律,http://law. about. com/library/weekly/aa122099a. htm。
17. 《阿什克罗夫特对言论自由联盟》(*Ashcroft v. The Tree Speech Coalition*)(No.00 - 795),2002 年 4 月 16 日[122 S. Ct. 1389]。

第七章 信息技术和社会:企业、数字划分和工作性质的转变

第一节 我爱你

2000年5月3日,一个名为"我爱你"的病毒席卷全球。它发送到任何邮件接受者的微软 Outlook 地址本里,删除和覆盖 JPEG 和 MP3 文件,并导致许多系统崩溃。到5月4日,至少20个国家的计算机感染了病毒。它在全世界造成价值70亿美元的损失,其中包括软件破坏、时间损失和商务损失在内。这个病毒蠕虫并非首例,但确实是到那时为止破坏性最大的一个。

到5月11日,病毒发作一周之后,发现病毒的制造者是马尼拉外的 AMA 计算机大学的一个学生奥尼尔德·古扎曼(Onel de Guzman)。因为菲律宾没有禁止这种行为的法律,因此古扎曼没有被起诉[①]。如果他在认为这种行为是非法的其他国家,就会被起诉。但是,因为当时菲律宾没有反对这种行为的法律,并且将其引渡到其他司法管辖区也是不可能的。

尽管不是非法的,古扎曼的行为是不合乎伦理的吗?如果是,我们又从这个例子学到了什么?

第二节 国际法律协调问题

"我爱你"病毒的例子说明位于世界上某个角落的单个人如何能对全球众多的人产生巨大影响,它引发了我将称之为"国际法律协调"的问题。这是一个协调各国法律,以便促进而不是妨碍在全球信息时代可以预见的全球贸易的共同发展。不过,这一问题的本身,又会引发四个相关问题:

1. 为什么伦理还不够——我们为什么需要法律？
2. 应该采用谁的法规，又要调整谁的法规？
3. 国家如何才能实现必要的协调？
4. 这样的法案如何实施？

我将用"我爱你"病毒的例子讨论这四个问题，然后通过考察其他三个例子来将分析进一步扩展。

"为什么伦理规范还不够"是一个合理的问题，而且它代表了许多企业和其他人的观点。那些主张通过企业压力进行自我管理的人认为如果公众需要伦理标准，那么就要建立不计较私人利益并且遵守伦理标准的企业。这是下列观点的另一种说法，也就是认为市场是一种自我调节的机制，市场力量比法制能对整个社会产生更好的效果，而法制常常达不到预期目标，并且对正在发展的技术而言，由于其过渡的管制，对初露头角的商业资源带来的危害可能比好处更多。

毫无疑问，伦理规范是必要的。遵守伦理规范的人和那些超越国界的伦理规范可以使信息时代企业顺利发展。但是，法制的必要性也有大量的先例可循。如果我们回顾产业革命时代的发展历程，恶劣的罪行要由法制来改变或塑造商业惯例。只举一些最明显的例子，如血汗工厂、恶劣的工作条件、极长的工作时间、童工、环境损害，都是通过立法来终结的。在大多数情况下，企业利益违背最终获胜的法规。自我管理不能产生必要的变化，一部分原因在于总有人会利用法规的不存在。资本主义发展最糟糕的方面是靠法律来抑制的。随着我们进入了以计算机和因特网为标志的信息时代，我们无须经历类似西部大开发的漫长岁月，虽然开发是受到法律许可和保护，可这些法律是为特权阶级服务的，而不是维护大众的利益。我们可以并且也应该向过去学习，而且一个国家可以也应该向其他国家学习。在全球化和信息技术问题中伦理和法律必要的相互作用，对预防问题产生的国家立法和国际法律协调提出了要求，而不只是在新的危害性的行为发生后再提供一种应对这种危害的解决方法。

"我爱你"病毒表明企业和通讯的脆弱性，他们对因特网的依赖性日益严重。菲律宾一个独立的黑客可以给全世界造成数十亿美元的损失。我们已经说过信誉是信息时代和因特网的核心,而信誉是通过所有参与人的伦理行为来实现的。但是防范那些违反伦理准则的人也是必要的。因此就提出了立法要求。

"我爱你"病毒这个例子从伦理观点来看,是十分简单的。因为危害无辜计算机用户是非常不合乎伦理的,所以这样的行为应该被判为非法,这一观点得到普遍认可。本例的问题不是说这样的行为不应判为非法,而是在全世界范围内以一种一致的而且适宜的方式来实施。

但是,设计一套适宜的、和谐的法规远比说起来要难得多。那些反对立法的人的担心是合情合理的,他们担心立法会妨碍因特网、信息时代以及这个时代中的企业的发展。法规必须足以限制危害他人的网络和信息技术的使用,同时有不能妨碍新的目前尚不可预见的技术的发展。显然,发布像"我爱你"这样的病毒应该被判为非法。然而,对蠕虫、病毒和因特网上的其他创新性方法的研究不应被判为不合法。应该把危害性使用和研究与发展区分开来,制定的法规不应阐述得过于宽泛,以至于妨碍了这种研究和开发的进展。

第二个问题是:谁的法规?"我爱你"病毒牵涉到的问题就是,菲律宾没有可以对奥尼尔德·古扎曼提起诉讼的法规。在这个问题上,菲律宾并不是惟一缺乏这种法规的国家,甚至是美国也是直到1986年才有适宜的法规存在。这是在计算机欺诈和滥用法通过的时候,利用这个法律就可以对1988年发起第一个因特网病毒的罗伯特·莫里斯提起诉讼。2000年6月,菲律宾总统签署了一条有关电子商务和计算机黑客的法令。不同国家制定的法规的巨大差异导致存在这样的可能性,那就是在一个国家是合法的行为,到了另一个拥有不同法规的国家可能就是可以提起诉讼的。一套统一的法规可能更可取,这样才能与因特网提供的跨越国界的统一的访问权限相匹配。

关于应该以谁的法规为标准的问题不能抽象地予以回答。但是在标准的制订过程中,伦理问题应该放在首位,而企业和特权阶级的利益应该与不同行为对公众利益的影响同时考虑。

这时候,有人可能会问,要以谁的伦理准则或谁的公正观为依据？答案是尽管不同社会有不同的风俗习惯，但基本的伦理规范还是一致的。如果一个社会不禁止任意杀戮自己的同胞，或没有财产及其合法保护的观念，这样的社会就不会长期存在。全世界对人权的重要性及其核心地位都一致认同。大多数国家都签署了联合国人权宣言。至于公正概念的分歧，通常是由于在利益和责任的分配上使用不同标准造成的。在国际事物和国际商务中，协议的作用就是调停这样的争端。在公平协议中，任何一方都要平等地对待另一方；没有一方会被迫接受它认为对自己不公正的解决方案；但各方都必须预备放弃一些它认为自己应得的利益，以便达成一个相关各方都认为比没有协调或协议的情况更好的解决方案。当应用到法律调整的时候，这意味着各国应用自己伦理准则的时候，也要考虑其他国家的法规和法律，并调整带来的种种利益。

如何实现恰当的法律协调？我们有不同的范例可以选择用于相关领域。但是在每种情况下，人们都会认为伦理规范应该起更大的作用。

在1994年的"关贸总协定"（GATT）中，规定缔约国应该向其他缔约国提供"最惠国待遇"，并添加了解决各种贸易争端的21项条款。1995年"关贸总协定"建立了"世界贸易组织"（WTO）作为解决成员国之间贸易争端的机构。这是国际法律调整的范例之一，称为协调。其目的是，为了实现共同利益，促进和推动成员国之间的自由贸易。

第二个范例是国际条约，例如与人权和环境保护相关的条约。这些要得到缔约国政府的批准。

第三个范例就是让各个国家发布自己的法令，然后，只要他们能实现基本相同的目标，各国就认为他们的法令是等价的。

在国际法律协调中有三个危险要回避。一是诱以同意最起码的共同点，而不保持最起码的伦理标准；第二是为达成一致，统一采取一种折中的中间立场；第三是只从贸易或私利的观点而不考虑伦理规范来实现上述两种目标。

在许多问题上各国对什么是合乎伦理的行为，什么又是不合乎伦理的行为都有一致的观点。在这些问题上，应该寻求基于相互认可的伦理准则和规范的协议,在任何特定的国家违背这些准则的行为都应该予以抵制,以倡导符合这些准则的行为。在存在伦理准则争议的情况下,妥协和协议听起来都不太合理。但是,如果任何国家都避免把其伦理观念强加给其他国家,协议就是合理的,只要通过协商,没有任何国家被迫接受它认为是不合乎伦理的条件。因此,协议就会令使用自己伦理规范的每个国家承认一个共同标准,这种标准会让它感到它得到的比它应得的少。每个国家都可以舍弃这个标准,以获取更多的它认为的伦理上可接受的利益。

实施是第四个问题。尽管各国可能同意调整他们的法律,但不是所有的国家都以同等的警戒实施这个协议或法律。世界贸易组织允许一个国家对违背世贸组织做出的用以解决争端的决议的国家采取报复措施。但是就因特网而言,对于由于缺乏国际法律协调导致的许多困难,报复不是可行解决方案。

人们正在设法建立适宜的法规,利用国际惯例来控制有害的蠕虫和病毒[②],但如前所述,这个任务非常艰巨,部分原因在于定义有害蠕虫和病毒的困难,要求这种定义不能制止同样或类似技术的合理使用。这个困难实际上对在所有司法管辖区一致立法提出了明确要求。因为如果一国法律允许了其他国家禁止的行为,第一个国家就成了可被人利用来发起攻击而又可以免受惩罚的地方。

就"我爱你"病毒这个例子,问题就是如何确保不存在,那些发起有害的蠕虫、病毒或尚未设计出的用以攻击计算机及其中内容的人可以利用的安全的避难所。如果存在一些司法管辖区,拒绝发布或实施相应的法规,那么那些国家就可以被看做是因特网的恶人区,并给予相应的措施。自我防护的原理使得尽可能的阻塞或拒绝所有的来往于这个可疑区域的网络访问成为正当行为。显然,在这种情况下伦理规劝已经不够了,需要采取法律行动。在一定程度上,这种行为可以被认为是违背言论和行动自由的。但是这些权利也不是绝对的,并且可以受到防止伤害自己和他人权利的正当抵制。

菲律宾试图对古扎曼提起诉讼并迅速采取行动弥补了法律漏洞这一事实表明,人们是愿意这么做的。然而,由于许多国家还没有这样的法规,因此还存在着来自这些地区的攻击的可能性。执法要有效力,必须在全球范围内取得一致。

除了"我爱你"病毒一例,因特网和信息技术还引发了许多其他需要国际协调的问题。我们已经谈过的三个这样的问题,其中有对色情读物,特别是因特网上的儿童色情读物传播的控制。美国和欧洲在信息隐私立法上的差异以及知识产权的各种定义,还有各种版权和专利保护的不同定义。

从伦理的观点来看,管制因特网上儿童色情读物的需要和"我爱你"病毒的例子一样明确,但从技术和法律观点来看,这个问题就比较复杂了。长久以来,日本都是因特网上儿童色情读物的首要来源③,大约有70~80%的儿童色情读物网站都是在日本创建的。但是,1999年5月,日本通过了将儿童色情读物判为非法的法规(他们将儿童的年龄范围限定在17岁以下)。日本此举有非常主要的意义。然而很有其他国家未将儿童色情读物判为非法。国际协调问题源于这样的事实,那就是含有儿童色情作品的网站可能在全世界都可以登录。此外,使用的法律也因国家的不同而不同。尽管描述幼童染指性行为的画像显然构成了儿童色情读物,但是对当事人要达到什么年龄才能被认为是成人的看法却因人而异。例如,国际劳动组织把14岁以下的劳工定义为童工。在美国和其他许多国家,年龄界限可能会更高一些。对儿童色情读物情况也类似。而且,在美国和其他一些行政区域,持有儿童色情读物是非法的,而在许多地方,只有销售或散布这些东西才是非法的。即使在禁止在网上发布这些资料的国家,实施禁止登录这样网站的大规模禁令也不是不可能,却是非常困难的。一些国家认为网络服务供应商和网络管理员应该负责删除在其管理的网站上出现的儿童色情作品。但是充分控制儿童色情作品在国际上传播的惟一途径是切断它的源头。2001年,19个国家,包括日本、韩国、土耳其和俄罗斯,发起了共同打击那些通过因特网生产和销售儿童色情作品的不法分子的行动④。

尽管儿童色情读物的控制问题看起来很清楚,但因特网上的成人色情读物控制问题会再次引起我们在美国视其为国家的行政区域间的法律协调的困难。既然在因特网上可以访问全球各地的网站,那么我们应采用哪个国家的法规呢?是发送者所属的国家,还是接收者所属的国家,还是两个国家的法规都适用。不同国家对言论自由以及是否控制成人色情读物都有不同法规。正如我们已经看到的那样,美国正设法通过立法(通讯行为法)来防止儿童接触到这些东西,但该法案已经被宣布为违反宪法了。并非是人们赞同儿童可以接触色情读物,而是,很难在防止儿童接触色情读物的同时,不会妨碍成人接触这种作品,而后者被认为是侵犯了言论自由的权利。

2000年11月,在一次立法改革中,法国法院要求本部设在美国的Yahoo网站封锁任何参与纳粹纪念品拍卖的法国人,援引了法国反仇恨法。Yahoo网站没有封索任何法国网络用户,而是撤除了纳粹纪念品。但是一个国家是否有权要求另一个国家的网络服务供应商不向生活在第一个国家的公民提供某种产品尚存争议。责任应该在希望封锁特定网站的国家,或禁止在因特网上进口购买特定产品的国家。允许任何国家要求另一国家的服务供应商限制第一个国家的居民的访问,会给网络服务供应商施加负担。目前也不清楚,如果一个国家威胁说要对服务供应商施罚金,这种罚金又如何收取(法国威胁Yahoo网站说一天将罚13 000美元),因为网络服务供应商在这个国家可能没有任何资产。

欧洲研究司法权限的委员会建议应适用服务供应商或网站本部所属国家的法律。这似乎是最有意义的。要求服务供应商在判断它应采取的策略时,考虑可能登录其网站的每个国家将会妨碍企业的发展并伤害消费者。欧盟正在按照委员会的建议采取行动,但它只是一个国家联盟,国际法律协调要求所有国家都取得一致意见。

法规的类似的执法更容易。对大多数人有利的伦理观点是赞成,对那些希望限制开发和使用防止用户访问的必要技术的人施加责任。它还赞成在供应商所处的行政区域而不是用户所属的行政区域执行适宜的法律行动的审判权。诸如儿童色情作品这样的普遍认为不合乎伦理的内容应该按我们上述讨论的处理有害病毒和蠕虫的方式予以解决。在确定需要调整的适宜法规时,伦理观点,而不只是法律或企业观点应该起到重要作用。

第二个问题是欧洲和美国在私人信息保护,特别是网络信息方面的差异。这个问题我们在第二章已经阐述过。

1998年欧盟指令要求公司必须通知其员工和用户,收集的有关他们的信息将如何使用:

- 公司只能将这些信息用于指定用途。
- 公司不能把员工和消费者的私人信息转移到隐私保护法规不完善的国家。
- 消费者有权读取公司收集的有关他们的私人信息。
- 消费者有权更正不准确信息。
- 消费者有权知道有关他们本人的信息来源(如果这个信息能得到)。
- 消费者有对非法处理有关他们的个人信息的行为有追索权。
- 消费者有权保留使用他们信息的权利(例如,在没提供理由的情况下,拒绝接受免费直接促销活动)。
- 公司在处理敏感性信息时,应得到用户的明确许可,包括种族、政治和宗教信仰、工会会员资格、医疗信息和性生活[⑤]。

这些条款并非美国法律所要求的。如果欧洲法律只适用于欧洲,而美国法律只适用于美国,就不会有国际法律协调问题。但是除了保护私人信息外,令欧盟指令引人注意的是第25款,其中规定私人信息只能转移至"确保有完善的隐私保护"的第三国,否则成员国"将采取必要措施来制止同样类型的数据流传到第三国"[⑥]。

欧盟实际上是将它的规定强加于所有想要与其有贸易往来的公司。因此,美国公司在欧洲收集的数据不能合法的传送到美国,正如一个欧盟成员国收集的诸如信用卡这样的信息不能传送到美国、日本或中国以及其他任何不具备完善的私人信息保护系统的国家一样。城市银行只有在制定了符合德国法律要求的一系列保护措施之后,才可以将德国国家铁路公司加入到德国最大的信用卡计划[⑦]中去。一些公司如美国快递已与欧盟国家签署了协议,以便他们可以继续和欧洲国家做生意,但不把他们的欧洲分公司收集的任何档案资料或数据传回美国总部。美国代表美国企业与欧盟签署协议,试图在不改变美国法律的前提下,为允许美国公司与欧洲公司做生意开辟一条道路,这种做法导致了所谓"安全港"条件的建立,这个条件就是一个企业要在欧洲做生意所必须承诺的条件。这些条件在某些方面和欧洲的限制条件类似,但在另外一些方面就比欧洲的限制条件宽松。美国政府一直在试图让欧盟官员信服美国对私人信息的隐私保护是非常完善的。但是美国政府的立场代表了企业阶层的利益,而不是美国消费者和公众的利益。迄今为止,欧盟未能接受美国就美国企业实行的自我管制的方法能满足欧盟指令规定的隐私保护的要求的担保,这是可以理解的。欧洲委员会认为人权是不能转让的,而隐私恰是这样一种人权。

在这种情况下,美国法律是否应该遵循欧洲模式?欧洲关于他们的立法实际上保护了被美国法律忽视了的人的隐私权的观点正确吗?我曾经说过,对私人信息怎样保护才是适宜的这个问题的答案不仅取决于隐私权。欧盟将其指令恰当的命名为"在私人信息的处理和这种信息的任意传播中个人利益的保护"[8]。

根据第二章的分析,对哪个国家(在本例中,即是美国还是其他)的法律应该更改这个问题的答案从伦理观点来看很清楚。公众并没有讨论这个问题。然而,在这种情况下,伦理标准应该摆在首位,施行伦理引导并施加伦理压力,而不是让法律的发展受企业和代表企业阶层利益的人摆布。

第三个问题是知识产权的国际协调问题。显然,经国际协调的有关知识产权,包括版权和专利权的法律促进了从药品到录像带的许多领域的国际贸易。成立于1970年的世界知识产权组织(WIPO),一直致力于建立各类标准,但这些标准只有被各国采纳才会生效。发展中国家和发达国家在知识产权方面的分歧依然存在。即使在发达国家,将保留版权的年限延长到作者的寿命期后1970~1995年,此后才能使用其作品,从伦理的观点很难维护,而最近20年的期限在美国没引起什么争论。国家之间真正的协议是直到最近才出现的,其目的是协调发展中国家和发达国家在艾滋病和其他疾病问题上的立场。

根据我们在第四章关于知识产权的分析和我们现在所了解的一些情况,我们可以就知识产权方面的国际法律协调得到一些结论。因为就知识产权而言,什么才是公平或公正的有许多不同的观点,这显然是一个需要协商的领域。世界知识产权组织和世贸组织都在这个问题上受到了严厉批评,因为他们极力维护发达国家的利益,并且他们制定这些标准和决议的过程缺乏透明度。要在伦理上保持合理性,受到重大影响的各方都应该有发言权,对他们的利益和观点应公平对待,得到这些标准和决议的过程应向众人公布。

尽管就贫困的国家支付得起的那些救生药品提出的论点非常重要,但同样的论点就不再适用于录像带和计算机程序的盗版。完全忽视知识产权从长远来看,对像印度这样的发展中国家来说是个拙劣的政策。印度如今正在通过采取一些尊重知识产权提供的激励措施来培植自己的计算机人才。只有认识到知识产权保护的利益,这些人才才能得到最佳培训、在世界市场上有竞争力,并期盼开发自己的软件,让全世界的人使用。然而目前应用于软件业的过长的专利保护期显然是不必要的,鉴于目前的软件开发速度之快,这种期限也没有任何意义。无疑,知识产权的整个领域都需要重新考虑,包括需要考察的有争议的声明,各种权利,不同保护水平,对不同产品界定的时间长度。通过将许多不同媒体聚合在版权法下的知识产权已经扩展了许多,远远超出了它的原始界限。目前这种万用的版权和专利法再也不能适应信息时代知识产权的需要了。

从这些例子我们可以得出有关国际协调问题的一些一般结论。第一是尽管许多领域的国家法律可能会差别不大并且不需要调整,但是经协调的国家法律还是促进和推动了国际商务和因特网富有成效的发展。由于国际商务从总体上说对各方都是有利的,因此和谐是个理想的目标。第二,当不同国家的法律有所区别,而且其中有一组法规能提供合乎伦理的更可取的方案,那么应通过协调赋予那种方案以优先权。第三,因为决定因素是伦理因素,这些问题就应在各种全国和国际论坛上明确提出,并应被予以重视。在这方面,公共讨论很重要,对共同利益的关注应该揭示关于法律应该是什么样的决议。最后,协议的目标应该是,反对方愿意放弃一部分他们认为他们应得并要求得到的东西,然而又不会被迫接受他们认为是不公正的条件。

第三节 企业和数字划分

所谓数字划分就是将人分成有计算机知识并能使用信息时代新技术的人以及无计算机知识和/或不能使用新技术的人。这种划分不必采用旧时那种在一国之内和贫富国家之间以贫富区别的这种形式,尽管在一定程度上良种划分方式是重叠的。

这种划分可以在一国之内进行,也可以在不同国家之间进行。在美国用计算机知识和技术的使用能在某些方面将老年人和青年人区分开来,在一定程度上也能划分贫富。但是任何划分都不是绝对的。有更多的美国年轻人比老年人更熟悉计算机和因特网,仅仅因为这样一个事实,那就是前者的成长伴随着计算机的发展而后者没有这种经历。买得起计算机的家庭都会买一台电脑让孩子们学习使用,并可以获取因特网上的信息,帮他们巩固他们在学校学习的功课。许多小学、初中和高中都为学生们配备了计算机,用于课堂教学,并让学生们使用。许多图书馆也同样让读者使用计算机,并提供访问因特网、收发邮件和其他电子服务。

对许多老年人来说,计算机是在他们毕业多年以后才出现的,而且早期的计算机需要掌握大量的代码,这为那些没有很多的时间用于学习相关程序的人设置了障碍。高级管理人员通常从不学习打字,因为打字的工作都是秘书代劳的,而且管理者也无须了解如何使用打字机。伴随着计算机的出现,他们回避了许多工作,因为有了键盘,也因为作为经理,他们有可以做计算机要求的工作的下属。甚至是收发邮件都可以由助理或秘书来处理。

随着计算机和因特网的使用变得日益简单和直观,这种划分变得不那么重要了。即使那些不会打字的人也能用传统"看着键盘打字"的方法逐渐进步了。许多使用计算机的老人发现电子邮件能帮助他们和家庭成员以及朋友保持联络,因特网不仅能使他们获取信息,还可以利用它进行网上购物。

在美国,贫富差别也不像人们想像的那样显著了,因为在学校和公共图书馆很容易就找到计算机。

在美国内部的这种划分,在其他发达国家也有类似结果。但是发达国家,通常也是更富裕的国家与不太发达的国家,通常也是比较贫困的国家之间的差距深化了。在不太发达的国家内部,贫富悬殊,公众以及在学校里接触计算机的机会很少,但是种种迹象表明,降低这种差别的前景还是乐观的。

说到世界上还有一半的人从未用过电话,更不用说计算机了,几乎都已经成了陈词滥调。即使他们能为计算机提供足够的电力,但需要每月支付的上网费和电话费也会使非洲国家大部分人都失去访问因特网的机会,而电力成本本身就远远超出了贫困国家大部分人一年的收入。尽管从理论上说,因特网可以为全世界提供访问服务,并为信息不灵通的人提供大量信息,但实际上这些基本上都不能实现。沙特阿拉伯这样的国家政府控制了所有的网络服务供应商,在许多国家里所有的供应商都是政府控制的。如果只有高级人物才能访问因特网,并且如果只有通过昂贵的远程连接才能独立访问国外其他的服务器,那么因特网将不对高压政府造成什么威胁。

了解了数字划分的方方面面,我们可以认为社会不同部门要承担不同伦理责任。自由社会有责任确保穷人不要落后,要保证他们跟上数字化进程,在公立学校和公共场所,如图书馆、邮局和政府办公大楼安装计算机设备,使得那些没有计算机的人可以收发邮件或读取公共信息、一般信息和分类信息。但是我们这里最关心的是企业应该承担的责任,他们的责任是什么呢?无疑他们的责任包括下列各项责任,这些也是良好的商业惯例提出的要求。

第一个任务和责任就是使计算机和因特网的使用简单直观,就像普通的电话一样。随着 Windows 的出现和用于辨识和启动任务的图标的使用,与需要用户掌握并输入大量指令时相比,如今的计算机更易于操作了。但是,随着 Windows 开发了更强大的功能,它也变得越来越复杂了。考虑一下消费者使用的普通器具。他们通常以按动一个按钮开始,又以按动一个按钮结束。要打开一台电视机和收音机只需知道如何按动一个按钮或旋动一个旋钮就可以了。使用上述任何一种电器都非常简单。计算机可以通过按一个按钮来启动,但这只是运行任何特定应用程序所要求的一组复杂过程的开始。我们再来看使用 Windows 关闭计算机的过程,首先必须找到"开始"图标,这个图标并不直观,若是像关闭其他机器那样,只按动 PC 上的电源按钮,就会给试图重新启动造成麻烦。这些都是最简单的计算机操作。任何实际应用都涉及、选择并了解如何掌握相关的应用程序。要学会网上冲浪就要了解如何登录,然后是如何定位,这比大多数应用程序,包括文字处理,都更简单直观。但许多服务供应商提供的屏幕都是混乱的,而且很难辨认。显然,计算机的使用非常不直观,迫切要求计算机制造者和工程师尽量使计算机更易使用。只有这样使用计算机能力的差别才能降低。

第二,文化水平低,并且一些国家英语知识不足是使用的障碍之一。计算机还要依靠书写媒介,键盘是这种媒介的主要组成部分。尽管要求使用计算机的人知道如何读写并不过分,而且尽管这种要求有时可以促进某些国家教育的发展,但它确实也限制了人们的使用。电视机、收音机和电话都不受这种限制。而且,语言和字母符号的认知也成了问题。计算机是一种多媒体设备,它可以并且也应该更少地依赖书面文字。这个障碍可以并且也应该在一定程度上被克服,只要用语言激活和执行基本任务,并把有关内容(键盘、文本和声音)转化成自然语言就可以了。这些方面的有关研究都正在进行,说明这些目标在技术上并非是不可行的。这种可能性对能将其变为现实的人施加了一种责任。

要把计算机普及变为现实提出的第三个要求就是人们能以其可以承受的价格购买计算机。这可以通过许多不同的方式实现。其一就是以较低的价格生产专用机器。随着计算机功能的增加,生产计算机的成本一直在下降。但对许多只需要基本功能的用户来说,计算机没必要是一种通用机器。能够访问因特网,而且和普通收音机一样便宜的专用机器可以克服贫困国家和任何国家的贫困用户的成本障碍。另一种提高使用率的方法,是巴西采用的一种方法,也就是以较低的成本或无任何成本地将计算机的重复利用,主要是为那些无力支付的人提供。这样的计算机比新款计算机速度慢,存储量低,但基本功能都可用,而且能上网。

第四个要求是通过不需要任何基础设施的通讯卫星方便地登录

网络。这样的上网机会可以在公共场所免费得到,可以由政府提供,也可以由私人企业提供。但还有虚拟自由企业开创的空间,他们的收入不取决于用户的费用,而是像美国电视网这样的依靠广告,或像美国的公营电视台和广播电台一样依靠私人捐赠。孟加拉国可以作为他国效仿的模范。Grameen 银行以向边远地区的妇女提供小额贷款,让她们去购买程控电话。她们偿清贷款,还能赚上一笔,因为她们只花一定的成本加上为数不多的费用就能愿意使用它的人打电话的村民的费用了。"电话女士"成了整个村子的电话中心,通过她这个小村庄实际上和全世界保持着联系。为计算机的采购和访问网络提供贷款的类似系统可以把整个村庄变成信息时代。

开发简单、直观而且成本低廉的普及方式的责任在某种情况下可以与制药业开发孤儿用药相比,在许多贫困的国家这都是必需的,但从事这种开发工作是无利可图的。换句话说,由数字划分造成的不利的一方的需要是值得关注的,因为尽管落伍不会造成生命危险,但也一定会影响他们的生活质量。这个责任要由那些能解决这些问题和满足这些要求的人共同承担。

数字划分还包括区分用户和供应商,编写软件代码的人和使用软件的人。在其他领域类似的划分不会引起任何问题,也不会在信息时代引起任何问题。不是任何使用电视或电话的人都需要了解其内部的操作,计算机和计算机程序也是一样。然而这种类比不完全准确。例如,充分利用因特网,可能会涉及拥有自己的个人网页,而且要在讨论组中发言、发布消息和信息等等。做这些事情要求的必要技能在逐渐减少,因为已经设计出相应的程序来执行这些任务。但是许多功能的使用和计算机的充分利用还要求人们了解一些如何使用这些应用程序的知识。

然而,生产者和用户之间的区别,没有必要与贫国和富裕国家之间的差别相对应。随着程序设计员开始在诸如俄罗斯和印度这样的国家展示他们的技能,美国的主导地位正在下降,在那些国家,即便是美国公司聘用的员工的数目也在日益增长。正如制造业有向不太发达的国家转移的趋势一样,计算机的制造和安装也有这种趋势。然而,各国要在这个领域内竞争,教育是必须的,那些没有普及基本教育的国家注定要落伍。

而且,使那些刚刚进入工业化时期的国家能够以低廉的价格以及方便的渠道获取信息技术还会引起侵蚀文化的伦理问题,在工业不太发达的国家这个问题尤为严峻。尽管这样的行动会缩小数字化差距,但有些批评者声称它会破坏当地的文化。对当地文化跨国企业又要承担什么责任呢?

只要当地文化不违背伦理准则,跨国公司就应该尊重它,并且要与之配合,而不要违背它⑨。尽管这个要求并不意味着跨国公司必须遵守当地不合乎伦理的文化习惯,如性别歧视或种族歧视。但它确实意味着要求跨国公司使用适宜的技术。关于把计算机和信息技术引入一种文化会不合乎伦理的破坏那种文化,必须牢记以下两个问题。

第一是跨国公司常常为那些改变当地文化的产品寻求市场而不是创建市场。例如,在中国,数以百万计的盗版美国影片,如"偷走了圣诞节的格林其",在美国电影院公映一周之内就会全部卖光。并不是跨国公司制造了那种需求,在本例中,他们也未因此获利。把电视、程控电话和因特网引入到贫困国家的乡村地区会改变那个社区。这只是全球化的一部分。如果北京人和莫斯科人喜欢吃麦当劳,喜欢喝可乐,正如他们所做的那样,那也只是他们自己的选择。这个结果也不错。计算机和信息技术也是一样。跨国公司在传播知识和技术的同时也在传播国家标准。如果东道国及其人民寻求这样的跨国公司,跨国公司不能因为破坏了当地文化而负伦理责任。

第二,当批评家控诉跨国公司破坏了当地文化的时候,他们并没有说明他们到底对什么不满。如果跨国公司在一个封建制度国家进入工业化社会的时候,间接促进了封建制度的瓦解,就不应该追究跨国公司的责任。实现这个目标既有更好也有更差的方式,伦理责任就是把给人民带来的损失降至最低。但是要求跨国公司丝毫不影响当地文化,这种要求就过分了。

如果工业化社会要发展,它必然会改变它曾经依托的农业文化。是要向资本主义发展,还是要向社会主义发展并不重要,是政府控制还是自由企业也不重要。工业化国家与其农业化国家的前身有所差别,从广义上说,这种变化制造了文化变革。

这样的文化变革是发展的一部分。我认为可以引进人们支付得起的技术到发展中国家,而不是加剧了贫富差别的技术。有时候那种技术将促进文化的发展,而不是破坏文化的发展,因为它使得人们可以接触更广泛的文化。

然而,就像孤儿用药一样,一旦开发出来,就会产生谁要对产品的销售负伦理责任的问题。这里,当地政府和国际组织显然要起重要作用。这不仅是正义的事,而且它无疑也是非常有益的事,因为将所有人引入信息时代无疑提高了全社会的福利,有助于消除信息获取和发展的不平等,并且能促进和平,因为各国和各族人民都不会觉得自己被遗忘了。

尽管我说过责任落在那些有能力开发适宜技术的人身上,但它也应落在所有身处计算和信息技术部门的人身上,特别是那些计算机和信息技术专家或立志成为这种专家的人。计算机和信息技术专业领域还在发展中。与医生、律师和其他类别的工程师不同,那些职业都有专业代码和职业伦理规范,迄今为止,还没有明确的计算机和信息技术专业,尽管已有很多这方面的专业人员。随着这个专业的发展,它的责任也会发展,这个责任包括尽其所能地缩小数字化差距,包括我们现在能看到的,和我们还不能设想的。那些发展的中心区是判断可能做什么以及如何做到的最佳区域。任务的关键是防止特权阶级和企业利益起主导作用,以至于重点完全在盈利性上,而不关心社会需要和社会价值。

这个责任似乎违背了我称之为"技术要求"的东西,或所谓的能发展什么就发展什么的主张。但是那种要求在很大程度上是由企业利益所驱动的,而开发和推广能满足处于数字划分的不利一方的需求的技术可能是无利可图的。克服技术要求造成的这种矛盾与不开发可能对社会有害的技术两者同等重要。

第四节 信息时代工作性质的改变

计算机以某些微妙和某些不微妙的方式改变了工作环境。秘书工作显然发生了变化,因为计算机已经取代了打字机,秘书们不再需要速记,也不需要了解如何操作录音机了,但他们必须掌握文字处理、数据库和工作表软件,以及从电子邮件到使用公司各种形式的在线表格、规章和数据库等各种应用程序。要求的知识和技能发生了改变,尽管具备高中教育水平的人还能应付这些工作。伴随着这种变化的是如今总是出现在每个办公室和每张办公桌前的计算机,因为即使是高级管理人员也要通过电子邮件来进行联络,而且也经常直接输入和寻找信息,从前他们都是靠别人来寻找和提供这些信息的。计算机和信息技术引发的伦理问题包括,从防止由于连续重复地向计算机录入数据所导致的腕关节综合症,到诸如产业的重新配置这样的重大问题。我们将考察由弹性工作时间、远程办公、全球化和专家系统引发的四组问题。

一、弹性工作时间

从农业社会转变到工业社会带来了新的守时的美德。在工业化时期,流水线的规则使得流水线上每个连续的作业取决于上一个工位任务的顺利完成。这种相互依赖要求每个工人及时做好他的那份工作,否则整个生产线就要关闭。工人们以这种方式相互依赖导致了对时间的严格控制,工人们实行轮班制。

信息时代的电算化、机器人和服务经济特征破坏了装配线模型。尽管工人们还是参加项目或集体活动,但是他们不再像从前那样密切相关了。与从前不同,他们既不在实体上彼此密切相关,也不在时间上密切相关,因为他们现在靠计算机、信息系统和数据库保持联系,他们将信息发送到这些信息载体上,并从中获取他们需要的信息。亲自到办公地点对许多工作来说,都不再是必须遵守的规定了。这就导致了对不同美德和不同技能的需要。这种情况导致的伦理问题与工厂或车间以及与那些机器相关的危险造成的伦理问题不同。在流水线上重复工作的乏味现在转变成在计算机上录入无数数据的乏味。流水线的危险,被腕关节综合症的危险,连续几个小时坐在不符合人体工效学的椅子上造成的疼痛的危险,被要求快速(速度要求似乎日益提高)准确录入数据的压力取代了。

目前的描述提出弹性工作时间、在家中工作以及结束沉闷乏味的重复性工作的可能性。

弹性工作时间的起因是这样一个事实,由于不存在流水线,因此再也没必要让每个人都在相同的时间(例如,从上午 8:00 到下午 5:00)甚至是任何时间,待在同一座办公大楼里了。管理人员和白领阶层有一些工作必须在特定的时间处理,但这个时间段究竟应该是从上午 7:00 到下午 4:00,还是从上午 8:00 到下午 5:00,或是从上午 9:00 到下午 6:00,抑或是在晚上,通常都不重要。一天中的重要时间还是人们认为他们能联系到他们本公司和其他公司的人的那段时间。但即使这种情况下,电子邮件、语音邮件、寻呼机和移动电话都不能使人们在办公桌前处理公务。

弹性工作制度的引进,使一些人可以避开上下班的高峰期往返于工作和家庭。它使得年轻的父母亲早晨可以送孩子们去上学,当孩子们放学时他们又能在家。它可以使工人的生活更舒适,比工业时代有严格的工作时间限制的时候要舒适多了。不是所有的公司都发现严格的作息时间不再必要了。但是许多公司已经发现了,这显然是许多工人崇尚的一种优势。既然如此,至少考虑实施他的可能性并尝试将它作为一种可选方案,似乎无须征求老板的意见。

二、远程办公

在家中办公或称为远程办公也是许多工人愿意选择的一种工作方式,也是许多公司应该考虑的工作方式。据国际远程办公协会和委员会报道,2001 年美国有 2 800 万人采用远程办公的工作方式(其中 21.2% 的人是 18 岁以上的成年劳动力)[⑩]。远程办公既有优点又有缺点。一方面,人们在家办公,使用计算机做指派给他们的工作,同时又与公司里的其他成员保持联络,不管他们是也在家中,还是在办公室。显然,在家工作,人们需要有自律性,能制定和保证自己正常的工作时间,不管这些时间是如何安排的,都要把这些时间全部投入到工作中,而不会因照顾孩子、做饭、料理家务等琐事而分心。老板直接亲自监督不存在了,同事的支持和友情也不存在了。再也没有机会围坐在冷饮箱或咖啡机旁和同事们闲聊了。人们独自工作,没有同事陪伴,只有面前的计算机屏幕上晃动的内容。对那些讲信誉的并能为其所得付出必要工作时间的员工的需求变得非常重要了。监督方式从亲自监督转变为对由计算机制作和提交的工作数量和质量的评价,或取得的销售业绩或其他适宜的生产率标准。必要时,也会召开面对面的需亲自出席的会议,但通常他们都是采用电话会议或网络连接的方式,或在因特网上实时交流。

如果在家办公,人们就可以随意穿自己喜欢穿的衣服,外表不再重要。但是,正如美国职业安全和健康署(OSHA)提到的那样,安全才是重要的。那么如果公司要对在家办公而受伤的工人负责,他们该负什么责任呢?由于公司不能控制工人家中可能存在的安全隐患,他们还应该对事故负责吗?美国职业安全和健康署试图对在家办公施行安全工作条件规定遭到了反对,认为它应该终止这种行动[11]。但是安全和责任问题依旧没能解决。

如果员工在家办公,他们还需要在公司办公地拥有一个空间吗?许多人有时在家办公,有时在办公室办公。这意味着当他们在办公室办公时,他们需要有自己的办公桌,自己的空间和自己的电脑,但当他们在家办公时他们就不需要这些设施了。关于多少空间有多长时间会闲置的问题是个成本问题。另一方面,在家办公的人通常不因他们在家使用的空间或他们自己家具的磨损而得到补偿,尽管在某些情况下,他们可以为其家庭办公室请求税收减免。

在家工作的人常常感到缺少了办公室提供的那种社会交往。他们从身体上和心理上都脱离了他们的同事,没有机会和同事们闲聊,甚至不能私下讨论工作,讨论公司里的事和本行业中的事。不能亲自交流,让一些人付出了代价,但另外一些人适应得却很快。但是成为公司一员的这种意识注定会削弱。

与远程办公略有不同的一种工作方式就是外包,可以是使用订立契约的员工,也可以是咨询顾问,或是临时帮忙。如果员工不需要亲自在办公室办公,并且可以通过计算机和其他电子媒体办公和交流,公司为什么还要雇佣这样的职员呢?如果他们只履行特定的一些工作任务,为什么不聘用他们作独立承包商、咨询顾问或临时雇员来履行这些任务,而一定要聘他们做全职员工呢?通过将工作外包,公司可以聘用一些人而不负担他们的附加福利,如医疗保险、休假、401(k)计划或其他养老金类的福利等等。为弥补这些不足,公司对外包的工作要支付比全职员工正常收入高的工资率,但它节省了管理费用,附加福利的成本,而且无须承诺要聘用这个人多长时间,意味着他们可能被随时解聘或不再聘用,而且无须支付解聘费和其他福利。

一些签约工人通过广告或网络找到工作机会,有时通过与其从前的老板订立合同,承担公司需要但又不想聘用全职雇员来做的工作任务。有些承包人和临时工人受雇于为承包公司和工人处理所有文书工作并收取费用的中介机构。中介机构找到工作,然后同时与承包公司和做这份工作的人商议工资率。独立承包商通常会提供一些聘用公司需要但本身不具备的专业技能。咨询顾问的情况也类似,他们因其宝贵建议或其他专业服务而得到报酬。

这种类型的工作职位的增加带来的净效果就是工作不再被定义为在一个公司拥有一个职位,为这家公司工作一段时间,可能是全部的工作时间。雇主和雇员的关系被割断了,随之而去的是信誉和承诺。独立中介取代了雇员对雇主的依赖。人们可以选择什么时候工作,到哪里去工作,可以就自己的报酬进行协商,这个报酬的高低取决于对某人才能的需求有多大。永久职位的安全换来的是随意选择工作的自由。尽管有些人能接受这个结果,但其他人还有疑虑。对他们来说,缺乏安全感,不知道能否得到委任,以及对一份稳定收入的需要都超过了预定的利益。

伦理问题与工作环境相关。这个问题对由一家公司聘用的全职远程办公的雇员与那些受聘为承包商和咨询顾问的人是不同的。前者有充足的理由期待并接受与在办公室办公的人同等的报酬,并获得同样的办公条件,尽管如此,他们在一定程度上,还是自己为自己创造办公条件。那些数目日益增加的非全职雇员的工作条件,引起了其他慢慢浮现的伦理问题。

这种工作性质的改变的副产品就是那些远程办公的人不再需要办公空间了。公司也不再需要坐落于大城市或特定地区的中心区域了。不清楚这是否会导致城市商业中心的终结。2001年9月11日,纽约世贸中心遭到袭击而毁损后,许多公司都决定离开纽约金融区,而在郊区或其他州设立基地。那个悲剧促使人们去做一些事情,工作条件的改变使这些事情成为可能。工厂的倒闭让人们认识到,当公司关闭其工厂的时候,它有伦理和法律责任给工人和社会以警告,并为两者提供一定的福利。这是否适用于关闭大的办公场所尚不确定,但这确实是一个值得考虑的伦理问题。

在信息时代,许多人从事自营职业,并把他们的工作承包出去。即使那些依旧从事传统职业的人也往往要根据他们对公司盈亏的贡献重新定位。公司再也没有了与终生供职类似的传统,即使是非正式的传统都没有了。公司现在都在考虑缩减公司的某些业务,以实现高效运营。由于公司对雇员的承诺减少,所以员工们也报之以同样的对公司不负责任的态度。就业督导向员工们提出忠告:他们再也不能像从前那样指望公司为他们规划未来,并逐步升迁了。如今每个员工都要自己规划未来,并对自己负责,而他的前途可能是在公司内部,也可能是其他地方的其他机会。

白领和服务工作的性质在信息时代发生了显著变化。除了讲信用之外,独立和一定程度上自己自足成为社会试图反复灌输给学生和那些要加入到劳动大军中的人的重要美德。传统的职业正在逐渐消失,而新的有不同要求和不同运作方式的职业正在发展。除了社会安全之外,医疗和退休也成了企业和社会必须面对的问题。如果雇主不再提供医疗保险和事故保险,工人可能必须通过其他方式以能承受的价格来获取这些保险。

尽管如今流水线的单调乏味已经被数据录入的单调乏味所取代,但是在信息时代这种单调乏味是可以消除的。计算机和机器人有能力做一些常规工作,包括流水线作业和数据录入。重复性工作是计算机和机器人最善于处理的工作。然而,过分依赖机器人和计算机,尽管可以把人从单调乏味的工作中解脱出来,但往往也会顶替曾经做这些工作的人。剩下的工作就要求人们更富于创造力、想像力、专业知识和技能(因此,一般要求更高等的教育),此外,就是诸如擦地板、倒废纸篓、擦窗户、收垃圾等琐碎的工作。因此琐碎工作和信息导向的工作的差距就会进一步深化而不是弱化,因为低能力要求的常规的位于两者之间的工作已经被机器人和计算机取代了。这是工作性质的改变带来的问题,但这并不是企业的过失。当然,它确实引起了一个社会问题,既由于加深了从事不同职业的人的差距导致社会不安定,需要帮助社会底层的人获取足够的报酬,以维护他们的尊严和自尊。

三、全球化

如今主流意义上的全球化还是比较新的概念。这个词用于不同的场合来说明不同的现象。我们这里关心的问题是通讯全球化,特别是因特网,它使得与位于另一洲的同事进行交流几乎和与位于同一办公大楼的隔壁的同事进行交流一样容易。这种跨国交流的便利性促进了跨国交流,使得跨国公司不仅可以在许多国家运营,而且可以在不同国家分配其职能,在一个地方生产一种部件,另一个地方生产另一种部件,在其他地方组装,最后销往全世界,同时在公司总部协调所有的运营。

通过因特网和有关通讯技术协调一个公司的广泛业务的可能性对不发达国家和发达国家都有影响。

在工业化时代,工作吸引人们到工厂和城市,促使人们移民到可以找到新工种的国家。例如,许多欧洲的失业人口都移民到美国。因此,欧洲的劳动力变得稀缺了,因而那里的工资水平就提高了,但美国的工资水平却下降了[12]。在信息时代,人们不再迁徙,工作却开始不断变化。因为工作不再与一个固定的地点紧密相关,而是可以在任何地方完成,所以跨国公司可以在世界各地招募员工。在一些地方,如印度,我们发现美国跨国公司聘用了当地的计算机编程人员和专家,编写程序代码并充当提供客户服务的技术人员,处理电话咨询,并在与美国用户工作时间相应的时间工作。大部分生产都从美国转移到不太发达的国家,如今美国主要是服务经济为主导。这些制造业不仅包括纺织业和汽车制造业,还包括计算机元件和其他信息技术工具的生产和安装。

因为远程工作不要求人们到现场办公,因此工人不仅可以在家办公,而且家还可以在世界的任何角落。造成是结果之一就是一些独立的承包人,比如编程人员会与不发达国家的同行竞争,在那些国家要过上优裕生活所要求的必要工资远低于美国。尽管这会使不发达国家的人受益,对美国工人来说,这却是一种负担。预计结果可能会是国外的工人得到比他们在本地企业工作挣得的工资要高的收入,但美国工人的收入却会降低。从全球的观点看,这似乎是公平的。从美国工人的观点看,这总是不公平的,因为由于发展中国家工人的存在,使他们的福利降低了。然而,美国的失业率一直保持在一位数以内,而负面影响也被发展中的信息产业创造的新的工作机会所弥补了。尽管如此,社会系统也必须改变,为那些不能赚到足够的钱来维持起码的生活水平的人提供医疗保险和其他资助,以免退回到从前全体工人遭到盘剥的状况。在目前情况下,工会似乎也不能解决问题,因为远程办公的劳动力涵盖众多不同的技能,地域分布十分广泛,并且涉及到与从这种制度中获益的同行竞争。

正如受计算机和信息技术影响的其他领域一样,我们还处于工作性质转变的初级阶段。然而,作为一个社会,公众和企业都应该警惕这种变化,并应考虑它的伦理影响。

四、专家系统

即使是专家系统也会受到计算机和信息时代的影响。专家系统是一组程序,设计用来模仿那些在其专业领域最优秀的专家的专业知识和推理过程,以便他们的知识可供他人使用。一个典型的例子就是特别擅长于诊治癌症病人的医生。通常他是一个癌症专家,并且由于其诊断准确,在同行中颇有名望。他是如何诊断的呢?他通常没意识到他自己是怎么做的。所以要开发癌症诊断职能系统的编程人员或智能工程师的工作就是观察这个医生几个月。医生诊断的时候,编程人员或助手的任务就是询问他,为什么会做出这种诊断:他观察到了什么症状,为什么这个症状很重要,他做出什么推断,在这种情况下他是如何根据他的观察和推断进行随访的?他问了什么问题,病人的回答引起了他对什么的怀疑?他如何进一步缩小可能的病症范围?在分析了他的思维过程、他问的问题,这个问题的答案引发的问题等问题以后,编程人员的任务就是把专家的诊断技术分解为连续的步骤。通常这会导致一个树形结构,其中特定的观察引至特定的路径,而特定的答案进一步通往多层序列,直到得到最终诊断。然后对如此构造的系统进行测试,考察遇到的新情况,它是否能得到与那个专家的诊断相同的结论。

一旦这个程序被开发出来,那么其他医生,非专业医生和经验不太丰富的医生,如果认为他们的病人可能患有癌症,都可以遵循程序制定的步骤来诊断病情。观察病人,逐个询问规定的一系列问题,根据相应的回答得到类似于专家的诊断。专家系统的使用已经被证明起到了显著作用。当专家不在的时候,程序使得普通的医生也能诊治疾病,而且准确度比没有使用专家系统的时候大大提高。对于不太常见的疾病和值班医生不太熟悉的症状的早期诊断,尤其是这样。

没有一个专家系统是完美的,也没人要求它们达到完美。在许多情况下系统可能都会失败。专家可能会辨识某种与环境相关的临床特征,这个特征可能会使得当前的病例与其他情况不同,但这个特征在开发程序的考察期间没有出现。程序设计员或编程人员可能在编程过程中遗漏了一些东西,或者专家和编程人员都没有询问或记录一些重要情况或推断。误解、未能构造所有情况和可能性,以及专家未能阐述他没察觉的活动等等,都意味着不能完全依赖任何专家系统。

不过,假设一个专家系统使得一个普通医生可以以 80% 的准确度诊断一种疾病,而没有这个系统,准确度将降至 50% ~ 60%。医生自然有责任去使用对病人最有帮助的技术,尽管这个系统不会产生总是正确的结果。

制作这种专家系统的人的责任就是使它们尽可能的完善和准确,不要夸大这个系统的能力,并且要随着专家知识的增加而不断更新这个系统。使用这个系统的人的责任不是放弃自己的判断而完全依靠这个专家系统。毕竟它只是一个需要恰当运用于在适宜场合的系统,对其结论也只需在一定程度上予以接受。负责现场诊断的医生必须对他的工作负责,这个责任不能转场给专家系统或它的制造者,除非他们确实有罪或有意行骗。

然而,专家系统的关键在于它们的性质和普遍使用。专家系统的普遍使用改变了使用和制造这些系统的人的工作性质。任何含有专业知识的领域都可以做成专家系统。既然某种才能可以通过专家系统来强化,为什么还有用这个领域的普通人才呢?不大规模地使用这种专家系统,似乎是没有道理。

当我们把专家系统、机器人和计算机的应用扩展到各行各业的所有领域时,传统工作性质的理念受到了冲击。工作只是需要执行的一系列任务吗?抑或它不只是或不同于制造产品和谋生所必须履行的任务?考虑由计算机控制的机器和机器人执行的生产必须有一些人来管理这些计算机和机器,如果计算机和机器人不会制造自己和编写程序,那么就可能还需要人们来做这些工作。人们要做什么呢?把所有的工作都交给计算机来做,以便人人都可以把闲暇时间用在自己想做的事上,或无所事事是一种最终目的吗?

要求许多的闲暇时间,使人们从工作中摆脱出来,有时确实是人们的奋斗目标。它是基于强制劳动的工作观念的一种奋斗目标,这种强制劳动本身是不令人满意,不能带来成就感的,不体面的苦差事。有些工作确实属于这种类型,因而应该尽可能的消灭它。但是还有另一种工作观,这种观点不将其视为强制劳动或可能是因为有过失而受到的惩罚,而是把它作为一种自我表现和发展的方式。即使计算机确实可以取代人来做大部分的体力劳动甚至一些脑力劳动,这种观点的理想目标还是在有意义的事业中寻求自我实现。

如果人类本质上是主动的而不是被动的,那么他们就不能从一味地消遣娱乐或无所事事而得到满足,他们在工作中寻求意义。而且如今的许多工作包括各种创造性工作,人们不只是为赚钱而工作,尽管他们确实需要一些钱来维持他们想要过的那种生活。但是许多富有的人都非常喜欢他们的工作,尽管他们根本不需要做任何工作,而且许多迫于生计而工作的人们也非常喜欢他们的工作。可悲的是许多人不那么认为。信息时代提供了把工作转变成一种有意义和能带来成就感的工作。无止境的休闲这个目标是个错误的目标。面临的问题是培养一种新的工作态度,并且重新考虑它在人类生活中的恰当位置。

而且,工作性质改变的影响比重新考虑工作在人类生活中的位置更深刻。专家不只限于医药领域、专业领域、贸易领域和生产力领域。应考虑普通市民履行的职责,而陪审员是其中一种。存在陪审员专家吗,具备丰富的知识、细心、机智、公正并且具备市民普遍认为陪审员应该具备的所有其他品质,有这样的人吗?如果有,陪审团应该使用专家系统吗?最后,如果确实可能,案件能由专家系统裁决吗,法官能由专家系统取代吗?案件能由专家系统审判吗?现在我们还没有能做这些事的专家系统?但在每个领域我们确实都有可以被认为是专家的人。我们想要求陪审员、法官和律师在他们的领域使用专家系统吗?如果有程序来指导他们进行分析,陪审员可能做出更公正的决议。如果有专家系统的疏通,法官的决议和宣判可能就会更一致。如果有专家系统的帮助,律师就能更好的为其当事人服务。然而,由计算机判案,或甚至是要求或允许在计算机的帮助下判案,涉及与我们现在的观点完全不同的对法律系统和判决的假设。

最后,我们还可以拥有伦理专家系统,在这个系统中,伦理分析专家的思维过程被编制成程序,以便他们可以帮助普通人进行复杂的伦理推理。当然,前提是存在伦理推理专家,并且这种专家是能够辨认得出的。这对于具有优秀品德的人,如圣母特勒撒,或著名的伦理理论家或伦理哲学教授,可能是真实的。当然,决定使用这样系统的人还要对他(她)的行为负责,而且遵循专家系统的指示不应该成为推卸责任的借口。不过,如果我们希望将伦理,我们是否应该设法寻求最好的向导呢?

这些问题向我们有关伦理推理和责任的传统观点提出挑战。这个推理链的下一步就是要看到计算机和信息时代以一种新的、紧迫的方式提出了工作的意义以及做人的意义。

第五节　做人的意义

诺伯特·维纳(Norbert Weiner)在1954年出版的一本富有创见

的书中,提出了计算机和他所谓的"人类的人性使用"问题[13]。他的论点今天依然适用,那就是计算机和信息技术不能奴役或支配人类,它们的使用应促进人类去做那些具有人性并与他们的身份相称的事。

约瑟夫·威泽鲍姆(Joseph Weizenbaum)于1976年提出类似的论点[14]。他告诫人们要警惕两种危险观点,其一是认为人类只是一种机器——计算机,而其能力要比机器低。其二是不能控制技术,使其支配了人类利益而不是为人类利益服务。

他指出了计算机和人类观点的改变带来的间接后果。哥白尼学说的变革使全人类感到震惊,因为他们再也不把自己看成是宇宙的中心了。达尔文动摇了他们对自我形象的自信,因为他证明人类起源于类人猿。弗洛伊德削弱了他们的能力,因为他证明有多少人受到不可控力量的影响,早期教育、无意识和潜意识的力量。计算机对人类产生了类似影响。在让计算机模仿人类之后,现在许多人让人类去模仿计算机。人是一种聪明的动物,或称之为有才智的动物。如果才智是人的最高级的属性,并且如果计算机可以造得比人还聪明,人的情况就更糟了。

用费尔巴哈(Feuerbach)和马克思的分析来说,这种悲剧是一种疏远。人类制造了计算机,如果他们让计算机替代并支配了他们,他们就与计算机疏远了。人类这样做以至于他们让计算机替人做决策,并且把想做的事限制在计算机力所能及的范围内。我们从冷战时期苏联和美国物理理论发展的差距就能对此有所了解。由于苏联科学家使用计算机的机会远低于美国物理学家,因此苏联的物理学就比美国物理学发展得快。

人类必须控制和决定他们要做什么,不要做什么。技术要求的观点是,如果能做到,人们就会去做。我们能比别人做得更好。那种要求说,我们可以利用计算机来做的事是无限的。但事实上,确实应该有限制。我们不能把伦理责任移交给计算机或者不能让它去决定或规定人类应当做什么。

工作性质的改变迫使我们去思索人类的未来,他们值得做的事以及人类、计算机或电脑控制的机器人之间的关系。科学幻想小说描写了各种情景。在大多数科幻作品中,我们只看到他们指引宇宙飞船去探险,却没注意普通的老百姓在做什么;或我们分割社会把人分成贫穷的、未受到良好教育的勉强维持生计的大众和通晓信息的会使用计算机的领导或领袖;或者我们看到控制新世界的信息和技术的少数人利用这些技术统治着大多数人。如今我们并没有面临任何上述问题。但是我们面临着选择工作和如何组织工作的问题,恰当使用信息和技术的问题,使用信息技术来发展壮大和发扬民主的问题,以及我们作为人类不应该涉足,作为个人、政府、或组织应制止他人追求的信息和信息技术的使用这个难题。

计算机和信息技术曾经被吹捧为直接民主的福利,因为选民可以直接就议案和公共政策投票表决,而不需要立法者作中介。这个模式过于简化了,并且任何设想的方式都不可能行得通。普通选民不可能了解各级政府的所有事务,也没有时间去仔细研究并就大量议案投票表决。代议民主制在民主社会里似乎总有稳固的地位,尽管有时全民表决和其他直接参与的情况可能是有益的,而且比现有的方案更可取。

计算机和信息技术也可以以一种不民主的方式使用,来进行宣传、控制和传播信息。在政府控制所有的网络服务供应商的国家,它有效控制了人们可以访问的网站,当它也控制了报纸、电视和广播节目以及其他媒体的时候,它的控制就更有效了。

随着信息技术进一步发展和应用,我们还需谨记人性意识、人性所推崇的自由和责任的重要性。

第六节 网络和国际背景制度的缺乏

对充足的背景制度的需要远不止国际法律协调问题。富有生产力的自由市场经济在很大程度上是与民主制度共同发展的。这不是巧合。因为市场经济和民主制度比任何中央集权的经济或任何类型的受控经济或任何专制政府都更能高效地处理信息。

在英国、德国、美国和其他发达国家,我们发现有必要用立法来禁止使用童工,消灭血汗工厂,推行最低工资制、改善工作条件、保护环境、保护消费者权益等等。当然,特权阶级的利益尚存、大企业对立法形式还有重大影响。但前面提到的各种法规的制订都没有听任代表企业的利益集团的反对。之所以能做到这样,是因为至少能在一定程度上对群众负责的民主政府的存在。

负责任的政府最关键的是要有一个反对派和众多社会组织:工会、环境保护组织和消费者协会、有调查记者的免费报刊和媒体,以及在正式选举中得到群众信任的政府代表。

我们看到在韩国、日本、东欧和前苏联等其他国家,其中既有民主国家,也有专制国家,当国家领导人贪污腐败的劣迹公布于众的时候,人民是如何迫其退位的。尽管专制制度确实能带动经济的发展并提高国家的生产力,但它们通常也是仅此而已[15]。

释放信息时代的潜力要求可以自由的试验、冒险和尝试在严格的专制制度下不允许尝试的新方法。在一定程度上,中国在某些地区允许市场的有限开放,但政治权利却掌握在领导人手中。它是否能维持自由市场和缺乏民主自由的政治之间不稳定的关系,还有待进一步观察。历史容易证明民主自由和政治专政这两者相互之间是不适应的,尽管强大的政府,如新加坡,总比软弱的政府,如俄罗斯和许多非洲国家,能更有力地扶植本国企业,促进经济发展。此外,专制政府比对人民负责的民主政府更容易助长高级领导人的贪污腐败。

不发达国家的专制政体通常是为贵族和国家领袖服务的。他们不必考虑大众的利益,通常他们也不考虑。他们没有这样做的动机,也不对人民负责。传统上认为群众是默许了,而因为不存在言论自由,使得反对意见无法表达。

与此相对应,自由市场和民主通常是共同发展的[16]。自由市场和其他许多东西,创造了经济实力的源泉,而这种经济实力要求在政府中有发言权,并要求参与国家管理。如果市场确定是自由开放的,而不是受少数家族或垄断组织的控制,它就允许新创业家的进入。最近在印度代表未来潮流的计算机软件和设计业兴起,可作为一个例子。现代技术,因特网、程控电话使得世界各地的人不仅可以了解其他地方的发展动向,并且可以进入不需要大工厂和大规模投资的地区去创业并参与市场竞争。跨国公司和全球化有助于民主制度和自由市场的传播,从而使发展中国家的人民受益。

然而,归根结底人们要靠自己改造他们的国家。人们不能坐等自由从天而降,他们必须自己来把握它。别人不能强制或命令某个国家成为负责的政府。这种政府必须从内部组建。改善劳动条件不仅可以通过外界的变化来实现,它还要求内部条件的变化,通常是人民提出改善劳动条件的要求,然后负责的民主政府将其付诸实施。

然而,发达国家的跨国公司和政府可以并且应该对他们的行为承担伦理责任。他们和发达国家非政府组织都发挥着积极的作用。发展中国家不应因其漫长的资本主义发展过程而受到责难。他们可以并且也应该从西方资本主义发展的历程中了解到法制和民主进程,特别是政治自由对自由市场十分必要。信息和技术的传播可以缓解他们创业的艰辛,在这方面,跨国公司可以并且在一定程度上确实起着重要作用。

如果人类要取得全面进步,公正的背景机构也是必需的。我们已经讨论了国际法律协调以及诸如世界贸易组织和关贸总协定这样的国际组织的重要性。因特网的国际管理、因特网的使用是否适宜和必要还是有待讨论的问题。但正如适宜的背景机构,包括适宜的法规,对于抑制产业资本主义的不利趋势是必要的一样,抑制因特网和信息技术的不利趋势也是需要适宜的背景机构的。

第七节　结　　论

本书反复强调了信息技术开发和实施过程中专家的核心作用,以及与这个核心作用相伴的责任。是否存在不应使用计算机的领域呢?我们只谈及了有关专家系统的一些问题。任何可能会降低人类的品格、奴役人类和伤害人类的用途都不应开发。尚未解决的问题是那些产业中的人是否愿意担负起监督他们同行的责任。

从社会的观点看,信息技术带来的一个难题是许多活动都在暗中进行,因而普通人看不到,这个问题我们在前面的章节已经以各种方式列举过了。在用户未察觉的情况下,暗中记录和收集网络用户信息的这个例子中,这种不可见性是显而易见的。在计算机芯片携带有鉴别器和硬件含有后台操作程序的情况下,这种不可见性也很明显。

然而,不可见性是一个相对用语言。对普通用户通常是不明显的行为,对计算机芯片的设计者和能接触到程序和软件源代码的人来说却是明显的。在这些情况下,社会就要依靠专家来获取有关事态进展的信息。让那些信息技术领域的人来判断什么对社会是有益的,什么对社会是有害的,这种要求是过高了。但是让这些人向公众公布影响公众利益的事,以便及时发现或防止不合乎伦理的行动,并将其定为非法,并且得以就信息技术的伦理规范展开理智的讨论。

本书以计算和信息技术超伦理神话开始。那是个永恒的主题。后续的章节证明,对那些被普遍忽视并应在公众中展开公开讨论的问题也存在着伦理规范。不加批判地一味追求技术要求的危险行为正是遵循计算和信息技术超伦理神话的结果,幸而通过讨论,这种行为是可以避免和缓解的。需要社会不断讨论的是第三个主题,正如我们看到的那样,在本书中,这是从业于信息产业中的人的责任。本书是就一些问题展开公众讨论的一种尝试。第四个主题是,作为一个社会,作为计算机和信息技术的用户和开发者,我们不应该认为技术的现状是不变的。在讨论企业和技术中的伦理问题时,核心问题是一种信念,既企业和技术是为人类服务的,反过来是不对的。和在其他领域一样,在计算和信息技术领域,对企业有利的事,并不一定对人类有利。社会还没有发展到技术和企业的利益失去控制的阶段。那些对企业伦理和信息技术产业感兴趣的人的任务就是要确保新发展和新变革一定要为人类谋福利,而不是伤害人类,这里的人类包括个人和整个社会。

【注释】

1. Kim Zetter,《病毒:下一代》(Viruses: The Nex Generation),《计算机世界》,278 2000 年 12 月,p.202,详细描述了从 2000 年 5 月 3 日到 8 月 21 日撤诉为止的整个事件的发展。另参见 ZD 网络新闻(路透社,2000 年 6 月 14 日)和 http://www.zdnet.com/zdnn/stories/news/0,4586,2587617,00.html?/chkpt

= zdhpnews 0。

2. 参见斯坦斯·希尼尔伯格(Stein Schjolberg),《法律框架——未经许可登录计算机系统:37个国家的刑事立法》(2001年2月22日第一次更新)参见 http://www.mossbyrett.of.no/info/legal.html;和 http://www.internetalliance.org/policy/leswp.html 上的《因特网执法和安全的国际管制框架:因特网联盟白皮书》。

3. 斯蒂芬妮·斯脱姆(Stephanie Strom),《日本立法者对严格了对未达到法定年龄儿童的禁令》(Japan's Legislators Tighten The Ban on Under-Age Sex),《纽约时报》,1999年5月12日,p. A6。

4. 沃伦·霍格(Warren Hoge),《19个国家参与打击因特网上的儿童色情传播》(19 Countries Join in Raids on Internet Pornography),《纽约时报》,2001年11月29日。

5. 参见 http://www.lumeria.com/paper1/5.shtml,《欧盟隐私令》,Lumeria公司。

6. 欧洲议会及委员会于1995年10月24日颁布的有关在私人信息处理和这种信息的任意传播中个人利益的保护令95/46/EC。可在 http://europa.eu.int/smartapi/cgi/sga-doc?smartapi!celexapi!prod!CELEXnumdoc&lg=EN&numdoc=31995L0046&model=guichet 查到。

7. 西蒙·戴维斯(Simon Davis),《欧洲到美国:没有隐私,没有贸易》(Europe to Us: No Privacy, No Trade),在线文档,6.05-1998年5月,http://www.wired.com/wired/archive/6.05。

8. 欧洲议会和委员会令94/EC和95/EC。

9. 对于维护这个声明的观点,参见理查德T.德·乔治(Richard T. De George),《在国际商务中诚实地参与竞争》(Competing with Integrity in International Business)纽约:牛津大学出版社,1993年,第52—53页。

10. ITAC远程工作新闻,1.3期(2001年10月23日),参见 http://www.telecommute.org/newsletter/newsletter1.3.shtml。

11. 美国职业安全和健康署当前有关居家办公政策的网站,参见:http://www.osha-slc.gov/OshDoc/Directive_data/CPL_2-0_125.html#purpose。

12. 关于移民对工资影响的分析,参见R. 斯科特(Bruce R. Scott),《地球村的大分配》(The Great Divide in the Global Village),《外交事务》(Foreign Affairs),2001年1~2月,v.80,1,第160—177页。

13. 诺伯特·维纳(Norbert Wiener),《人类的人性使用:控制论和社会》(The Human Use of Human Beings: Cybernetics and Society),修订版,第二版(波士顿:霍顿出版社(Houghton),1954)。

14. 约瑟夫·威泽鲍姆(Joseph Weizenbaum),《计算机的能力和人类的理智》(*Computer Power and Human Rtason*)(旧金山:W. H. Freeman,1976)。
15. 关于继苏联之后俄罗斯资本主义发展的详细情况,参见《企业中的伦理问题》(*Ethical Issues in Business*)一书中的理查德·德·乔治的《双重标准:国际商务伦理和资本主义萌芽》(*International Business Ethics and Incipient Capitalism*)一文。(新泽西:普林蒂斯·霍儿出版社,1999),pp. 418 – 31;和我的《沙利文型的原则和美国在新兴国家中的跨国公司》("*Sullivan-Type" Principles for US Multinal in Emerging Economies*),《国际经济法期刊》(*Journal of International Econonic Law*)vol. 18, no. 4, 1997 年冬, pp. 1193 – 210。
16. 阿马特亚·森(Amantya Sen),在其《自由发展》(*Development as Freedom*),(纽约:阿尔弗雷德 A. 诺普夫公司,1999)提出了他的论点,从经济观点来看,民主社会中,资本主义是最具生产力的社会制度。

索 引

（本书索引为原书索引，所列页码为原书页码，在本书中为边码。）

Abacus Direct, 156
accountability 责任
  definition 定义, 31
  and responsibility 和职责, 29~31
accuracy, as a virtue 准确度，作为优点, 23
Acme-Rent-A-Car, 58
Advanced Data Encryption 高级数据加密, 215
Advanced Research Project Agency (ARPA) 高级研究项目署 (ARPA), 204
Africa 非洲, 137
AIDS, drugs for 艾滋病，药品, 137
algorithm 算法, 134
  and patents 和专利, 149~151
  Rijndael 215
aliases 化名, 219, 220
AMA Computer College AMA 计算机大学, 243
Amazon.com 亚马逊.com, 151, 158, 162~3, 185, 212
  privacy notice 隐私声明, 168
America on Line (AOL) 美国在线 (AOL), 206, 207, 222
American Civil Liberties Union 美国公民自由联盟, 236
American Express 美国快递, 251
American Library Association (ALA) 美国图书馆协会 (ALA), 236, 237
analogy 类推
  argumentation from 论点 25~6, 94~5, 132~4
  and e-business 和网络企业 189
  and hacking 和不轨用机, 32~3
  and liability for software 和软件责任 199~201
  software 软件,
Annan, Kofi 柯非 安南, vii
anonymity 匿名, 57~8, 73, 218, 219, 223
  and responsibility 和职责, 223~5
  and trust 和信誉, 219
antitrust laws, and B2B 反托拉斯法和企业对企业, 180~1
Apache 阿帕契族, 124
Apple Computer 苹果计算机, 137, 142, 150, 153, 183
Aristotle 亚里斯多德, 24
ARPANET 美国国防部高级研究项目署网站, 204

Association of Research Libraries 科研图书馆协会,198~199
auctions, on-line 拍卖,在线,177~80
Audio Home Recording Act 家庭音响录制法,144
Audiogalaxy,121
authentication 认证,161~2,216
and B2B 和企业对企业,177

Bangladesh 孟加拉国,257
Barnes & Noble 巴恩斯和诺伯,151,158
Beijing 北京,259
Bell South,107
Berman, Howard L. 伯曼·霍华德 L.,152
Berne Copyright Convention 伯耐版权公约,127
Berners-Lee, Tim 伯纳斯~李,蒂姆,149
Better Business Brueau 优秀企业局,162
Bezos, Jeff,151
Big Brother 老大哥,111,208
Black, Justice Hugo 黑人,法官雨果,41
board of directors, self-interested 董事会,自私自利,187
Bork, Justice Robert 法官罗伯特,66
Borland 公司,153
Brandeis, Louis D., 布兰德斯,路易斯 D.,41
Brazil 巴西,257
Broucher, Rick 布劳彻,里克,152

Bush, George W., 乔治 布什 W.,79
Business Method Patent Improvement Act, US 交易方法专利改进案,美国,152
B2B 企业对企业,157,175~81
kinds 种类,175~6
and trust 和信誉,176
B2C 企业对顾客,157
and privacy 和隐私,165~72

CD,144~7
censorship, and pornography 查验和色情读物,231~41
chat rooms 聊天室,219,222,223~4
Child Pornography Prevention Act, US 儿童色情读物禁止令,美国,239
Child's Internet Protection Act, US 儿童因特网保护法,美国,236
ChildSafe 儿童安全,235
China 中国,21,251,259,275
and intellectual property 和知识产权,138
Citibank 城市银行,251
Clapes, Anthony 克拉普斯,安东尼,134
Clinton, Bill, vii 比尔,克林顿,vii,79
Coca-Cola 可口可乐,126,259
Codey, Judge 法官,41
common good 公共福利,126,151,154,194
Communications Decency Act, US 通讯行为法,美国,234,236,249
Compaq 康柏,107
complexity syndrome 复杂症状,8~9

Computer Fraud and Abuse Act, US 计算机欺诈和滥用法,美国,246
Computer Professionals for Social Responsibility 计算机社会责任专家,193
computer programs 计算机程序
 copyright of 版权,129~31
 responsibility for 职责,29~30
confidentiality 机密,25,61~2,66,117,176
 of records 记录,81~6
Connecticut 康涅狄格,97
consent, informed 许可,通知,64~5,66,73,167,194
Constitution, US 美国宪法,151
 and patents 和专利,147
 and privacy 和隐私,41,42
Consumer Reports 消费者报告,161
Consumers Union 消费者联合会,198
cookies,156,157,169~172,174,207,221,223
 history of 历史,169
 objections to 反对,170
 third party 第三方,169,171
 types 类型,169~70
coordination, international legal 协调,国际法律,244~54,274
copyright 版权,126~131,153
 and digitized material 和数字化材料,226~9
 and encryption 和加密技术,226
 and Internet 和因特网,225~6
 justification 公正,128~129
 length of protection 保护期限,127~

8,252~3
 and peer-to-peer exchange 对等交换,144~7
 and pictures 和图片,203~4
 of software 软件,129~31,132~6,141
 and Web pages 和网页,229~31
 See also fair use 参阅正当使用
Covisint,180~1
cryptography, two key 加密技术。两把密钥,214,215
Cyber Patrol,235
cyberspace 计算机空间,9,205,219,224
cybersquatting 计算机占位,209~211

DaimlerChrysler 戴姆勒克莱斯勒,181
Darwin, Charles 查尔斯·达尔文,272
data 数据
 collection 收集,166
 definition 定义,4
 mining 挖掘,165~168
Deja News 新闻,221
Dell 戴尔,158,164,178
democracy 民主,273~4,275
Department of Health and Human Services, US 健康和人类服务部,美国,79
Diamond v. Diehr 149~150
digital divide 数字划分,254~60
 and age 和年龄,254~5
 developed and less developed 发达和不太发达的国家,258~60
 rich and poor 贫穷和富有,255

users and providers 用户和供应商, 258

Digital Millennium Copyright Act, US 数字千年版权法, 美国, 131, 225~6

discussion groups 讨论组, 224

disk protection 磁盘保护, 130

Disney Studios 迪斯尼工作室, 128

ditto.com, 203~4

domain names 域名, 205, 209~13
 and cybersquatting 和计算机占位, 209~11
 and trademarks 和商标, 211

DoubleClick, 38, 156~9, 170

eBay, 178

e-business 电子企业, 157
 and IPOs 和首次公开发行, 185
 and new economy 和新经济, 185~9
 and privacy 和隐私, 172~5
 and risk assessment 和风险评价, 172
 and taxation 和税收, 189~92
 and trust 和信誉, 159~65

eCredible, 176

e-mail 电子邮件, 93~104
 and aliases 和化名, 223
 filters 过滤器, 222
 monitoring 监控, 98~9
 policy 策略, 97, 101~4
 and privacy 和隐私, 214~15
 providers 和供应商, 219
 security 安全, 214, 218

Encarta 微软的电子百科全书, 199

encryption 加密技术, 104, 131, 160, 214
 definition 定义, 213~14
 and Internet 和因特网, 213~14, 217
 and security 和安全, 213~18
 and terrorism 和恐怖主义, 216
 two key 两把密钥, 214, 215

Encyclopedia Britannica 大不列颠百科全书, 199

Equifax Inc., 公司, 36, 76

Ethics 伦理规范
 approaches 方法, 27~8
 computer, viii 计算机, viii, 26~7
 and law 和法律, 16~22, 244

European Union 欧洲联盟, 128, 250
 and patents 和专利, 152
 and personal information protection 和私人信息保护, 74, 76~81, 250~2

European Union Directives 欧盟委员会, 250~2
 and US 和美国, 251

Excite, 209

excusing conditions 辩解的条件, 30~1

expert systems 专家系统, 268~72
 limits to 限定, 271

fair use 正当使用, 119~120, 131, 139~44, 228
 definition 定义, 127
 See also copyright 参阅版权

Farooq brothers 兄弟, 138

Federal Communications Commission

（FCC）联邦通讯委员会（FCC），58

Federal Trade Commission, US 联邦贸易委员会，美国，180~1，202n

Feuerbach, Ludwig 路德维希·费尔巴哈，272

filters 过滤器，236

First Amendment, US Constitution 美国宪法第一修正案，41，232~3，239

flex-time 弹性工作时间，261~2

Ford Motor Co., 福特汽车公司，179~181

Fortune 财富，185

Free Software Foundation 免费软件基金会，151

Free-PC.com，167

freedom of speech, and pornography 言论自由和儿童色情读物，232~3，239

Freud, Sigmund 西格蒙德·弗洛伊德，272

General Accepted Accounting Principles (GAAP) 公认会计准则 (GAAP)，185~6，188

General Agreement on Tariffs and Trade (GATT) 关贸总协定（GATT），246~7，276

General Motors 通用汽车公司，181

German National Railway 德国国家铁路，251

Germany 德国，251，274

Global Positioning System 全球定位系统，58

globalization 全球化，266~8，275

Gnutella，121

Goldberg, Justice Arthur 法官阿瑟，41

Google，209

Grameen Bank 银行，257

Gramm-Leach Bliley Financial Services Modernization Act, US 格莱姆~里奇，布里雷财务服务现代化法案，美国，79

Great Britain 大布列颠，20，274

Grinch Who Stole Christmas, The 偷走了圣诞节的格林其，259

Griswold v. Connecticut，41，47，49

Guzman, Onel de，243，248

hacking 不轨用机，32~5，160，173，197，218

hidden substructure, danger of 隐藏的子结构，危险，ix

human being, meaning 人类，意义，272~4

I Love You worm 我爱你蠕虫病毒，243~6，248

IBM，142，150，214

identity theft 身份盗用，52

ignorance syndrome 无知综合症，8

India 印度，138，253，258

information 信息
  analysis of 分析，28~9
  as a commodity 作为一种商品，25
  confidential 机密，114~15
  definition 定义，4

and the Internet 和因特网, 225~31
and power 和功能, 24
Information Age 信息时代, 131, 137, 147, 174, 194
 and business 和企业, 244
 definition 定义, 5
 and digital divide 和数字划分, 254, 258
 and flex-time 和弹性工作时间, 261~2
 and freedom 和自由, 275
 and intellectual property 和知识产权, 153~4
 and Internet 和因特网, 220, 237
 and taxation 和税收, 191
 and trust 和信誉, 266
 and virtue 和美德, 22~9, 218
 and work 和工作, 260~72
information overload 信息超载, 4, 23~4
information revolution 信息革命, 3~4
information technology industry 信息技术产业, 192~5
 and responsibility 和责任, 192~3
Infoseek, 209
Initial Public Offering (IPO) 首次公开发行 (IPO), 185
 and board of directors 和董事会, 187
 and stock analysts 和股票分析家, 187~8
 and stock options 和股票期权, 186~7
institutions, background 机构, 背景, 274~6

Intel 英特尔, 194
 Pentium Ⅲ chip 奔腾Ⅲ芯片, 169, 193
intellectual property 知识产权, 21
 ethical intuitions about 伦理推理, 134~6
 and legislation 和立法, 154
 protection 保护, 125~31
 See also property 参阅产权
International Labor Organization (ILO) 国际劳动法 (ILO), 249
International Telework Association and Council 国际远程办公协会和委员会, 262
Internet 因特网, 7, 158
 auctions 拍卖, 178~9
 blocking 阻塞, 109~10
 and B2B 和企业对企业, 175~81
 employee policy 员工策略, 108~12
 and encryption 和加密技术, 213~14
 governance 管制, 205~9
 and hacking 和不轨用机, 160
 history 历史, 204~5
 and information 和信息, 225~31
 and IPOs 和首次公开发行, 185
 and patents 和专利, 153
 and pornography 和色情读物, 234~8
 and privacy 和隐私, 165~72
 and property 和产权, 225~31
 and secrecy 和机密, 218~20
 security 安全, 160~1, 217
 software on 网络软件, 139

and trust 和信誉, 159
universal access 通用存取, 257
Internet Corporation for Assigned Names and Numbers (ICANN) 网络域名和编码分配公司 (ICANN), 210~11
Internet Service Provider (ISP) 网络服务供应商 (ISP) 206, 229, 249
   and child pornography 和儿童色情读物, 240
Internet Tax Freedom Act 因特网税收自由法案, 189
Iran 伊朗, 215
Iraq 伊拉克, 215

Japan 日本, 249, 251, 274
junk mail 垃圾邮件, 80~1
jurisdiction, legal 权限, 法律, 19, 246, 251~2
   and child pornography 和儿童色情读物, 240
   and taxes 和税收, 190

Kahn, Jeremy 卡恩·杰里米, 186
Kelly, Leslie 凯利·莱斯利, 203~4
Kives, Philip 菲利普·凯伍斯, 186~7
knowledge 知识, 3~4
K-tel 效应, 186~7
Korea 韩国, 249

law 法律
   and ethics 和伦理, 16~22, 244
   and jurisdictions 和权限, 19
League for Programming Freedom 编程自由同盟, 150
legal coordination, international 法律协调, 国际, 20~1
Leibniz, Gottfried 莱布尼兹, 哥特弗莱德, 123
liability, legal 责任, 法律, 31, 199~202
   for software 软件, 199~201
   strict 严格, 31, 200, 201
Library Services and Technology Act, US 美国图书馆服务和技术法案, 236
Libya 利比亚, 215
licensing, software 许可, 软件, 138, 197~9
Lincoln National Corp., 林肯国民公司, 107
linking 链接, 230
Linux, 124, 183, 197
Locke, John, 132~3
Lotus Corp., Lotus 公司, 153
Lotus Marketplace Lotus 市场, 36~9
Lucent 美国朗讯科技公司, 150

McDonald's 麦当劳, 259
MacOS, 197
mail, US 邮件, 美国, 77, 94~5
Manila 马尼拉, 243
marketing 营销, 36~9
   and informed consent 和公开许可, 61~6
   one-on-one 一对一, 165~72, 221
Marx, Karl 卡尔·马克思, 272
Medical Data Directives 医疗数据指

令, 81
Mettalica, 121
Mickey Mouse 米老鼠, 128
Microsoft 微软, 124~5, 137, 152, 153, 194
 and encryption 和加密技术, 215
 Internet Explorer, 170, 171, 182~3, 205, 207
 and monopoly 和垄断, 182~3
 Office, 183, 197
 Outlook, 243
 Passport 通行证, 175, 184
 Reader 阅读器, 184
 and stock options 和股票期权, 188
 Windows, 137, 153, 182, 197, 215, 256
Miller v. California 米勒与加利福尼亚, 232
Modzilla, 124
monopoly 垄断, 181~4
 and Microsoft 和微软, 182~3
Montulli Louis, 169
moral norms, basic 伦理准则,基本, 25
Morpheus 摩尔甫斯, 121
Mosaic, 124, 205
Moscow 莫斯科, 259
Motorola 摩托罗拉, 150
MP3 files 文件, 107, 109, 144, 243
MTV, 145
Music City 音乐城, 121
Myth of Amoral Computing and Information Technology 技术和信息技术超伦理神话, ix, 5~9, 19, 26, 168, 170, 175, 192, 195,

202, 216, 223, 277
 and law 和法律, 16~17
 and Y2K problem 和 Y2K 问题, 10~16

Napster, 120~1, 144, 147
National Conference of Commissioners on Uniform State Laws 全国统一立法委员会, 198
National Labor Relations Board 全国劳动关系委员会, 99
National Security Agency 国家安全署, 214
National Writers Union 全国作家联盟, 229
negligence 失职, 200
negotiation, international 协议,国际, 247
Net Nanny, 235
Netscape, 124~5, 169, 170, 182~3, 205, 207
 and cookies 和 cookies, 171
NetValue, 235
Network Solutions, Inc., 网络解决方案公司, 210
New York Stock Exchange 纽约证券交易所, 176
New York Times 《纽约时报》, 227, 228
New York Times Company 纽约时报公司, 101
news groups 新闻组, 219
Newton, Isaac 牛顿,艾萨克, 123
Nexis, 227
1984, 52, 208

Nissan 尼森, 185
North Korea 朝鲜, 215
obscenity 淫秽, 237
   and Communications Decency Act 和通讯行为法, 234
   definition 定义, 232
Occupational Safety and Health Administration (OSHA) 职业安全和健康署 (OSHA), 263
one click 单击, 151
open source software 开放的软件资源, 124~5
opt in 选择同意, 169
opt out 选择不同意, 78, 157, 169
options, stock 期权, 股票, 186~7

Pacific Bell 太平洋贝尔, 222
Pakistan 巴基斯坦, 138
Parent, W. A., 43
passwords 口令, 217
patent 专利, 147~54
   definition 定义, 147~8
   length of protection 保护期限, 148
   and methods of doing business 做生意的方法, 151~2
Patent and Trademark Office 专利和商标办公室 (PTO), 美国, 147, 148, 149, 150, 151, 152
patent Office, UK 专利办公室, 英国, 152
peer-to-peer exchange 对等交换, 144~7
personal identity theft 盗用个人身份, 173
personal information protection 个人信息保护, 73~6
   European Union 欧洲联盟, 76~81
   European Union Directives 欧盟委员会, 250~2
   US 美国, 74~81
   US and European 美国和欧洲, 250~2
Philippines 菲律宾, 243, 245, 246, 248
pirating, software 盗版, 软件, 136~8, 253
Platform for Internet Content Selection 因特网内容选择平台, 238
Platform for Privacy Preferences 隐私偏好平台, 170
pornography 色情读物
   access by employees 员工接触, 107, 109
   and censorship 和查验, 231~41
   child 儿童, 238~41, 248~9
   and children 和孩子们, 234~8
   definition 定义, 231~2
   and freedom of speech 和言论自由, 232~3
   and Internet 和因特网, 234~8
   morality of 道义, 232~3
   and TV 和电视, 234
Priceline.com, 186
privacy 隐私
   body/mental 身体/精神, 44~5
   and business 和企业, 67~73
   communication 交流, 46~7, 88~118

concept of 概念,39~49
cyber 计算机,48
definition 定义,48~9
and DoubleClick 和 DoubleClick,156
electronic 电子,88~90
e-mail 电子邮件,214~15
employee 员工,91~112
employer 雇主,116~18
and informed consent 和公开许可,167
and the Internet 和因特网,165~72
and Microsoft Passport 和微软通行证,184
personal 私人,47
personal information 私人信息,45~6
physical 身体的,90
right 权利,40,49~54,93
and risk 和风险,172~5
and security 和安全,218
space 空间,44
US legislation 美国立法,118
Privacy Seal 隐私标志,162
private, and public 隐私和公开,54~61
programs, computer, and liability 程序,计算机和责任,199~201
property 产权,122~5
  intellectual 知识产权,122~31,252~4
  and Internet 和因特网,225~31
  kinds 种类,122
  Lockean justification 裁定,132
  protection 保护,125~31

rights 权利,32
  US Constitution 美国宪法,125
  See also copyright; patent 参阅版权;专利
public, definition of 公开,定义,54~61
Publication Rights Clearing House 版权交易所,229

records 记录,74~6
  confidentiality of 机密,81~6
  employee 员工,112~16
Red Hat Software 红帽软件,125
Refac Technology Development Co., 技术开发公司,150
Rehnquist, Justice William 法官威廉,42
Renault 雷诺汽车,181
responsibility, moral 责任,伦理,29~31
  and accountability 和可信度,29~31
  and anonymity 和匿名,223~5
  of business and technology 企业和技术的,260
  of companies for records 公司记录,83~6
  of computer professionals 计算机专家的,192~5,260
  conditions for 条件,11
  on Internet 在因特网上的,224~5
  for security 安全责任,217
  for software 软件的,11,13,195~7
  for Y2K problem 问题的,11~13
right 权利

to confidentiality 保守机密的,62,73
to development 开发的,52
to freedom of association 自由协会,52
to freedon of expression 言论自由,52
to informed consent 公开许可,64
to know 了解的权利,194
not to be harmed 不遭受伤害,73,81~6
to privacy 隐私,49~54,74,252
property 产权,32
Rijndael algorithm 算法,215
risk assessment 风险评价,172~5
robots 机器人,266,270,273
Roe v. Wade,41~2
Russia,俄罗斯,249,258,275

Satellite 卫星,121
Saudi Arabia 沙特阿拉伯,255
Schwartz, John 施瓦兹,约翰,169
search engines 搜索引擎,162,203,208~9,233,238
  visual 视觉,203~4
Secondary Education Act, US 中等教育法,美国,236
Securities and Exchange 证券交易委员会(SEC),185,186
security 安全91
  and anonymity 和匿名,223~5
  and encryption 和加密技术,213~18
  holes 漏洞,196~7
security (cont.)

internal breaches 内部破坏,216
Internet 因特网,160~1,218~20
  and privacy 和隐私,218
  Web 网络,217
Shakespeare, William 莎士比亚,威廉,128
Silent Watch 默默观察,111
Singapore 新加坡,275
software 软件
  bugs 漏洞,195~6,198
  copyright 版权,132~6
  ethical intuitions about 伦理推理,134~6
  on the Internet 因特网,139
  licenses 许可,138,197~9
  open source 公开来源,124~5
  pirating 盗版,136~8
  and responsibility 和责任,195~7
  unauthorized copying 未授权的复制,136~44
Software, Copyright, and Competition 软件,版权和竞争,134
Sony 索尼,150
Sound of Music, The 音乐之声,119
South Africa 南非,17
South Korea 韩国,274
space, public 空间,公开,55~6,61~2,91
spam 兜售信息,220~3
Spector,111
Stallman, Richard M., 摊贩,里查德 M.,124
Stewart, Justice Potter 斯图尔特,法官波特,41

stock options 股票期权,187~8
Strick Corp 公司,211
Sudan 苏丹,215
Supreme Court, US 高等法院,美国,
    41,148,225,227,232,238,240
SurfWatch,235
surreptitious entry 暗中登录,32
surveillance 监督,52,55~6,57,91~
    112
  e-mail 电子邮件,93~104
  keyboard 键盘,92~3
  physical 身体,92~3
  security 安全,91
Sycamore Networks 西克莫网络,185
Syria 叙利亚,215

targeting 目标定位,166
Tasini v. The New York Times 和纽约
    时报,226~9
taxation, and e-business 税收和电子
    企业,189~92
TCP/IP,204
technological imperative, 技术要求,
    ix,175,194,202,223,260,277
technological inertia, acceptance of 技
    术惯性,接受,ix
telework 远程工作,262~7
Teresa, Mother 圣母特勒撒,271
terrorism, and encryption 恐怖主义和
    加密技术,216
Thomson, Judith Jarvis 汤普森,朱迪
    思 贾维斯,42,52
Toysmart,202n
tracking 跟踪,73,157,168,171,223

trademark 商标,212
  and domain names 和域名,211
trade secrecy 商业机密,116,126
Trans Union Credit Information,76
trust 信誉,100,159~65
  and anonymity 和匿名,219
  and B2B 和企业对企业,176
  and e-business 和电子商务,161~5
  and Information Age 和信息时代,
    266
  and Internet 和因特网,219
  and on-line auctions 和在线拍卖,
    179~80
  as a virtue 美德,24
  and World Wide Web 和万维网,
    159~61
truth telling, and information technology
    坦诚,和信息技术,23
TRW,76
Turkey 土耳其,249
Turner, James 特纳,吉姆斯,58

UNESCO and child pornography 联合
    国教科文组织(UNESCO)和儿童
    色情读物,240
Uniform Computer Information
    Transactions Act (UCITA) 统一
    计算机信息交易法(UCITA),
    198~9,201
Union of Soviet Socialist Republics
    (USSR) 苏维埃社会主义共和国
    联盟(苏联),272,274
Universal Declaration of Human Rights,
    UN 人权宣言,联合国,40,246

University of Kansas 堪萨斯大学,59~60

Unix,197

Usenet 世界性的新闻组网络系统(Usenet),22

Verizon,212~13

virtual reality syndrome 虚拟现实综合症,9

virtues, in the Information Age 伦理,信息时代,22~9,218

virus, software 病毒,软件,32~5,243~6,248

Walker Digital,151

Wal-Mart 沃马特,165

warranty, for software 质保,软件,199~200

Warren, Samuel D., 沃伦,塞缪尔 D.,41

Websense,106

Weiner, Norbert 诺伯特·维纳,272

Weizenbaum, Joseph 约瑟夫·威泽鲍姆,272

Westbury Tech,88~90

Windows see Microsoft, Windows

WordPerfect 参阅微软, Windows WordPerfect,140

work, changing nature of 工作,性质的改变,260~72,273

World Intellectual Property Organization (WIPO) 世界知识产权组织(WIPO),225,252~3

World Trade Center 世界贸易中心,265

World Trade Organization (WTO) 世界贸易组织(WTO),138,247,253,276

World Wide Web 万维网,158,161,201

 definition 定义,204

 and international lack of background institutions 缺乏国际背景制度,274~6

 pages 网页,229~31

 safety 安全,174~5

 and trust 和信誉,159~61

World Wide Web Consortium 万维网协会,170,205,207

worms, software 蠕虫,软件,32,243~6,248

 See also virus, software 参阅病毒,软件

Xerox 静电复印,107

Yahoo 雅虎,209

 and French court 和法国法院,249~50

Y2K problem 问题,ix,1~3

 and Myth of Amoral Computing and Information Technology 和计算和信息技术超伦理神话,10~16

 and moral responsibility 和伦理责任,11~13

未名译库

哲学与宗教系列
哲学实践:实用主义和哲学生活	〔美〕理查德·舒斯特曼等	16.00元
当代西方宗教哲学	〔美〕迈尔威利·斯图沃德	42.00元
世界宗教	〔英〕尼尼安·斯马特	40.00元
基督教信念的知识地位	〔美〕阿尔文·普兰丁格	36.00元
重返理性	〔美〕凯利·克拉克	10.00元

基督教文化译丛
基督教神学思想史	〔美〕奥尔森	42.00元
基督教概论	〔英〕麦格拉思	26.00元
约瑟夫著作精选	〔美〕保罗·梅尔	26.00元
基督教文学经典选读	〔美〕麦格拉思	50.00元
基督教对文明的影响	〔美〕施密特	24.00元
旧约概论	〔英〕德雷恩	25.00元
基督教会史	〔美〕雪莱	30.00元

语言与文字系列
现代语言学教程	〔美〕霍凯特	38.00元
文字的产生与发展	〔俄〕伊斯特林	34.00元
中国语历史文法	〔日〕太田辰夫	30.00元

经济伦理学丛书
经济伦理学	〔美〕理查德·乔治	38.00元
金融伦理学	〔美〕博特赖特	16.00元
国际经济伦理	〔美〕乔治·思德勒	28.00元
环境伦理学	〔美〕贾丁斯	18.00元
地方智慧与全球经济伦理	〔美〕金黛如	20.00元
信息与技术和企业伦理	〔美〕理查德·乔治	18.00元
会计伦理学	〔美〕罗纳德·杜斯卡等	20.00元

新叙事学理论译丛
解读叙事	〔美〕希利斯·米勒	15.00元

虚构的权威——女性作家与叙述声音	〔美〕苏珊·S. 兰瑟	18.00元
新叙事学	〔美〕戴卫·赫尔曼	18.00元
作为修辞的叙事:技巧,读者,伦理,意识形态	〔美〕詹姆斯·费伦	15.00元
后现代叙事	〔美〕马克·柯里	15.00元

文学理论与文学研究系列

当代马克思主义文学批评	〔英〕弗朗西斯·巴尔赫恩	18.00元
文学批评理论——从柏拉图到现在	〔英〕拉曼·塞尔登	33.00元
镜与灯——浪漫主义文论及批评传统	〔美〕M. H. 艾布拉姆斯	25.00元
当代叙事学	〔美〕华莱士·马丁	20.00元

影视艺术译丛

电影艺术——形式与风格(第5版)	〔美〕大卫·波德维尔	58.00元
世界电影史	〔美〕克里丝汀·汤普林	68.00元
电影的形式与文化	〔美〕罗伯特·考克尔	42.00元

历史与考古系列

古代的国家——起源和统治形式	〔德〕罗曼·赫尔德克	25.00元

当代西方学术前沿丛书

跨国资本时代的后殖民批评	〔美〕阿里夫·德里克	18.00元
*全球化的文化建构	〔美〕弗雷德里克·詹姆逊	
*民族叙述与文化定位	〔美〕霍米·巴巴	
*图像的转折:文学批评的新方向	〔美〕W.J.T 米切尔	
*齐泽克跨文化读本	〔斯洛文尼亚〕齐泽克	
*理解文化——从社会学与人类学角度	〔美〕罗伯特·尤林	

桑塔亚纳作品集

*常识中的理性	〔美〕桑塔亚纳	
*社会中的理性	〔美〕桑塔亚纳	
*科学中的理性	〔美〕桑塔亚纳	

打*号的即将出版。